# 律师在身边

## 婚姻家庭法律手册

北京伊兰律师事务所◎著

知识产权出版社
全国百佳图书出版单位
—北京—

图书在版编目（CIP）数据

律师在身边：婚姻家庭法律手册／北京伊兰律师事务所著．—北京：知识产权出版社，2023.3（2023.4 重印）

ISBN 978－7－5130－8586－1

Ⅰ.①律… Ⅱ.①北… Ⅲ.①婚姻法—中国—手册 Ⅳ.①D923.904

中国国家版本馆 CIP 数据核字（2023）第 000912 号

**责任编辑：** 秦金萍　　**责任校对：** 谷　洋

**封面设计：** 瀚品设计　　**责任印制：** 刘译文

**律师在身边：婚姻家庭法律手册**

北京伊兰律师事务所　著

| | |
|---|---|
| **出版发行：** 知识产权出版社有限责任公司 | **网　　址：** http：//www.ipph.cn |
| **社　　址：** 北京市海淀区气象路 50 号院 | **邮　　编：** 100081 |
| **责编电话：** 010－82000860 转 8367 | **责编邮箱：** 1195021383@qq.com |
| **发行电话：** 010－82000860 转 8101/8102 | **发行传真：** 010－82000893/82005070/82000270 |
| **印　　刷：** 北京建宏印刷有限公司 | **经　　销：** 新华书店、各大网上书店及相关专业书店 |
| **开　　本：** 880mm×1230mm　1/32 | **印　　张：** 13.25 |
| **版　　次：** 2023 年 3 月第 1 版 | **印　　次：** 2023 年 4 月第 2 次印刷 |
| **字　　数：** 320 千字 | **定　　价：** 68.00 元 |

ISBN 978－7－5130－8586－1

# 编写说明

自《民法典》施行以来，我国婚姻家庭方面的法律法规发生了很多重要变化，这对我们的家庭生活产生了重大的影响，由此本书精心编写了上百个生动有趣的故事，并配有相应的解读和法律依据，目的是帮助大家更好地全面学习与理解婚姻家庭相关法律知识，在温和纯善的法律精神的指引下，用心经营家庭，保障自身合法权益。

本书在法律法规编写方面，直接采用了较为简单明确的表述，如《民法典》《民法典婚姻家庭编解释一》等，并在附录1中列有简称表，可一一对应。同时，为全面理解《民法典》中婚姻家庭编与继承编内容，本书在附录2中，对该两编全部法条内容与原《婚姻法》《收养法》《继承法》等法律及相关司法解释的内容，进行了详细对比，并对其中重要的新增或删减内容予以提示。

张艺璇、张建程、张梓桐、陈帅、李婷、唐莉、卢泽灏、王岚参与此次编写。

北京伊兰律师事务所

# 前　言

如果说人生是一个人的跋涉，那么婚姻就是两个人的修行。两个人从陌生到相识、相知、相恋、构建家庭，这一路走来，有些人能携手一生、白头偕老，有些人却相看两厌、形同陌路。

当婚姻被生活中的琐事冲淡了激情和甜蜜时，会变得平淡而乏味；当曾经向往的美好生活变成了一地鸡毛，很多人会选择用离婚这种方式走出“爱情的坟墓”。

而目睹了各种离婚闹剧的离婚律师，想从法律的角度给读者的婚姻加一条“安全带”，故编写本书以飨读者。

本书具有以下四个特色。

一是通俗易懂的精彩案例。上百个案例完全来源于生活。告别常见的案例展示方式，本书的每个案例都是一个鲜活的故事，拒绝呆板的“原告和被告”，富有阅读性，通过相对轻松的方式让读者充分了解案件详情，在看得明白的同时还能参照应用。

二是专业律师的趣味答疑。不再只是拿出冰冷的法律条文来进行严肃的说理，而是将晦涩难懂的法言法语转化为男女老少都能看懂的“大白话”，让读者感到自己与书本正在进行互动与交流，从而拉近读者与法律的距离，让读者感到原来法律也不是那么难以理解。

三是精准的法律依据。本书不仅对每个法律问题进行了饶有趣味且逻辑清晰的法律讲解，还在每个讲解后准备了相关的法律条文供读者阅读。如果有兴趣的话，读者可以试着研读一下，相信在看完趣味讲解后，读懂这些法律条文，对读者来说，绝对不是难事。

四是脉络清晰的思维导图。除了有趣的文字，本书还提供了结构清晰的思维导图，让读者能够更加系统和全面地了解法律知识，让读者再也不被家庭生活中发生的法律问题难倒，而是不费吹灰之力，就可以迎刃而解。

希望本书能够成为每一位读者的随行律师。在法治建设不断完善的今天，法律是你保护自身合法权益的最好武器。我们则是值得你信赖的伙伴，与你同行，为你保驾护航。

一起学习婚姻家庭法律知识，让你不为家事所烦扰。

**法小随·婚姻法律咨询平台**

# 目录

CONTENTS

## ·第一编 应了解的婚姻关系法律知识·

## · 第三编　应了解的继承法律常识 ·

01

第一编

# 应了解的婚姻关系法律知识

# 第一章 婚前注意事项

## 1. 婚前应该查验对方哪些信息？

**（1）婚前体检。**

法律规定有一些疾病，即使婚前没有被查出来，婚后一旦发现，婚姻也会被认定为可撤销婚姻，这导致在处理共同财产、继承等方面会有许多麻烦。如果双方准备要孩子的话，要进行不孕不育检查。如果对方隐瞒了某些严重疾病，还可能会影响下一代的健康。因此，婚前体检是非常有必要的。

**（2）查询对方的征信。**

“老赖”在婚姻中通常也是不讲诚信的人，更严重的是，如果不小心与“老赖”结了婚，只能帮忙还贷。甚至就算离婚，不仅可能分不到财产，还会莫名其妙地背上大额债务。

即使对方婚后没有再继续贷款，不算夫妻共同债务，不需要帮他一起还钱，可是对方信用已经较差甚至有巨额负债，对今后双方的生活质量也会产生很大的影响。

在此介绍两个查询征信的方法：①可以在中国执行信息公开网里查询对方是不是“老赖”；②可以和对方一起到中国人民银行当地分行打印征信报告。

**（3）查询对方的婚姻状况。**

在民政局查询婚姻登记档案，看对方的婚姻状况，查证对方是否离过婚。若是离过婚，要看对方的离婚协议书，看一看财产如何分割、抚养费如何支付、是否有大额赔偿金尚未履行等信息。

**（4）查询对方的房产情况。**

双方可以一起持身份证到当地房屋管理局打印双方名下的房产登记信息。这么做的目的主要有两个：①查清楚对方口中属于他（她）的房子是否真的登记在他（她）的名下；②如果在房屋实行限购政策的城市，那么对方名下有没有房产对于婚后购房和贷款都会产生较大影响。

**（5）查询对方的家暴情况。**

2020年6月，浙江义乌在全国首创建立了涉家庭暴力人员婚姻登记可查询制度，婚前可以查询对方的家暴记录。

但在我国没有设立该项制度的其他地区，可以通过查询对方前妻或前夫的报警记录，来判断对方是不是有家暴的恶习。

## 法律依据

**《民法典》**

**第1053条** 一方患有重大疾病的，应当在结婚登记前如实告知另一方；不如实告知的，另一方可以向人民法院请求撤销婚姻。

请求撤销婚姻的，应当自知道或者应当知道撤销事由之日起一年内提出。

**《母婴保健法》**

**第8条** 婚前医学检查包括对下列疾病的检查：

（一）严重遗传性疾病；

（二）指定传染病；

（三）有关精神病。

经婚前医学检查，医疗保健机构应当出具婚前医学检查证明。

**第9条** 经婚前医学检查，对患指定传染病在传染期内或者有关精神病在发病期内的，医师应当提出医学意见；准备结婚的男女双方应当暂缓结婚。

**第10条** 经婚前医学检查，对诊断患医学上认为不宜生育的严重遗传性疾病的，医师应当向男女双方说明情况，提出医学意见；经男女双方同意，采取长效避孕措施或者施行结扎手术后不生育的，可以结婚。但《中华人民共和国婚姻法》规定禁止结婚的除外。

## 2. 婚前财产协议如何订立？

### 敢签协议的才叫安全感 *

汪洋是一家公司的老板，而妍妍是某高端品牌的销售经理。在一场公司产品推介会上，两人一见钟情。随着深入了解，双方觉得彼此就是自己要找的那个人，都想与对方步入婚姻殿堂。

于是，在见了双方家长后，两人准备办婚事。在讨论结婚事宜时，汪洋想和妍妍订立一份婚前财产协议，把其公司属于自己

* 本书故事人名均为杜撰，如有雷同，纯属巧合。

名下的股权登记为婚前个人财产。而妍妍知道汪洋的想法后，也想把自己名下的财产作为婚前个人财产进行登记。为了提升婚姻的安全感，她还想让汪洋在婚前财产协议中再标注出，如果汪洋将来与其离婚，需要支付给她 20 万元，以作为婚姻的保证金。而汪洋觉得婚姻本身是自由的，这样的约束对自己来说是不公平的，并认为这种条款写在婚前财产协议中也是无效的。

而妍妍认为这笔保证金只是给婚姻一个安全保障，也是想让婚姻关系永续。并且，如果汪洋日后不提出离婚，那么这笔保证金也就无须支付。自己只是想给婚姻加个安全保障而已，难道这也有错吗？

据此，妍妍和汪洋就婚前财产协议的签订事项产生诸多分歧。那么，婚前财产协议应该包括哪些内容呢？

## 随行专栏

首先，汪洋提出在婚前财产协议中把其公司自己名下的股权登记为婚前个人财产，以及妍妍把自己名下的财产作为婚前个人财产进行登记，这些都是合理合法的。一旦双方在这个协议上签字，离婚时都不得要求分割对方的婚前个人财产。

其次，妍妍提出的关于 20 万元保证金的事项，实际上和夫妻忠诚协议是同一性质，是不受法律保护的。关于夫妻忠诚协议，本书后续有详细描述，在此不再多谈。

最后，婚前财产协议到底应该怎么写，本书在此为读者提供一个范本作为参考。笔者建议，写好协议后，最好去公证处进行婚前财产公证，这样能够更加明确双方婚前个人财产的具体类目和数额。

## 婚前财产协议书（范本）

协议人（甲方）：姓名、性别、职业、住址

协议人（乙方）：姓名、性别、职业、住址

甲、乙双方经自由恋爱，准备依法登记结婚。现根据公平、自由原则，对双方的婚前财产作以下约定，以供婚后共同遵守。

一、甲方的婚前财产有：（列明财产情况，如不动产地址、面积等具体信息，动产的名称、数量、价值、状况）

二、乙方的婚前财产有：（列明财产情况，如不动产地址、面积等具体信息，动产的名称、数量、价值、状况）

三、甲、乙双方婚前财产的所有权，归甲、乙各自所有。若因为出现离婚等情形致使婚姻关系终止的，任何一方不得对另一方的婚前财产主张所有权。

四、甲、乙双方对各自的婚前财产拥有自由处分的权利，任何一方不得对另一方处分婚前财产的行为进行干涉。

五、甲、乙双方婚前各自所产生的债务，由各自独立承担，另一方不负清偿责任。

六、其他（如上述婚前财产的维修原则等）。

七、本协议正本一式两份，由甲、乙双方各持一份。

八、本协议自甲、乙双方签字即行生效。

协议人（甲方）：（签字）

协议人（乙方）：（签字）

××××年××月××日

注意事项：

①双方亲笔签名、按手印后协议才生效。

②协议约定的内容必须合法。不得违反法律、侵犯社会公共利益。

③协议不得侵害第三人财产权益和社会公共利益，不得处分他人名下的财产，不得以逃避债务为目的。

④协议书内容应包含：当事人的姓名、性别、职业、住址等个人基本情况；财产的名称、数量、价值、状况、归属；上述婚前财产的使用、维修、处分的原则等。

## 法律依据

**《民法典》**

**第 1041 条第 1、2 款**　婚姻家庭受国家保护。

实行婚姻自由、一夫一妻、男女平等的婚姻制度。

**第 1062 条**　夫妻在婚姻关系存续期间所得的下列财产，为夫妻的共同财产，归夫妻共同所有：

（一）工资、奖金、劳务报酬；

（二）生产、经营、投资的收益；

（三）知识产权的收益；

（四）继承或者受赠的财产，但是本法第一千零六十三条第三项规定的除外；

（五）其他应当归共同所有的财产。

夫妻对共同财产，有平等的处理权。

**第 1063 条**　下列财产为夫妻一方的个人财产：

（一）一方的婚前财产；

（二）一方因受到人身损害获得的赔偿或者补偿；

（三）遗嘱或者赠与合同中确定只归一方的财产；

（四）一方专用的生活用品；

（五）其他应当归一方的财产。

**第1065条** 男女双方可以约定婚姻关系存续期间所得的财产以及婚前财产归各自所有、共同所有或者部分各自所有、部分共同所有。约定应当采用书面形式。没有约定或者约定不明确的，适用本法第一千零六十二条、第一千零六十三条的规定。

夫妻对婚姻关系存续期间所得的财产以及婚前财产的约定，对双方具有法律约束力。

夫妻对婚姻关系存续期间所得的财产约定归各自所有，夫或者妻一方对外所负的债务，相对人知道该约定的，以夫或者妻一方的个人财产清偿。

**《办理夫妻财产约定协议公证的指导意见》**

**第3条** 夫妻双方申请办理夫妻财产约定协议公证，应当共同向公证机构提出，不得委托他人代理。

**第6条** 夫妻双方申请办理夫妻财产约定协议公证，应当提交下列材料：

（一）夫妻双方的身份证件；

（二）结婚证或者其他有效婚姻证明；

（三）夫妻财产约定协议文本；

（四）所涉及记名财产的权属凭证原件，但仅就财产进行概括性约定不涉及具体财产的除外（例如，记载于各自名下的财产归各自所有）。

## 3. 女生应该先办婚礼还是先领证?

### 出门在外，保护好自己

毛伟和韩璐璐是在酒吧蹦迪时认识的，喝醉之后，两人当晚就发生了关系。谁知那次之后，璐璐竟然怀了毛伟的孩子。毛伟的父母比较传统，一听女孩有了身孕，无论如何也要让毛伟把璐璐娶回家。毛伟拗不过父母，只好答应。

可毛伟和璐璐在未婚先孕的情况下无奈结婚，两人之间根本没有感情，只是被强行捆绑在一起。婚后，两人三天一小吵，五天一大吵，每次吵得都很凶，又是动手，又是摔东西。一不留神，璐璐就流产了。毛伟见孩子没了，这段婚姻也没必要维持下去，便提出离婚。但璐璐不同意，于是两人就闹上了法庭。

法官认为，两人结婚时间很短，感情基础不牢，于是判决两人离婚。可到分财产的时候，璐璐傻眼了：原来嫁妆、彩礼和宾客给的份子钱，都算夫妻共同财产，要平均分割。份子钱分就分了，嫁妆和彩礼凭什么要分呢?

那么对女生来说，到底是先办婚礼好，还是先领证好?

### 随行专栏

其实，如果结婚很多年之后才离婚，那么嫁妆、彩礼什么的可能早就花光了，通常谈不上分割的问题。而对于这种结婚几个月就离婚的情况，彩礼和嫁妆的分割就显得尤为重要。

可能很多女孩觉得，嫁妆和彩礼都是自己的个人财产。事实上，确定是不是自己的个人财产，给付时间至关重要。

大家可能听说过，个人财产，也就是“婚前个人财产”。所谓“婚前”，就是领取结婚证之前。

因此，领取结婚证之前，父母给的嫁妆、亲友给的份子钱，只要在女方手里，便都是女方的婚前个人财产。即使离婚，也不能分割。但是，如果前述财产是领取结婚证之后给的，又没有明确表示是单独赠与女方一人的，夫妻二人也没有对这些财产的归属进行过约定，那么离婚时，这些财产通常会作为夫妻共同财产，进行平均分割。

但应特别注意，法律上对彩礼有特殊规定。只要双方没有领证，或领证后没有共同生活，又或婚前给付彩礼导致男方确实生活困难的，男方都可以要求返还彩礼。

## 法律依据

**《民法典》**

**第 1062 条**　夫妻在婚姻关系存续期间所得的下列财产，为夫妻的共同财产，归夫妻共同所有：

（一）工资、奖金、劳务报酬；

（二）生产、经营、投资的收益；

（三）知识产权的收益；

（四）继承或者受赠的财产，但是本法第一千零六十三条第三项规定的除外；

（五）其他应当归共同所有的财产。

夫妻对共同财产，有平等的处理权。

**第 1063 条**　下列财产为夫妻一方的个人财产：

（一）一方的婚前财产；

（二）一方因受到人身损害获得的赔偿或者补偿；

（三）遗嘱或者赠与合同中确定只归一方的财产；

（四）一方专用的生活用品；

（五）其他应当归一方的财产。

**《民法典婚姻家庭编解释一》**

**第 5 条** 当事人请求返还按照习俗给付的彩礼的，如果查明属于以下情形，人民法院应当予以支持：

（一）双方未办理结婚登记手续；

（二）双方办理结婚登记手续但确未共同生活；

（三）婚前给付并导致给付人生活困难。

适用前款第二项、第三项的规定，应当以双方离婚为条件。

## 4. 婚前借钱给付彩礼，婚后是否需要共同偿还？

### “借来”的彩礼

张晴和小马在一场相亲活动上相识相恋，两人性格合拍，自身条件也相配，没多久就准备结婚了。小马是一家跨国公司的经理，其实收入不低。但小马一年前刚刚买了房，存款都用来交首付了，现在手头上暂时没多少钱。于是，小马找同事罗强借了 20 万元，作为给张晴的彩礼钱。之后，小马和张晴便结婚了。

一天，小马和张晴同时收到了法院的传票，原来是罗强将两人一同告上了法庭，要求返还 20 万元借款。张晴觉得，那是小马的婚前债务，为什么自己要一并帮忙还钱呢？

那么在法律上，张晴有义务偿还小马的债务吗？

### 随行专栏

夫妻一方的婚前债务，通常是不需要配偶一起偿还的。但如果能证明这笔钱用于婚后夫妻共同生活，则夫妻二人都有偿还义务。

本案中，小马借钱虽然是为了给张晴彩礼，但是给付彩礼是不能认定为用于共同生活的，所以并不能要求张晴共同偿还。

不过，如果借钱是用于举办婚礼，或者是用于婚后双方买家具、电器，那么可以认定为用于共同生活，是可以要求配偶一起偿还的。

### 法律依据

**《民法典婚姻家庭编解释一》**

**第 33 条**　债权人就一方婚前所负个人债务向债务人的配偶主张权利的，人民法院不予支持。但债权人能够证明所负债务用于婚后家庭共同生活的除外。

## 5. 未领结婚证共同生活了一段时间，彩礼能要回吗？

### 沟通渐少的感情

小丁大学一毕业，就开始了自主创业，如今已年近 30 岁，公司也算小有规模，但终身大事始终没有着落。这可把小丁的父母给愁坏了。

二老觉得，邻居家的女儿秀秀既聪明又漂亮，和自家儿子非常相配，便安排两人在周末见了个面。没想到两人一见面就挺聊得来，没过多久便坠入爱河，认为对方就是自己心中要找的那个人。经过一段时间相处，双方的婚事便定了下来，小丁给了秀秀 16.6 万元作为彩礼。2016 年 11 月，双方举办了婚礼，并开始了同居生活。自此小丁父母心中的石头才总算落了地。

但是，年轻人的爱情来得快，去得也快，恋爱中风花雪月，生活中却处处柴米油盐。2018 年年初，双方感情开始出现裂痕。秀秀觉得小丁只顾忙工作，对自己不够关心；小丁则觉得自己辛辛苦苦在外打拼，都是为了两人能过上更好的生活，为什么秀秀就不能理解自己，给自己一个温暖的港湾。小丁终日在外奔波，双方的沟通越来越少，感情的危机也越来越严重。2019 年 4 月，秀秀直接收拾行李搬了出去，不再与小丁在同一屋檐下共同生活。

谁料想，2019 年 12 月，小丁不慎摔断了腿，不仅在外的生意全部停滞，还要不断支出大笔的医药费。在这样的人生低谷，爱人却没有在身边陪伴自己，小丁顿时感到世界一片黑暗，也突然意识到自己与秀秀的这段感情是真的已经走到了尽头，无法挽回。再加上自己目前的经济状况也实在不容乐观，于是小丁向法院起诉，请求秀秀返还 16.6 万元彩礼。

## 法院判决

一方向另一方给付彩礼，一般是以结婚为目的的。换句话说，只要结婚的目的没有实现，就可以要请返还彩礼。本案中，小丁给秀秀的 16.6 万元，是小丁为了能和秀秀结婚而给付的。但关于领证这件事，今天你要加班，明天我要见客户，一拖再拖就给耽搁了。直至后来，两人之间开始出现矛盾，也一直没有办理结婚登记手续。双方都认为，已经办过婚礼了，按照当地风俗，这就是结婚了。

根据《民法典婚姻家庭编解释一》的规定，双方未办理结婚登记手续，是可以请求返还彩礼的。但是双方毕竟已经共同生活了两年多，这和法律规定的可以返还彩礼的情形还是不太一样的。如果判定彩礼可以全部返还的话，显然对女方是不公平的。毕竟两人除了没有领证外，其他缔结婚姻的目的都已经实现了。

本案法院最终判决，秀秀应当返还小丁彩礼 5 万元。这个判决结果，是法院综合考虑了双方共同居住的时间、彩礼的数额等因素得出的结论，对于双方来说，都是比较公平的。

## 随行专栏

**（1）可不是办了婚礼就是结婚了！**

在我国，不管是结婚还是离婚，都以登记为准。就结婚来说，从1994年2月1日起，我国就已经取消了事实婚姻。所以自此以后，不管是办了酒席，还是已经同居，甚至是已经同居多年有了孩子，只要没有登记，都不是法律承认和保护的合法夫妻关系。

**（2）哪些财物算是彩礼？**

彩礼，一定是以结婚为目的给付的。双方谈恋爱的过程中，男方发给女方的“520”红包、送的首饰、请吃饭花的钱，都不能算作彩礼。因为双方还只是在恋爱阶段，并没有上升到谈婚论嫁的高度。如果双方已经决定要结婚，双方父母见面时给的见面礼，或者男方基于结婚目的给女方的钱财物品等，才可能算作彩礼。

**（3）不管是给彩礼还是收彩礼，应当注意什么？**

首先，尽量不要现金给付。如果男方给了现金，转身女方就不承认了，说男方根本没给过，这不是有理也说不清了吗？如果依照当地风俗必须现金给付，可以要求女方出具收条，并全程录像，证明确实给过了彩礼。

其次，要注意彩礼的数额。法律虽然没有明确限制彩礼的数额，但还是可以结合当地风俗确定。如果出现了天价彩礼的情况，可能会构成买卖婚姻，这是我国法律所明确禁止的。如果女方父母强行索要大额彩礼，在一定情形下，还有可能会触犯暴力干涉婚姻自由罪。

最后，要慎重考虑是先给彩礼还是先领证。如果是先给彩礼再领证，那么女方因为在结婚前就拿到了彩礼，所以彩礼是属于女方的婚前个人财产。相反，如果是先领证再给彩礼，那么由于彩礼是婚后取得，自然就是夫妻共同财产了。所以，先给彩礼还是先领证，大家各自根据性别，自行考虑。

**（4）想起诉请求返还彩礼，应该告谁？**

实践中经常会出现这样的情况：收彩礼的其实并不是女方本人，而是女方父母。那如果起诉的话，可以直接告女方父母吗？

其实，在实务中，被告并不仅仅局限于女方本人。如果是女方父母收的钱，那就可以告他们，也可以将女方本人一起列为被告。

## 法律依据

**《民法典》**

**第 1042 条** 禁止包办、买卖婚姻和其他干涉婚姻自由的行为。禁止借婚姻索取财物。

禁止重婚。禁止有配偶者与他人同居。

禁止家庭暴力。禁止家庭成员间的虐待和遗弃。

**《民法典婚姻家庭编解释一》**

**第 5 条** 当事人请求返还按照习俗给付的彩礼的，如果查明属于以下情形，人民法院应当予以支持：

（一）双方未办理结婚登记手续；

（二）双方办理结婚登记手续但确未共同生活；

（三）婚前给付并导致给付人生活困难。

适用前款第二项、第三项的规定，应当以双方离婚为条件。

## 6. 一方悔婚导致分手，彩礼可以要回来吗？

### 被改变的女人

刘晓亮和王美从小就住在同一条巷子里，两人可以说是青梅竹马。小县城里，大家都结婚早，所以两人大学一毕业，两家长辈就开始筹备婚礼了。刘晓亮给了王美 10 万元彩礼，准备结婚。

刚给完彩礼，王美就被公司派到上海去学习，需要半个多月的时间。刘晓亮觉得，两人从小就认识，都已经这么多年了，也不差这几天。于是，刘晓亮握着王美的手对她说："我愿意等你回来，你一回来，我们就结婚。"王美非常感动，对刘晓亮郑重地点了点头。

可没想到的是，王美在上海结识了多金又帅气的本地人廖刚，廖刚经常开着豪车带王美吃饭、逛街。王美从小在县城里长大，这是她第一次感受到大都市的繁华，她深深地爱上了这里，更深深地爱上了眼前的这个男人。王美打算到上海定居，永远和廖刚这样生活下去。于是，王美回了趟家，要求和刘晓亮解除两人的婚约。无论刘晓亮如何苦苦哀求，王美都没有丝毫的动摇。刘晓亮看王美态度如此坚决，也就不再乞求。既然婚结不成了，刘晓亮就问彩礼是否可以返还，毕竟 10 万元在小县城里也不是一个小数目。但没想到王美从上海回来后，被金钱蒙蔽了双眼，说："你给了我，就是我的了，哪还有要回去的道理？"刘晓亮无奈，只好起诉至法院，请求王美返还彩礼。

那么，王美是否应当返还彩礼呢？

**名词解释**

“彩礼”其实并非规范的法律用语，而是我国长期以来的一种约定俗成的民间习俗。在实践中，“彩礼”主要指的是以缔结婚姻关系为目的，按照当地习惯，婚前男方给付女方的数额较大的金钱和物品。它既不为法律所提倡，也不为法律所禁止。

## 随行专栏

法律明确规定应当返还彩礼的情形有三种：①未领结婚证的；②领了结婚证，但没有共同生活的；③婚前给付彩礼，导致男方生活困难的。

可以看出，本案的情形属于第①种情况，是应当返还的。

彩礼是以结婚为目的的，理论上只要结婚目的没有达成，彩礼都是应当返还的。本案中，刘晓亮和王美只是订立了婚约，还没有真正结婚，很显然结婚目的没有达成。此时，王美是应当返还彩礼的。

但是大家要注意，法律上只规定了返还彩礼的情形，但是对于返还的数额并没有明确规定。因此在实践中，应当返还彩礼的情形，未必都是全额返还。法官通常会兼顾双方的利益，根据双方的过错、是否共同生活、共同生活的时间长短等因素来综合判断。

## 法律依据

**《民法典婚姻家庭编解释一》**

**第 5 条** 当事人请求返还按照习俗给付的彩礼的，如果查明属于以下情形，人民法院应当予以支持：

（一）双方未办理结婚登记手续；

（二）双方办理结婚登记手续但确未共同生活；

（三）婚前给付并导致给付人生活困难。

适用前款第二项、第三项的规定，应当以双方离婚为条件。

## 7. 同居期间取得的财产如何分割？

### 相处才能了解

阿祖在自己33岁的生日派对上，结识了朋友的表妹晓晨。两人都已经过了30岁，家里催得紧，都急着结婚。两人当时感觉很聊得来，随后不久就确定了关系，并开始了同居生活。

阿祖觉得，两人岁数都不小了，不如早点定下来，可以先把房、车都置办好，至于具体领证的日子，让家里老人慢慢挑个好日子。晓晨也同意阿祖的想法。于是两人共同出钱买了一套房和一辆车，都登记在阿祖的名下。

后来晓晨被医院诊断出疑似恶性肿瘤，为此两人只顾忙着奔波治病，谁也没空儿去想领证的事。幸运的是，一年后才知道是虚惊一场，确定了当时其实是误诊，由此两人悬着的心总算落了下来。

但令谁也没想到的是，在这一年的相处中，阿祖和晓晨对彼此有了更加深刻的了解，发现两人的性格其实不太适合，便决定解除同居关系。但是，他们在如何分割同居期间取得的财产这一问题上，却发生了分歧。

那么，同居期间取得的财产，究竟该如何分割呢？

### 随行专栏

根据相关法律和司法解释的规定，对于未婚同居期间双方取得的财产，如果双方有协议的话，按照协议处理；如果没有协议，有相关出资情况证明的话，如发票、付款记录等，则按照双方的出资情况进行分割；如果以上都没有，通常会进行平均分割。

本案中，对于房子和车子，如果阿祖和晓晨能够拿出当时出资情况的相关记录，能够证明是为房子和车子出资，那么会按照双方出资的比例来进行分割。比如，购房时，阿祖出资 80 万元，晓晨出资 20 万元。法院可能会判决，房子所有权归阿祖，阿祖给晓晨补偿当初出资的 20 万元以及这 20 万元相应的增值部分。如果没有相关转账记录，可能会进行平均分割，所有权归一方，给另一方房产价值一半的补偿。

## 法律依据

**《民法典》**

**第 297 条** 不动产或者动产可以由两个以上组织、个人共有。共有包括按份共有和共同共有。

**第 298 条** 按份共有人对共有的不动产或者动产按照其份额享有所有权。

**第 299 条** 共同共有人对共有的不动产或者动产共同享有所有权。

**第 308 条** 共有人对共有的不动产或者动产没有约定为按份共有或者共同共有，或者约定不明确的，除共有人具有家庭关系等外，视为按份共有。

**第 309 条** 按份共有人对共有的不动产或者动产享有的份额，没有约定或者约定不明确的，按照出资额确定；不能确定出资额的，视为等额享有。

**第 1054 条第 1 款** 无效的或者被撤销的婚姻自始没有法律约束力，当事人不具有夫妻的权利和义务。同居期间所得的财产，由当事人协议处理；协议不成的，由人民法院根据照顾无过错方的原则判决。对重婚导致的无效婚姻的财产处理，不得侵害合法婚姻当事人的财产权益。当事人所生的子女，适用本法关于父母子女的规定。

## 8. 同居关系结束后，一方送给另一方的财产可以要回吗？

### 爱与不爱，给与不给

曼曼和阿海在一场联谊酒会上相识。两人都是精英白领，彼此之间有许多共同的话题与爱好，便很快就走到了一起。

阿海以前没怎么谈过恋爱，所以这一次特别认真。他非常爱曼曼，对曼曼的要求，可以说是有求必应。平常基本上每隔一两天，阿海就会带曼曼去高级餐厅吃一顿；吃完饭后会去逛街，给曼曼买衣服、包包和首饰。后来，阿海心疼曼曼每天上班要大清早起来挤地铁，就直接买了一辆跑车送给曼曼。

转眼间，两人在一起已经两年多了。阿海觉得，两人各方面都挺合适的，要不就定下来吧。曼曼对此也表示同意。于是，两人开始准备结婚的事宜，将婚期定在了次年的 3 月 9 日，家里的老人查过了，说这是个黄道吉日。但由于阿海的工作比较忙，关于购置新房的事情，便全权交给曼曼来打理。反正只要曼曼喜欢，阿海就没有意见。阿海还给曼曼转了 120 万元，交代曼曼如果看上了合适的房子，就可以用这笔钱来支付首付。

后来阿海偶然发现，曼曼和其公司高层原来一直都有不正当男女关系。阿海心想，自己那么爱曼曼，她怎么忍心这样做？平时曼曼耍小脾气，或者偶尔花钱大手大脚，阿海都没有生过气，无论曼曼做什么，他都是打心眼儿里喜欢。可是这一次，曼曼真的伤透了阿海的心。于是，阿海决定和曼曼分手，并且要求曼曼返还 120 万元购房款和跑车。然而，曼曼坚决不同意。

那么，曼曼需要返还阿海在恋爱期间赠与她的财物吗？

**名词解释**

附条件的赠与，与普通赠与不同，其并不是无条件地无偿给予他人，而是要达成一定的条件。比如，家长为了激发孩子的学习积极性，告诉孩子只要期末考试成绩在班级前五名内，就送他心仪已久的玩具，此时家长送孩子玩具就是一种附条件的赠与，条件就是孩子的期末考试成绩需要在班级前五名内。

## 随行专栏

关于恋爱期间的赠与，行业内目前存在两种观点。

一种观点认为，恋爱期间的赠与通常是以结婚为目的的，可以理解为一种附条件的赠与。如果结婚的目的没有实现，则赠与的条件没有达成，可以撤销此前的赠与行为，所以已经给付的财物是可以要回的。从常理来讲，恋爱期间一方赠与另一方大额财物，是考虑到对方有可能成为自身配偶而做出的行为，所以通常不应当认定为普通的赠与。一旦双方关系破裂，可以要求受赠的一方返还财物。

另一种观点认为，恋爱期间一方赠与另一方财物，通常是为了取悦对方和增进两人感情而自愿做出的行为，受赠方没有欺诈、胁迫，是赠与方的真实意愿。这种行为是表达爱意的赠与行为，不会因为恋爱关系的结束而自动转化为借贷性质。因此，分手后不可以要求返还财物。

在当前的司法实践中，两种观点都在被采用，没有所谓的主流观点。笔者认为，应当将两种观点相结合。

恋爱过程中，这类赠与，如一方请吃饭、买些小礼物，以我们普通人的观点来看，一般不会认为是以结婚为目的的，因此请吃饭的钱，通常应当理解为普通的赠与，一旦给付，不得撤销。同理，520元、1314元这类具有特殊意义的转账，也是一旦支出，就不应当要求返还。

而大额赠与则不同，一方给另一方买车、买房这种情况，如果不是考虑到未来对方可能是自己的配偶，一般是不会进行这样大额的赠与的。因此，这类赠与，一般会被认定为以结婚为目的的赠与，一旦分手，结婚的目的没有达成，可以要求返还。

### 法律依据

**《民法典》**

**第158条** 民事法律行为可以附条件，但是根据其性质不得附条件的除外。附生效条件的民事法律行为，自条件成就时生效。附解除条件的民事法律行为，自条件成就时失效。

**第657条** 赠与合同是赠与人将自己的财产无偿给予受赠人，受赠人表示接受赠与的合同。

**第658条第1款** 赠与人在赠与财产的权利转移之前可以撤销赠与。

## 9. 同居关系结束后，女方可以要求赔偿青春损失费吗？

### 拿什么赔我的青春

妮妮是一名奢侈品专柜的销售柜姐，每天接触的人非富即贵。久而久之，妮妮的眼光变得越来越高，再加上她天生一副美人胚子，所以她在心里许愿，一定要找一个事业有成又专一体贴的成功人士来做老公。

后来，当地知名企业 CEO 梁先生来店里购物，对妮妮竟一见倾心，展开了猛烈的追求。从小追妮妮的男生可太多了，安静的、开朗的，有钱的、没钱的，可是从来没有哪个男生能够像梁先生这么无微不至、细心体贴，而且梁先生也不像其他有钱人那样，只想用钱砸倒妮妮。妮妮觉得，这就是命中注定属于自己的男孩。很快，两人便同居了。

同居以后，妮妮才明白，人能装得了一时，装不了一世。梁先生是个生意人，经常在外面应酬到很晚，如果当天公司一切顺利倒也还好，但凡有点不顺，他就会打妮妮出气。两天一小打，三天一大打，妮妮身上永远青一块紫一块的。然而，梁先生却总是晚上醉醺醺地打完人，第二天早上清醒之后又跟妮妮道歉，保证这是“最后一次”。他甚至还写下保证书，表示以后决不再打妮妮；若再打一次，就赔偿妮妮青春损失费 100 万元。

可没想到的是，妮妮有一天竟然在一个文件袋里发现了梁先生的结婚证。原来他早就结婚了，跟妮妮恋爱同居只不过是玩玩罢了。妮妮去质问梁先生时，梁先生竟恼羞成怒，又一次打了妮妮。妮妮的心彻底碎了，于是起诉至法院，请求解除同居关系，并且要求梁先生按照保证书赔偿自己青春损失费 100 万元。

## 随行专栏

**（1）男女同居可以起诉请求解除同居关系吗？**

未婚男女同居，你情我愿，法律既不禁止也不支持。起诉请求解除这种同居关系，法院不会受理。但是可以就同居期间产生的财产分割问题，或者孩子抚养问题，起诉请求法院判决。

**（2）解除同居关系后，可以要求赔偿青春损失费吗？**

在法律上并没有“青春损失费”这个概念，这只是一个民间说法。

许多人可能会觉得，一方浪费青春跟另一方在一起住了这么久，应该可以要点儿赔偿吧，毕竟青春不能重来。但从法律角度来看，青春是不能用金钱衡量的。如果对方自愿给，法律不会反对；但是如果对方不愿给，法律也不能强制。因为法律并没有规定哪些情况需要支付青春损失费，所以强行要求支付是没有法律依据的。

具体到本案中，双方已经签订了保证书，梁先生已经保证了如果再打妮妮就给其100万元的青春损失费，难道这也不能给吗？

是的，不能给。因为这种协议与传统道德观念相冲突，通常会被认为是无效协议，法院不会支持。还是上面讲过的逻辑，如果对方自愿履行保证书的内容，法律不会禁止，但如果对方不履行，法律也不能强制。

因此，在通常情况下，法院并不会支持赔偿青春损失费这一请求。

**（3）假装单身来欺骗感情，算诈骗吗？**

诈骗罪在我国只针对财物，所以如果单纯欺骗感情是不能算作诈骗的。但在恋爱过程中，一方利用对方在恋爱关系中对自己的信任，骗取对方的财物，是可以认定为诈骗罪的。

不管怎么说，大家在恋爱中还是要擦亮眼睛啊！

## 法律依据

**《民法典婚姻家庭编解释一》**

**第3条第1款**　当事人提起诉讼仅请求解除同居关系的，人民法院不予受理；已经受理的，裁定驳回起诉。

## 10. 同居期间生育儿女，分开后另一方有抚养义务吗？

### 不领证就能逃避责任？

九年前，谢玲玲和刘文龙在同居期间，生下了一个女儿。刘文龙一看生下的是女儿，就残忍地抛弃了谢玲玲。九年来，无论生活多么艰难，谢玲玲都没有去找过刘文龙，一个人靠着在工厂打工赚的微薄工资，独自抚养女儿长大。

现在，女儿已经九岁了，需要的生活费越来越多，谢玲玲一个人的收入已经无力抚养女儿长大。可是，谢玲玲去找刘文龙要抚养费的时候，发现他已经有了新的家庭。而刘文龙在见到谢玲玲后，居然假装不认识，更不要说给抚养费了。于是，谢玲玲以女儿的名义起诉至法院，请求刘文龙支付抚养费。

那么，刘文龙是否有义务支付抚养费呢？

**名词解释**

非婚生子女，是相对于婚生子女而言的，是指没有经过我国民政部门办理结婚登记手续、缔结婚姻关系的男女所生的子女，其中包括未婚男女所生的子女及已婚男女与第三者所生的子女。

### 随行专栏

**（1）对于非婚生子女，生父母有抚养义务吗？**

非婚生子女虽然是没有合法婚姻关系的男女所生，但在法律地位上，并不应当受到任何不公正的对待和歧视。非婚生子女与婚生子女在我国法律上都享有同等权利，生父母对于非婚生子女也同样具有抚养教育的法定义务。不直接抚养非婚生子女的一方，应当支付抚养费。

因此，本案中，刘文龙作为父亲，有支付女儿抚养费的义务。

**（2）抚养费的数额如何计算？**

法律并没有明确规定具体的数额，在不同情况下，最终所确定的数额会有所不同。一线城市和落后地区的数额会有所不同；父母是企业高管还是普通工人，也会有所不同。这主要是根据子女的实际需要、父母的负担能力、当地的实际生活水平来综合考虑。

**（3）抚养费纠纷应该以谁的名义起诉？**

可以以孩子的名义，也可以以自己的名义。

以孩子的名义起诉，是基于抚养费起诉，父母有抚养未成年子女的义务，只要父母没有履行这项义务，或履行不到位，就可以起诉。以自己的名义起诉，是基于双方之间的约定，基于对方违约而起诉。

因此，在任何情况下都可以以孩子的名义起诉，而只有在双方有抚养费约定的情况下，才能以自己的名义起诉。

**（4）成年子女还可以起诉请求支付抚养费吗？**

对于这个问题，没有明确的法律规定。从目前的司法实务来看，大致存在两种观点。

一种观点认为，抚养费是为了维持孩子的基本生活而给付的费用，既然孩子已经成年，那么支付抚养费的基础就消失了，也就没有必要支付。

另一种观点则认为，抚养未成年子女是父母的法定义务，虽然随着子女成年，抚养义务归于消灭，但是法律并未禁止成年子女追索抚养费。

## 法律依据

**《民法典》**

**第 1071 条**　非婚生子女享有与婚生子女同等的权利，任何组织或者个人不得加以危害和歧视。

不直接抚养非婚生子女的生父或者生母，应当负担未成年子女或者不能独立生活的成年子女的抚养费。

**《民法典婚姻家庭编解释一》**

**第 49 条**　抚养费的数额，可以根据子女的实际需要、父母双方的负担能力和当地的实际生活水平确定。

有固定收入的，抚养费一般可以按其月总收入的百分之二十至三十的比例给付。负担两个以上子女抚养费的，比例可以适当提高，但一般不得超过月总收入的百分之五十。

无固定收入的，抚养费的数额可以依据当年总收入或者同行业平均收入，参照上述比例确定。

有特殊情况的，可以适当提高或者降低上述比例。

**第 50 条**　抚养费应当定期给付，有条件的可以一次性给付。

**第 51 条**　父母一方无经济收入或者下落不明的，可以用其财物折抵抚养费。

**第 52 条**　父母双方可以协议由一方直接抚养子女并由直接抚养方负担子女全部抚养费。但是，直接抚养方的抚养能力明显不能保障子女所需费用，影响子女健康成长的，人民法院不予支持。

**第 53 条**　抚养费的给付期限，一般至子女十八周岁为止。

十六周岁以上不满十八周岁，以其劳动收入为主要生活来源，并能维持当地一般生活水平的，父母可以停止给付抚养费。

## 11. 再婚是否还可以享受婚假呢?

### 强势的公司

刘丰今年 52 岁，前妻在八年前因宫颈癌去世，他一直都很难过，难以走出丧妻之痛。直到遇见刚离婚不久的林月华，刘丰才感觉人生又燃起了希望。两人一起谈天，一起跳舞，一起看日落，展开了一段轰轰烈烈的黄昏恋。

一年后，两人结婚了。

五年前，刘丰就职的公司突然倒闭，当时刘丰已经年纪很大了，工作很不好找。辗转了将近一年的时间，才找到了一份保安的工作。入职新公司之后，刘丰谨小慎微，生怕哪里做的不好，又丢了好不容易找来的工作。这不，就连跟林月华结婚，都没敢请婚假，带林月华出去散散心。可是没想到，几个月后，公司竟然以刘丰违反公司规章制度为由，将刘丰开除。

合同只约定了每天工作八小时，但刘丰入职以来，每天都要工作 12 小时。就算其中包含一小时的吃饭时间，也是在岗吃饭，从未离开过岗位。

刘丰提起劳动仲裁，要求支付加班费、未休婚假的加班工资及违约金等相关费用。

### 随行专栏

**（1）再婚是否还可以享受婚假?**

可以。

再婚与初婚具有相同的法律地位，可以享受相同的婚假待遇。

**（2）婚假有几天?**

根据《国家劳动总局、财政部关于国营企业职工请婚丧假和路程假问题的通知》，国家规定酌情给一至三天的婚假。

但各地各行业的规定有所不同，通常会多于法定婚假。例如，北京、上海都分别在《北京市人口与计划生育条例》与《上海市人口与计划生育条例》中，将婚假规定为10天。

**（3）婚假带薪吗？**

带薪。

婚假期间，应按劳动合同规定支付劳动者工资。

**（4）婚假不休可以要求支付加班费吗？**

对此我国法律并没有明确的规定，但从实践来看，大部分情况下是不予支持的。

## 法律依据

**《劳动和社会保障部办公厅关于对再婚职工婚假问题的复函》（劳社部函〔2000〕84号）**

湖北省劳动保障厅：

你厅《关于再婚者婚假问题的请示》（鄂劳社〔2000〕113号）收悉，现答复如下：

根据《中华人民共和国婚姻法》和国家有关职工婚丧假的规定精神，再婚者与初婚者的法律地位相同，用人单位对再婚职工应当参照国家有关规定，给予同初婚职工一样的婚假待遇。

二〇〇〇年七月十一日

**《国家劳动总局、财政部关于国营企业职工请婚丧假和路程假问题的通知》（〔80〕劳总薪字29号）**

一、职工本人结婚或职工的直系亲属（父母、配偶和子女）死亡时，可以根据具体情况，由本单位行政领导批准，酌情给予一至三天的婚丧假。

**《工资支付暂行规定》**

**第 11 条**　劳动者依法享受年休假、探亲假、婚假、丧假期间，用人单位应按劳动合同规定的标准支付劳动者工资。

## 小贴士

本章重点问题总结如图 1.1。

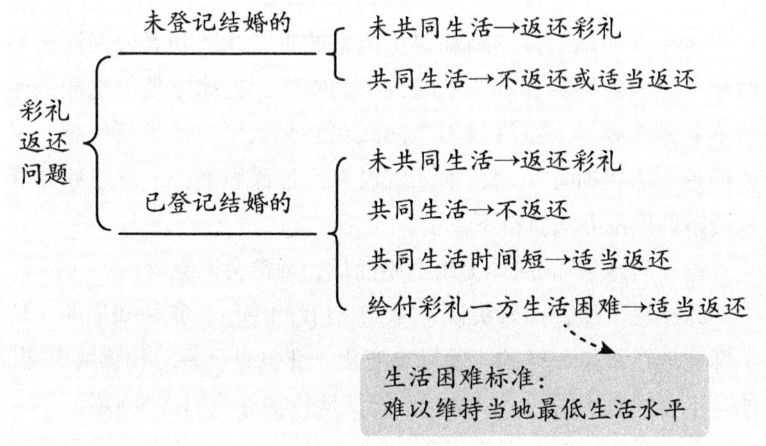


图 1.1　彩礼返还问题

# 第二章　婚姻终点处的思考

## 1.《民法典》实施后，诉讼离婚会容易些吗？

### 遇到好男人也会为难

冰冰在和她的好友莉莉讨论离婚的事。冰冰和老公阿源结婚两年了，相处还算和睦，平时也不会吵架，但冰冰觉得这样的生活不是她想要的。或许是因为两人在一起久了，没了新鲜感，又或许是因为当时在一起，本来就没有经过深思熟虑，总之冰冰在这段婚姻里没办法坚持下去了。

莉莉问她："如果你提出离婚的话，阿源会同意吗？"

冰冰想了想，摇着头说："阿源对我的感情，我是知道的，从结婚到现在都是一样的，就算有变化，那也只会是对我感情更深。他是不会同意离婚的，只会想方设法地维护好我们这段婚姻。"

莉莉听完，皱着眉头说道："要是这样的话，你要想和阿源离婚，可能不是一件容易的事。离婚的方式无外乎两种，要么协议离婚，两个人协商好后签份离婚协议，去民政局把章一盖，这就算登记离婚了；要么起诉到法院请求离婚，法院如果认为夫妻感情确实破裂了，就会准予离婚。但是，夫妻感情破裂又不像咱们以为的那么简单，我国《民法典》对于夫妻感情破裂作出了比较具体的规定，只有符合那几种情况的，才能被认定为夫妻感情破裂。我也知道阿源这个人，他不赌不嫖，性格又温和，对你又专一，你们也没分居，和那几种情况完全不沾边，还真是不知道从哪儿下手了。不过我也是一知半解，我觉得你要真想离婚，不如我陪你去问问律师吧，律师肯定比咱们懂得多。”

冰冰听完，想想也只能去咨询专业律师了。

## 随行专栏

莉莉说的基本没错。像冰冰这种情况，遇到阿源这种挑不出任何毛病的丈夫，只要阿源不同意离婚，协议离婚就基本没戏。诉讼离婚的话，阿源不赌不嫖不打人，对冰冰又专一，两个人也没分居，就算分居也得满两年才会被认为是感情破裂，这样诉讼离婚也行不通。那么离婚对于冰冰来说，就会成为一件很困难的事。

不过《民法典》的实施使这样的局面有所改善，其规定：“经人民法院判决不准离婚后，双方又分居满一年，一方再次提起离婚诉讼的，应当准予离婚。”这是什么意思呢？

以冰冰为例，自 2021 年 1 月 1 日《民法典》实施起，冰冰如果第一次到法院起诉，阿源不同意离婚，法院基本会判决不准离婚，此时冰冰只要搬出家中与阿源分居满一年，然后再行起诉，法院自然应当按照《民法典》的规定判决冰冰和阿源离婚。

笔者猜测，《民法典》之所以对原《婚姻法》作出这样的调整，应该也是发现现实中有很多人和冰冰的情况类似，被困于不如愿的婚姻中，希望通过这样的调整让他（她）们能够早日结束不合适的婚姻，开始新的生活。

## 法律依据

**《民法典》**

**第 1079 条** 夫妻一方要求离婚的，可以由有关组织进行调解或者直接向人民法院提起离婚诉讼。

人民法院审理离婚案件，应当进行调解；如果感情确已破裂，调解无效的，应当准予离婚。

有下列情形之一，调解无效的，应当准予离婚：

（一）重婚或者与他人同居；

（二）实施家庭暴力或者虐待、遗弃家庭成员；

（三）有赌博、吸毒等恶习屡教不改；

（四）因感情不和分居满二年；

（五）其他导致夫妻感情破裂的情形。

一方被宣告失踪，另一方提起离婚诉讼的，应当准予离婚。

经人民法院判决不准离婚后，双方又分居满一年，一方再次提起离婚诉讼的，应当准予离婚。

## 2. 夫妻感情已经破裂的认定标准有哪些？

### 知错应改

思雯和大刘已经结婚七年了。当初，两个人是自由恋爱结婚的，婚后的生活虽谈不上大富大贵，但也算小富即安。大概从四年前开始，大刘染上了赌博的毛病，经常在外赌博，彻夜不归。思雯一个人既要上班，又要照顾不满三岁的儿子和家里的老人。这样的日子，时间一长，任谁也坚持不住。

于是，思雯以大刘参与赌博、屡教不改为由向法院起诉离婚。可大刘当庭认错，表示以后再也不参与赌博了，希望思雯能再给他一次机会。

这种情况，法院会判决离婚吗？

## 随行专栏

**（1）夫妻感情确已破裂的认定标准有哪些?**

诉讼离婚中，法院判决离婚的唯一标准，就是夫妻感情确已破裂。那么哪些情况才能算作夫妻感情确已破裂呢?

《民法典》中明确规定的情形主要有四种：①重婚或者与他人同居；②实施家庭暴力或者虐待、遗弃家庭成员；③有赌博、吸毒等恶习屡教不改；④因感情不和分居满二年。

当然，除此之外，还有第五项“其他导致夫妻感情破裂的情形”，符合标准也应当判决离婚。只不过这一项，基本上取决于法官如何认知。

**（2）实践中如何确定夫妻感情是否已经破裂?**

实践中是否判决离婚，通常会从三个角度来判断。

①要看婚姻感情基础。双方是否自愿结婚，婚后是否建立起牢固深厚的夫妻感情，双方对家庭、对孩子是不是上心，婚后夫妻感情是否发生了变化等。

②要看离婚原因。现实情况千变万化，而离婚的原因也通常是多方面的，搞清楚离婚的根本原因也是判断夫妻感情是否确已破裂的一个重要因素。

③要看还有没有和好的可能。综合分析双方的主观和客观方面的多种因素，判断未来夫妻双方的感情发展走向，还有没有和好的可能。主观方面可以看两个人对彼此的感情、态度，客观方面要看有没有孩子、老人这些牵绊，家庭的经济状况，两人的工作状况等。

本案中，大刘有赌博恶习且屡教不改是客观事实，可考虑到双方是自由恋爱结婚，已经有了七年的感情基础，而且大刘当庭认错，表示愿意悔过，如果双方多加沟通、增强信任，是有和好可能的。因此，法院最终没有判决离婚。

### 法律依据

**《民法典》**

**第1079条** 夫妻一方要求离婚的，可以由有关组织进行调解或者直接向人民法院提起离婚诉讼。

人民法院审理离婚案件，应当进行调解；如果感情确已破裂，调解无效的，应当准予离婚。

有下列情形之一，调解无效的，应当准予离婚：

（一）重婚或者与他人同居；

（二）实施家庭暴力或者虐待、遗弃家庭成员；

（三）有赌博、吸毒等恶习屡教不改；

（四）因感情不和分居满二年；

（五）其他导致夫妻感情破裂的情形。

一方被宣告失踪，另一方提起离婚诉讼的，应当准予离婚。

经人民法院判决不准离婚后，双方又分居满一年，一方再次提起离婚诉讼的，应当准予离婚。

## 3. 分居两年，法院就肯定能判决离婚吗？

### 不真实的感情

阿香来自新疆，是个地地道道的美女。初中同班同学小刚对阿香一见倾心，从第一次见面就开始追求阿香。这一追，就是13年。终于，皇天不负苦心人，阿香被小刚打动，和小刚结了婚。

但感动终究不是爱情，阿香始终没有办法让自己爱上小刚。

小刚哪儿都好，可无奈不是自己喜欢的类型。结婚以后，阿香总是对小刚不冷不热。小刚不是笨蛋，心里也明白，自己只是得到了阿香的人，却从来没有得到阿香的心。

婚后第三年，阿香看小刚越来越厌烦，便对小刚说："都说距离产生美，小别胜新婚，要不我们先分开住一段时间，看看能不能改善一下夫妻感情。"小刚也觉得，的确不能再这样下去了，于是答应了阿香的提议，自己搬出去租房住了。小刚搬走两年后，阿香还是觉得，不愿意和小刚一起生活下去，就提出了离婚。没想到小刚还是深爱着阿香，说什么也不同意离婚。阿香说："你不同意也没用，我可以去起诉。咱们已经分居满两年了，法院一定会判离！"

真的像阿香说的那样，一定会判离婚吗？

**名词解释**

分居是指夫妻之间不再共同生活，不再互相履行夫妻义务，包括停止性生活，经济上不再合作，生活上不再互相关心、互相扶助等。

## 随行专栏

**（1）什么才是法律意义上的分居？**

法律意义上的分居，和我们在日常生活中的理解有一些不同。法律意义上的分居重点在于以下三点。

①不共同生活。分床睡、分屋睡、一方长期睡沙发等，都不能算作法律意义上的分居。因为即使分床，双方还是在一个屋檐下共同生活。

②互不履行夫妻义务。夫妻义务不仅包括性义务，还包括经济、生活上的相互扶持和帮助。

③因感情不和。能构成离婚情形的分居，必须是因为感情不和的分居，如果是因为工作、孩子上学等原因被迫分居两地，一般不能认定为法律意义上的分居。

**（2）证明分居，需要哪些证据？**

最直观的证据是夫妻之间签订的书面分居协议，但这在现实生活中用到的可能比较少。在没有书面协议的情况下，若有其他的聊天记录、邮件、书信往来等，其中的内容能反映出双方是因为感情不和分居的，也可以作为证据。此外，一方单独的租房合同、村居会或居委会开具的居住证明、邻居的证人证言等，都是可以作为证据使用的。

很多人可能想知道，这些证据是有一样就可以，还是得有好几样才能证明？

关于证据，在法律上并没有那么清晰的规定，所以当然是多多益善。

**（3）分居满两年一定会判决离婚吗？**

不一定。

根据《民法典》相关规定，判决离婚的唯一要件是：感情确已破裂。

分居只是法律规定的可以判决离婚的一种情形，至于具体是否判决离婚，还是要结合其他的因素，综合来判断感情是否已经破裂，是否真的没有和好的可能。我国相关法律法规本着“宁拆十座庙，不毁一桩婚”的精神，能调解的都尽量会调解和好。感情确实已经破裂，且经调解无效，才会判决离婚。

所以，严格来讲，没有什么一定会判决离婚的情形，还是要综合考量多种因素。

## 法律依据

**《民法典》**

**第1079条**　夫妻一方要求离婚的，可以由有关组织进行调解或者直接向人民法院提起离婚诉讼。

人民法院审理离婚案件，应当进行调解；如果感情确已破裂，调解无效的，应当准予离婚。

有下列情形之一，调解无效的，应当准予离婚：

（一）重婚或者与他人同居；

（二）实施家庭暴力或者虐待、遗弃家庭成员；

（三）有赌博、吸毒等恶习屡教不改；

（四）因感情不和分居满二年；

（五）其他导致夫妻感情破裂的情形。

一方被宣告失踪，另一方提起离婚诉讼的，应当准予离婚。

经人民法院判决不准离婚后，双方又分居满一年，一方再次提起离婚诉讼的，应当准予离婚。

# 4. 双方签署了离婚协议，婚姻关系就解除了吗？

## 离婚的手续

小宋和笑笑结婚已经八年，这八年的婚姻生活早已磨光了当初的激情和浪漫。现在两人已经30多岁，正是上有老、下有小的年纪，在外要拼命工作，回到家还要照顾老人和孩子，谁都没有多余的精力来经营婚姻。说到底，现在只是为了孩子、为了责任，两人才勉强维持着这段婚姻。

有一天半夜12点多，笑笑加完班回到家，竟然看到小宋和一个不认识的女人正在腻腻歪歪，笑笑瞬间感觉大脑一片空白。但笑笑是个女强人，面对这种事，她表现出了超常的理智和大气，很快就冷静下来。于是，笑笑连夜签好离婚协议，收拾东西搬了出去，一点儿也不拖泥带水。

小宋和笑笑从此再也没有见过面，两个人都觉得彼此之间已经离婚了。两年后，笑笑认识了一名男律师，两人情投意合，打算结婚。男律师问起了笑笑的上一段婚姻，笑笑如实告诉了他。没想到男律师说："咱们还不能结婚，不然你就重婚了。"笑笑不明白，签了离婚协议，难道不算离婚了吗？

## 随行专栏

**（1）签了离婚协议就是离婚了吗？**

不是的。依照我国法律规定，离婚有协议离婚和诉讼离婚两种方式。

诉讼离婚是去法院起诉离婚，拿到法院的判决书或者调解书，就算正式离婚了，也不需要再去民政局申领离婚证。

而协议离婚，真的是签份协议就可以了吗？

不是的，离婚协议从办理离婚登记手续时才会生效。签了离婚协议后，还要去民政局登记离婚，拿到离婚证，才能算是离婚。

**（2）分居两年就会自动离婚吗？**

本案中，小宋和笑笑已经分开两年了。即使离婚协议没有生效，那分居两年也不能自动离婚吗？

我国只有协议离婚和诉讼离婚两种方式，从来没有自动离婚的说法。我们经常听到的分居两年，是指如果夫妻因感情不和分居满两年而去起诉离婚，调解无效时，应当判决离婚。换句话说，分居满两年，只是法律规定的应当判决离婚的情形。但是只要不去起诉，不管分居多久，都是不会自动离婚的。

### 法律依据

**《民法典》**

**第1076条** 夫妻双方自愿离婚的，应当签订书面离婚协议，并亲自到婚姻登记机关申请离婚登记。

离婚协议应当载明双方自愿离婚的意思表示和对子女抚养、财产以及债务处理等事项协商一致的意见。

**第1079条** 夫妻一方要求离婚的，可以由有关组织进行调解或者直接向人民法院提起离婚诉讼。

人民法院审理离婚案件，应当进行调解；如果感情确已破裂，调解无效的，应当准予离婚。

有下列情形之一，调解无效的，应当准予离婚：

（一）重婚或者与他人同居；

（二）实施家庭暴力或者虐待、遗弃家庭成员；

（三）有赌博、吸毒等恶习屡教不改；

（四）因感情不和分居满二年；

（五）其他导致夫妻感情破裂的情形。

一方被宣告失踪，另一方提起离婚诉讼的，应当准予离婚。

经人民法院判决不准离婚后，双方又分居满一年，一方再次提起离婚诉讼的，应当准予离婚。

## 5. 签署离婚协议书后又后悔了，该怎么办?

### 回心转意

茜茜和老公晓明，最初是相亲认识的。茜茜看中晓明工作稳定，人又踏实，便答应和晓明结婚。如今，两人已经结婚十几年，还有了一个 10 岁的儿子。本应是幸福的一家人，可人到中年，上有老、下有小，总有各种无可奈何。去年，晓明被单位裁员，又恰逢母亲去世，许多事情堆在一起，晓明感到实在力不从心。从那时起，晓明开始酗酒，每天喝到半夜才回家，回到家还要打人。可是晓明心里还是爱茜茜的，总是在第二天早上酒醒之后，开始对茜茜忏悔，保证绝不再有下次。毕竟是十几年的夫妻了，茜茜心一软，也就原谅了晓明。

只不过这一次，晓明竟然把茜茜打到住院，茜茜再也忍受不了这样的生活，便对晓明提出了离婚。晓明想到，自己现在没有工作，没有收入，连生活下去的勇气都没有，拿什么去爱茜茜呢？于是就同意了离婚。两人签了离婚协议，约定把房子给茜茜，车给晓明，儿子归茜茜抚养。

刚签完离婚协议，就看到儿子走过来握着他们的手，眼睛里噙着泪，哭泣着对他们说："爸爸妈妈，你们不要离婚好不好？"茜茜哭了，晓明也哭了。茜茜说："老公，咱们好好过日子好吗？"晓明认真地点了点头，三人依偎在一起。

那么，此前两人签订的离婚协议，还有效吗？

## 随行专栏

**（1）什么时候需要签署离婚协议？**

我国法律规定的离婚方式有两种，即协议离婚和诉讼离婚。

如果两人能协商一致，对财产分割、子女抚养都没有任何异议，可以签署离婚协议，去民政局办理离婚登记，领取离婚证。如果双方不能协商一致，那就只能去法院起诉，也就是诉讼离婚。

离婚协议，只用于协议离婚当中。

**（2）法律对离婚协议有什么规定和限制？**

离婚协议的内容一般涉及三部分：双方自愿离婚、财产分割问题、子女抚养问题。

对于离婚协议的内容，法律没有进行限制。只要双方能够协商一致，不违反法律法规，可以进行任意约定。

**（3）离婚协议何时生效？**

离婚协议自双方办理离婚登记时生效。办理离婚登记之前，离婚协议就是一张纸，没有任何法律效力。

**（4）公证是否为离婚协议生效的必要条件？**

公证并不是离婚协议生效的必要条件。公证只能证明该份协议的合法性和有效性，但如果双方不去进行离婚登记，公证过的离婚协议还是不会发生法律效力。

**（5）签署离婚协议后反悔，怎么处理？**

如果双方还没有去离婚登记，可以随时反悔。因为此时离婚协议还没有生效，双方可以重新达成一致，重新签署新的离婚协议。如果达不成一致，也可以去法院起诉离婚。此时起诉离婚也不会受到此前离婚协议的影响，不会依照此前签署的离婚协议进行判决。

如果双方已经进行了离婚登记，则协议已经生效。此时如果对财产分割问题反悔，可以向法院起诉，但是只有当初签署离婚协议时存在欺诈、胁迫情形的，法院才会支持诉求。如果对孩子抚养问题反悔的，可以起诉请求变更抚养权，但是如果没有合法合理的理由，通常也很难得到法院的支持。

所以，签署离婚协议时一定要慎重，协议一旦生效，再想变更可就难了。

## 法律依据

**《民法典》**

**第 1076 条**　夫妻双方自愿离婚的，应当签订书面离婚协议，并亲自到婚姻登记机关申请离婚登记。

离婚协议应当载明双方自愿离婚的意思表示和对子女抚养、财产以及债务处理等事项协商一致的意见。

**第 1078 条**　婚姻登记机关查明双方确实是自愿离婚，并已经对子女抚养、财产以及债务处理等事项协商一致的，予以登记，发给离婚证。

**第 1080 条**　完成离婚登记，或者离婚判决书、调解书生效，即解除婚姻关系。

**《民法典婚姻家庭编解释一》**

**第 69 条**　当事人达成的以协议离婚或者到人民法院调解离婚为条件的财产以及债务处理协议，如果双方离婚未成，一方在离婚诉讼中反悔的，人民法院应当认定该财产以及债务处理协议没有生效，并根据实际情况依照民法典第一千零八十七条和第一千零八十九条的规定判决。

当事人依照民法典第一千零七十六条签订的离婚协议中关于财产以及债务处理的条款，对男女双方具有法律约束力。登记离婚后当事人因履行上述协议发生纠纷提起诉讼的，人民法院应当受理。

**第 70 条**　夫妻双方协议离婚后就财产分割问题反悔，请求撤销财产分割协议的，人民法院应当受理。

人民法院审理后，未发现订立财产分割协议时存在欺诈、胁迫等情形的，应当依法驳回当事人的诉讼请求。

## 6. 女方刚刚流产，男方可以提出离婚吗？

### 陈旧的观念

张琪是家里的独生子，老张家全部的希望都寄托在他的身上。父母现在年纪大了，最大的愿望就是早点抱上孙子。但是，张琪的妻子小燕，平时最喜欢的就是攀岩、跳伞这些极限运动，先前怀上的两个孩子都是因为运动过度流产的。可张琪喜欢的就是小燕的勇敢，两人当初正是在攀岩俱乐部认识的。

关于孩子，张琪本人倒是很佛系，对有没有孩子也不是太在意，他觉得只要两个人开心就好了。可是老两口心里很着急，毕竟老张就是独子，张琪又是独子，老家那边传宗接代的思想早已根深蒂固。于是，老两口给张琪下了死命令，如果下一个孩子还保不住，张琪就必须和小燕离婚。

前两天，小燕在蹦床馆不小心摔了下来，孩子居然又意外流产了。老两口这次实在忍无可忍，要求张琪必须和小燕离婚。父母之命，张琪又不敢违抗，只好对小燕提出了离婚。小燕非常伤心，认为张家只是拿她当生育工具，都什么年代了，把女人当什么？

那么这个时候，张琪是否可以提出离婚呢？

### 随行专栏

答案是不可以。

为了保护妇女权益，法律规定女方怀孕期间、分娩后一年内、终止妊娠后六个月内，男方都是不可以提出离婚的。女性在怀孕或者刚刚流产后，生理和心理往往都比较脆弱，需要得到照顾。所以法律规定在这段特殊时期内，男方不得提出离婚。

但是，由于该规定是为了保护女性权益，所以在此期间，如果女方主动提出离婚，是不作限制的。

## 法律依据

**《民法典》**

**第1082条** 女方在怀孕期间、分娩后一年内或者终止妊娠后六个月内，男方不得提出离婚；但是，女方提出离婚或者人民法院认为确有必要受理男方离婚请求的除外。

## 7. 夫妻一方患有重大疾病时，另一方可以提出离婚吗？

## 夫妻本是同林鸟

赵亮来自农村，是家中唯一的劳动力，家里还有一个卧病在床的母亲和一个因患小儿麻痹症而无法生活自理的姐姐。赵亮在城里打工的时候，认识了城里姑娘刘心樱，两人一见钟情。心樱来自一个普通家庭，但是和赵亮的家庭情况相比，已经好太多了。所以，心樱的父母无论如何也不同意两人的婚事。但心樱觉得，赵亮虽然家里条件不太好，但他人好，对她也好，和这样的人结婚，一辈子都会很踏实。在心樱一番争取之后，父母拗不过心樱，最终让两人结了婚。

婚后两人的生活虽然很拮据，但是赵亮对刘心樱很好，总是变着法儿地逗她开心。一天，心樱突然觉得肚子有点疼，但疼了一会儿就过去了，所以也没太在意。可是后来，腹痛的情况越来越频繁，有一次甚至疼得晕了过去。心樱被送到医院后，竟被诊断为尿毒症。

患病之后，心樱需要不断做透析，治疗其他各种并发症。心樱的父母只是普通的工薪阶层，也拿不出那么多钱。高昂的治疗费用简直压得赵亮喘不过气。赵亮思来想去，对于母亲、姐姐，他都不能不管，于是最终对心樱提出了离婚。

此时，刘心樱正患有重大疾病，赵亮可以提出离婚吗？

### 随行专栏

夫妻之间有相互扶养的义务，尤其在一方患病、失去劳动能力、失去经济来源的时候，另一方更要承担起扶养的义务。在一方患病时，若另一方提出离婚，将更不利于患病一方身体的康复。所以，在这样的情况下，绝大多数法院是不会判决离婚的。如果没有患病的一方坚持要离婚，患病一方可依法要求对方承担相应的扶养义务。

所以，一方患病时，另一方提出离婚，法院对此通常不予支持。但是，法律没有明确规定在这种情况下不得提出离婚，所以也只能说是通常不会判决离婚，而不是一定不会。

### 法律依据

**《民法典》**

**第1059条**　夫妻有相互扶养的义务。

需要扶养的一方，在另一方不履行扶养义务时，有要求其给付扶养费的权利。

## 8. 女方私自终止妊娠，男方能以侵害生育权为由提出离婚吗?

### 冲动的女人

王阳和婷婷虽结婚不到一年，但婷婷已经有了五个月的身孕，双方父母正满心欢喜地等着抱孙子。生活本应和和美美，但婷婷却意外发现，王阳在自己怀孕期间，在外面和其他女孩持续发生不正当男女关系，而且还不止一个女孩。婷婷的心都碎了，自己辛辛苦苦为王阳怀孕生子，可他却在这个时候出去乱搞，这样的男人真的还值得托付吗？于是，一气之下，婷婷一个人去医院做了人流手术。

王阳知道之后勃然大怒，对婷婷怒吼道："我承认，我是在你怀孕期间出去玩了一下，可这是绝大多数男人都会犯的错误，有什么不能原谅的？可是你呢？你竟然打掉我们的孩子，他是个小生命啊！你怎么能这么残忍？我们离婚吧。"

于是，王阳向法院起诉请求离婚，并且以婷婷侵犯生育权为由，要求婷婷赔偿。

那么，婷婷真的侵犯了王阳的生育权吗？

## 随行专栏

婷婷没有侵犯王阳的生育权。

男女双方各自都享有生育权，需要夫妻双方协商一致，共同行使这一权利。女方擅自打掉孩子，是女方生育权的体现，不能认为侵犯了男方的生育权。

我们可以简单理解为，女方的生育权体现在是否生下孩子，而男方的生育权体现在是否让女方受孕。

夫妻双方在是否生孩子这个问题上达不成一致，最终导致感情破裂的，可以作为判决离婚的情形，但不能认定为侵犯生育权。我国法律也有明确规定，妻子擅自打掉孩子，丈夫以侵犯生育权为由要求赔偿的，法院不会支持丈夫的诉求。

因此本案中，婷婷无论是要生下还是要打掉孩子，是婷婷的自由，并不需要经过王阳同意，完全可以自己来做决定。婷婷私自打掉孩子，是婷婷行使生育权的体现，并没有侵犯王阳的生育权。

## 法律依据

**《民法典》**

**第 1079 条** 夫妻一方要求离婚的，可以由有关组织进行调解或者直接向人民法院提起离婚诉讼。

人民法院审理离婚案件，应当进行调解；如果感情确已破裂，调解无效的，应当准予离婚。

有下列情形之一，调解无效的，应当准予离婚：

（一）重婚或者与他人同居；

（二）实施家庭暴力或者虐待、遗弃家庭成员；

（三）有赌博、吸毒等恶习屡教不改；

（四）因感情不和分居满二年；

（五）其他导致夫妻感情破裂的情形。

一方被宣告失踪，另一方提起离婚诉讼的，应当准予离婚。

经人民法院判决不准离婚后，双方又分居满一年，一方再次提起离婚诉讼的，应当准予离婚。

**《民法典婚姻家庭编解释一》**

**第 23 条** 夫以妻擅自中止妊娠侵犯其生育权为由请求损害赔偿的，人民法院不予支持；夫妻双方因是否生育发生纠纷，致使感情确已破裂，一方请求离婚的，人民法院经调解无效，应依照民法典第一千零七十九条第三款第五项的规定处理。

**《妇女权益保障法》**

**第 51 条第 1 款** 妇女有按照国家有关规定生育子女的权利，也有不生育的自由。

## 9. 离婚后双方自愿复婚，还需要办理手续吗？

**喝酒坏事**

娟子和老罗结婚已经20多年，女儿都快成年了。老罗年轻的时候，脾气不好，经常为一点小事，就发脾气、摔东西。为此，娟子还在娘家住过几年。那几年，两人一直是分居状态。后来，老罗好说歹说，才好不容易把娟子劝回来。

这两人刚和好没多久，老罗的老毛病又犯了。一天晚上，老罗喝酒后又开始打娟子，并把娟子从楼梯上踹了下去，送到医院发现断了好几根肋骨。娟子的老母亲这次可气坏了，无论如何也要两人离婚，这种日子一天也过不下去了。

娟子出院后，两人就去办了离婚手续，之后娟子就一直住在娘家。老罗天天来娟子家门口等着，求她原谅。后来，女儿也来了，哭着求娟子回家。娟子想想这20多年的感情，再加上女儿马上就要高考了，实在是不忍心让她在这个时候失去妈妈。于是，娟子原谅了老罗，同意复婚，跟老罗回了家。

娟子和老罗还需要办理复婚登记吗？

**随行专栏**

复婚需要办理复婚登记。

在我国，无论结婚还是离婚，都是登记才生效。

自从1994年2月1日《婚姻登记管理条例》实施以后，我国就不承认事实婚姻了。此后，所有没有进行登记而居住在一起的男女，一律按同居关系处理。

所有的结婚、离婚、复婚，都必须要经过登记，才受法律认可。

## 法律依据

**《民法典》**

**第 1083 条**　离婚后，男女双方自愿恢复婚姻关系的，应当到婚姻登记机关重新进行结婚登记。

**《民法典婚姻家庭编解释一》**

**第 7 条**　未依据民法典第一千零四十九条规定办理结婚登记而以夫妻名义共同生活的男女，提起诉讼要求离婚的，应当区别对待：

（一）1994 年 2 月 1 日民政部《婚姻登记管理条例》公布实施以前，男女双方已经符合结婚实质要件的，按事实婚姻处理。

（二）1994 年 2 月 1 日民政部《婚姻登记管理条例》公布实施以后，男女双方符合结婚实质要件的，人民法院应当告知其补办结婚登记。未补办结婚登记的，依据本解释第三条规定处理。

**《婚姻登记条例》**

**第 14 条**　离婚的男女双方自愿恢复夫妻关系的，应当到婚姻登记机关办理复婚登记。复婚登记适用本条例结婚登记的规定。

# 10. 被宣告死亡的丈夫回来了，婚姻关系还存续吗？

## 法律上的死亡与现实的冲突

黄巍是一个酷爱户外运动和旅游的人，经常和“驴友”结伴出游或者独自一人外出。2010 年 6 月，黄巍前往深山之中探险，这一去就再也没回来。他的妻子费霞在与黄巍失去联系后的第三天，向当地的公安机关报了案。接到报案后，警察出动大量人力到山中进行搜寻，但都没能找到黄巍，也没有找到尸体。

2015年，费霞在咨询律师后，依照法律规定向人民法院申请宣告黄巍死亡，然后带着孩子回到了娘家，一直没有再嫁人。然而，突然有一天，黄巍回到了家中，并找到费霞，让费霞带着孩子跟他回家，说自己当时受伤后掉进了河中，漂到了河的下游被人救起。费霞自然接受不了这个解释，认为黄巍既然活着，却为什么六年后才回来，他的这种行为是对家庭极大的不负责任，便坚决拒绝跟黄巍回家。

那么黄巍和费霞之间的夫妻关系还存续吗，费霞是不是必须跟黄巍回家？

**名词解释**

宣告死亡，是指如果一个人下落不明满四年，或者因意外事故下落不明满两年，或者发生意外事故、有关机关证明其不可能存活的，那么他的利害关系人就可以向法院申请宣布他已经死亡。宣告死亡和一个人真的死亡具有相同的法律后果。当然，被宣告死亡的人也有可能没死，法律对他重新出现的情况也作出了明确的规定。

## 随行专栏

按照《民法典》的相关规定，如果黄巍的妻子费霞不愿恢复和黄巍之间的夫妻关系，并且向婚姻登记机关作出书面声明的话，黄巍和费霞之间的婚姻关系就不复存在了，黄巍也没有权利要求曾经的妻子必须跟自己回去。

在2017年原《民法总则》实施之前，当宣告死亡的人重新出现并向法院申请撤销对自己的死亡宣告时，如果他（她）的配偶还没有再婚，那么他们之间的婚姻关系就必须被动地自行恢复；如果配偶在此期间已经再婚，那么婚姻关系就不再自动恢复了。

但在原《民法总则》和《民法典》中，也许是考虑到被宣告死亡的人离家多年，与配偶间的感情可能已经变淡，没有办法再共同生活，或者是配偶接受不了被宣告死亡的人又突然出现等原因，在配偶没有再婚，婚姻关系就将自动恢复的原则之外，赋予了配偶一个主动拒绝的权利。也就是说，原则上被宣告死亡的人重新出现并申请撤销死亡宣告之后，他和并没有再婚的配偶间的婚姻关系会自动恢复，但配偶可以用书面的形式向婚姻登记机关声明不愿意恢复婚姻关系。只要配偶作出书面声明，婚姻关系就不再恢复。

## 法律依据

**《民法典》**

**第46条** 自然人有下列情形之一的，利害关系人可以向人民法院申请宣告该自然人死亡：

（一）下落不明满四年；

（二）因意外事件，下落不明满二年。

因意外事件下落不明，经有关机关证明该自然人不可能生存的，申请宣告死亡不受二年时间的限制。

**第51条** 被宣告死亡的人的婚姻关系，自死亡宣告之日起消除。死亡宣告被撤销的，婚姻关系自撤销死亡宣告之日起自行恢复。但是，其配偶再婚或者向婚姻登记机关书面声明不愿意恢复的除外。

## 11. 夫妻一方出轨导致离婚的，另一方可以申请损害赔偿吗？

### 真心错付

艳艳曾是学校的“校花”，一毕业就嫁给当地有名的富商刘海东，做起了阔太太，每天吃喝玩乐，十指不沾阳春水。所有朋友和同学都羡慕艳艳的生活。但刘海东的生意比较忙，没有太多时间陪在艳艳身边。无论刘海东在外面见过多少香车美女，在他的眼里心里，还是只有艳艳一个人。刘海东感觉每天最幸福的时刻，就是结束了一天的奔波忙碌后，回到家陪在艳艳身边。

这天，刘海东的应酬突然取消，他赶忙回家陪艳艳。然而，令刘海东没想到的是，他刚回到家，就看到艳艳正衣着性感地躺在床上，一个不认识的男子恰巧此时从浴室走出来。刘海东一下子蒙了，想到自己在外辛苦打拼，艳艳居然背着自己做这些见不得人的事，便当即提出了离婚。

那么，刘海东可以申请离婚损害赔偿吗？

### 随行专栏

**（1）法律意义上的出轨是什么？**

在我们现实生活中，出轨的概念非常广泛，暧昧聊天、一夜情、同居都可以算作出轨。但是法律意义上的出轨，范围要窄得多。

从索要离婚损害赔偿这个层面看，只有与他人长期稳定同居，才能构成法律意义上的出轨，才可以得到离婚损害赔偿。而其他的情况，如一夜情、通奸、暧昧等，在离婚层面上，既不会影响该行为人平分夫妻共同财产，也不会影响其争夺孩子抚养权。

**（2）出轨会净身出户或少分财产吗？**

不知何时开始，大家开始传闻“出轨就会净身出户”。但事实上，法律中从来没有过这样的规定。

大家想一想，净身出户，“一夜回到解放前”，这得是多么严重的事？一个人难道因为出轨了，就该去睡大街吗？这显然既有违公平原则，也不利于社会稳定。

那么出轨不会净身出户，少分点财产，总可以吧？

根据我国法律规定，离婚时少分或不分财产，只能是存在一方隐藏、转移、变卖、毁损、挥霍夫妻共同财产，或伪造夫妻共同债务，企图侵占另一方财产等情况。

因此，出轨不会净身出户，也不会少分财产。

**（3）一方出轨，另一方可以申请损害赔偿吗？**

由上可知，出轨既不会净身出户，也不会少分财产。出轨在财产方面能够带来的唯一影响，就是无过错方可以向过错方请求离婚损害赔偿。但应注意，一定要构成法律意义上的出轨才可以。

本案中，艳艳的行为只是偶尔与人偷情，并没有形成长期稳定的同居关系，并不能构成法律意义上的出轨行为。因此，刘海东并不能拿到离婚损害赔偿。

实际上，能拿到离婚损害赔偿的情形实在是少之又少，即使拿到了，数额也不会很可观。

**（4）关于离婚损害赔偿的适用，有哪些要注意的事项？**

注意事项包括以下几点。

①只有出现法定的过错情形，才可以索要离婚损害赔偿。法定的过错情形，主要包括：重婚；与他人同居；实施家庭暴力；虐待、遗弃家庭成员；有其他重大过错。

②只能是无过错方找过错方要赔偿。换句话说，如果夫妻两个人都有过错，如其中一个重婚，一个家暴，都是法定过错情形，那么大家扯平，谁也别找谁要。

③离婚损害赔偿既适用于协议离婚，也适用于诉讼离婚。

### 法律依据

**《民法典》**

**第1091条** 有下列情形之一，导致离婚的，无过错方有权请求损害赔偿：

（一）重婚；

（二）与他人同居；

（三）实施家庭暴力；

（四）虐待、遗弃家庭成员；

（五）有其他重大过错。

**第1092条** 夫妻一方隐藏、转移、变卖、毁损、挥霍夫妻共同财产，或者伪造夫妻共同债务企图侵占另一方财产的，在离婚分割夫妻共同财产时，对该方可以少分或者不分。离婚后，另一方发现有上述行为的，可以向人民法院提起诉讼，请求再次分割夫妻共同财产。

## 12. 夫妻一方出轨是否可以让其净身出户？

### 出轨的代价

姚逸天和高冰是在云南旅游时认识的。两人都是独自一人出来放松心情，还来自同一个城市，所以在民宿碰上以后，就决定搭伴旅游。搭着搭着，两人就渐渐搭出了感情。旅程快要结束时，姚逸天精心策划，并在民宿老板的帮助下，给高冰来了场浪漫表白。对姚逸天也有好感的高冰，就自然而然地答应了。

两人回到自己的城市后，就进入了热恋期。一年后，两人在民政局领证结婚，成了夫妻。结婚之初，两人感情依旧很好。但是慢慢地，高冰发现姚逸天经常加班和出差，而且越来越频繁。直至有一次，心生疑虑的高冰在姚逸天说要出差的时候，偷偷地跟着他出了门。她想着要是姚逸天真的是去出差，自己看一看也能打消顾虑，这样两人能继续没有隔阂地生活。

但是没想到，姚逸天根本没有出差，而是到了本市的一个住宅小区。让高冰更没想到的是，有一个漂亮女人正在楼下等着姚逸天，他们的举止异常亲密。猜想被证实的那一刻，高冰简直是万念俱灰。她下定决心，不管姚逸天说什么，她都要和姚逸天离婚，并让他净身出户。

那么，如果高冰向法院起诉请求离婚，让有出轨行为的姚逸天净身出户，她的请求会得到法官支持吗？

## 随行专栏

在我国的法律规定中，其实并没有所谓的“净身出户”一说。“净身出户”是一种通俗说法，指的是夫妻双方离婚时，某一方不取得任何夫妻共同财产。那么，在什么情况下出轨的一方可能会净身出户呢？

一是有出轨行为的一方因为对另一方的歉疚而主动提出协议离婚，自己净身出户，或者是出轨一方为了追求“爱情”，主动净身出户，只为双方能离婚。这两种情况实际上都属于夫妻二人协议离婚，只要双方能协商一致，一方同意在另一方净身出户的同时进行离婚，那么约定就是有效的。

二是夫妻二人在婚前或婚内签署了夫妻忠诚协议，协议约定一方违反夫妻忠实义务、有非法的两性关系时，则该方放弃全部夫妻共同财产，净身出户。关于夫妻忠诚协议是否有效，什么情况下可能无效，本书会在第二编第一章中详细地进行解答。

三是通过法院诉讼离婚，无过错的一方请求判决双方离婚，出轨一方净身出户。在这种情况下，我国现行的法律暂时还没有明确地规定出轨一方就应该净身出户。实际上，在司法实践中，法院最终判决有过错的一方不取得任何财产的可能性非常小，一方也没有权利强行要求另一方净身出户。我国法律仅是规定离婚时，若一方有隐藏、转移、变卖、毁损、挥霍夫妻共同财产，或伪造夫妻共同债务企图侵占另一方财产的行为，则在分割夫妻共同财产上，过错方可以少分或不分。

法官在离婚案件中，判决分割双方的共同财产时，原则上是平均进行分配，但同时会照顾子女和女方的权益，并且考虑双方是否有过错。但是，这种照顾和考虑也只是会向无过错方适当地倾斜，倾斜幅度绝不会太大，更不可能判决过错方净身出户。

此外，如果出轨一方不仅仅是一夜情，而是重婚或在外与他人形成了稳定的同居关系，那么无过错的一方在掌握充分证据的情况下，还可以向法院提出请求，让过错方进行损害赔偿，但一般情况下赔偿金额也不会太高。

## 法律依据

**《民法典》**

**第 1065 条第 1 款** 男女双方可以约定婚姻关系存续期间所得的财产以及婚前财产归各自所有、共同所有或者部分各自所有、部分共同所有。约定应当采用书面形式。没有约定或者约定不明确的，适用本法第一千零六十二条、第一千零六十三条的规定。

**第 1091 条** 有下列情形之一，导致离婚的，无过错方有权请求损害赔偿：

（一）重婚；

（二）与他人同居；

（三）实施家庭暴力；

（四）虐待、遗弃家庭成员；

（五）有其他重大过错。

**第1092条** 夫妻一方隐藏、转移、变卖、毁损、挥霍夫妻共同财产，或者伪造夫妻共同债务企图侵占另一方财产的，在离婚分割夫妻共同财产时，对该方可以少分或者不分。离婚后，另一方发现有上述行为的，可以向人民法院提起诉讼，请求再次分割夫妻共同财产。

## 13. 因一方工作原因导致分居，可以提起离婚吗？

### 分居也分心

王蒙大学毕业后刚进入公司工作那年，在公司举办的一场篮球友谊赛上，作为啦啦队队员的她和篮球队队员苏涛一见钟情。两人迅速坠入爱河，认识三个月后就闪电结婚了。但幸福的日子没过多久，由于公司的业务范围有所调整，在外省开设了分公司来跟进当地的新项目，因此需要苏涛常驻外省处理一些公司事务。

刚接到通知的苏涛，内心可太纠结了，家有娇妻和小女，自己怎么能就这么抛下她们呢。但是这次工作机会对他来说，也非常难得，苏涛认为领导看好自己的能力才把这个任务交给自己，自己整天不就盼着升职加薪吗？好在两省之间的距离不算太远，交通也非常便利，苏涛可以趁着周末回家看看王蒙和女儿，王蒙没事的时候也可以带着孩子去找他。

虽然十分不舍，但王蒙也只能支持老公的工作。就这样，苏涛一个人去了外省工作。开始的时候，两人都非常想念对方，时不时还会挤出时间来见见。随着苏涛跟进的项目进入关键时期，工作日渐忙碌，他渐渐和王蒙少了联系。在苏涛离家的第三年，王蒙偷偷一个人来到了苏涛的城市，想给他一个惊喜，但没想到却在苏涛宿舍的楼下，看到他跟另外一个女人卿卿我我。

被气晕的王蒙回到家，便向苏涛提出离婚，让他不要再踏进家门。没想到狼心狗肺的苏涛真的就再也没回来，也没提离婚这回事。于是，王蒙以苏涛在外地工作导致两人分居已满两年为由向法院提起了离婚诉讼。王蒙的请求会被法院支持吗？

## 随行专栏

导致夫妻双方分居的原因往往是多种多样的。比如，有因夫妻之间矛盾无法调和，两人主观上不愿继续共同生活而形成的分居；也有因工作、学习等客观原因造成的夫妻两地分居。但不论以什么理由向法院提起诉讼请求离婚，法官最终判决准予双方离婚的核心要素只有一个，即夫妻感情确实已经破裂、无法继续共同生活。单纯因为一方工作原因，导致其只能独自一人前往外地生活，而与另一方形成的分居，还不足以成为两人感情确已破裂，无法再重归于好的理由。

我国法律将分居满两年的时间作为判定夫妻感情破裂的标准之一，其主要原因在于夫妻因为感情矛盾，长时间持续性地不再共同居住，两人不论是从经济上、精神上，还是从生活上，都开始彼此独立，这从侧面反映了夫妻二人在感情上确实已经疏远，这也与双方当初选择结婚的初衷相违背。《民法典》中所说的“分居满二年”，可不仅仅是两人分开居住那么简单，双方分居的原因必须是由于主观上的感情因素，存在无法调和的矛盾；再者，两年时间也必须是连续不断的，一旦二人恢复了共同居住，分居的时间就应该清零，再分开时，须重新计算。

那么因为工作原因分居两地，无论如何都不能请求离婚吗？当然不是了。分居只是显示夫妻感情可能已经破裂的其中一种外在表现形式而已。如果存在两人分居期间发生了剧烈争吵，在外地的一方不再回家休假或者拒绝另一方的探望、两人收入开始各自支配等情形，一方认为感情已经破裂，无法恢复共同生活时，还是很有可能被判决准予离婚的。

说到底，虽然传统观念是劝和不劝分，但婚姻是自由的，当夫妻二人之间的感情真的已经不在时，法律也并不会强人所难。

## 法律依据

**《民法典》**

**第1079条**　夫妻一方要求离婚的，可以由有关组织进行调解或者直接向人民法院提起离婚诉讼。

人民法院审理离婚案件，应当进行调解；如果感情确已破裂，调解无效的，应当准予离婚。

有下列情形之一，调解无效的，应当准予离婚：

（一）重婚或者与他人同居；

（二）实施家庭暴力或者虐待、遗弃家庭成员；

（三）有赌博、吸毒等恶习屡教不改；

（四）因感情不和分居满二年；

（五）其他导致夫妻感情破裂的情形。

一方被宣告失踪，另一方提起离婚诉讼的，应当准予离婚。

经人民法院判决不准离婚后，双方又分居满一年，一方再次提起离婚诉讼的，应当准予离婚。

# 第三章　婚姻有效 or 无效

## 1. 被一方胁迫结婚，可以申请婚姻无效吗？

### 一场被胁迫的婚姻

小薇是一个性格内向、不善言辞的女孩，在生活中怯于和别人交流，朋友也不多。总是独自一人的她，心底难免会有几分孤独与落寞。

不过，最近小薇在网上认识了一位新朋友——阿郑。和他聊天的时候，小薇能感觉到他是一个阳光体贴的人，突然有了这样一位朋友，她心里的郁结都仿佛一下子被打开了。一天，两人聊天时，阿郑说话吞吞吐吐，一副欲言又止的样子。小薇告诉他，在她面前没有什么不好说的，阿郑便不再遮掩，表示想和小薇见上一面。听到要见面，小薇下意识地想拒绝，但她还是忍住了。尽管怯于在现实中与人交流，可阿郑是她难得的朋友，同时她也好奇阿郑到底长什么样子，所以最后答应了阿郑的请求。和阿郑见面后，小薇并不觉得紧张和害怕，阿郑还是一如既往地带给她轻松的感觉。慢慢地，两人就成了一对情侣。

小薇很珍惜阿郑，平时阿郑对小薇也是万分体贴。一天，阿郑对小薇说："小薇，我看现在很多人都有拍艺术裸体照，记录年轻时身体的青春与美好，我也想帮你记录下来，可以吗？"小薇一开始有些害羞和犹豫，转念想想：这可是阿郑啊，对他，自己还有什么好保留的呢？小薇便答应了。

日子一天天过去，也许是第一次恋爱缺乏经验，小薇和阿郑吵架的次数越来越多，他们的感情也出现了裂痕。终于，小薇向阿郑提出了分手。阿郑却放不下小薇，在小薇多次提出分手后，他知道可能留不住她了。突然，他想到之前给小薇拍过的艺术裸体照。犹豫片刻，他下定决心，告诉小薇：她必须跟他结婚，否则就把她的裸照发到网上。一向软弱的小薇听到这句话后十分害怕，却也不敢反抗，只能选择和阿郑办理结婚登记手续，与他成为一对夫妻。

可小薇已经对阿郑没有感情了，在婚姻里也无法坚持下去，她该如何是好？

## 随行专栏

小薇的处境艰难，她还有办法重新开始生活吗？

答案是有的！《民法典》规定，结婚应当男女双方完全自愿，禁止任何一方对另一方加以强迫，禁止任何组织或者个人加以干涉。

阿郑对小薇扭曲的爱意促使他用裸照威胁小薇和他结婚，违反了结婚需男女双方自愿的原则，干涉了小薇的结婚自由，小薇完全可以向婚姻登记机关或人民法院请求撤销她这段因胁迫而成立的婚姻。

恋爱固然美好，但首先要学会保护自己。要是如文中一样，对方以某种手段获得裸照并以此相威胁，正确的应对措施是选择报警，切勿默默忍受。

倘若木已成舟，已经被胁迫结婚，那么一定要保存好对方存在胁迫结婚行为的证据，如保留好聊天记录、在对方胁迫时进行录音等。实践中，也不乏因不能证明对方存在胁迫结婚行为而无法撤销婚姻的情形。

要是有了撤销婚姻的念头，请记得一定要在被胁迫进行结婚登记后一年内提出，这是法律对于申请撤销婚姻的时间限制，受害者应及时拿起法律武器维护自己的合法权益。

### 法律依据

**《民法典》**

**第1046条** 结婚应当男女双方完全自愿，禁止任何一方对另一方加以强迫，禁止任何组织或者个人加以干涉。

**第1052条** 因胁迫结婚的，受胁迫的一方可以向人民法院请求撤销婚姻。

请求撤销婚姻的，应当自胁迫行为终止之日起一年内提出。

被非法限制人身自由的当事人请求撤销婚姻的，应当自恢复人身自由之日起一年内提出。

**第1054条** 无效的或者被撤销的婚姻自始没有法律约束力，当事人不具有夫妻的权利和义务。同居期间所得的财产，由当事人协议处理；协议不成的，由人民法院根据照顾无过错方的原则判决。对重婚导致的无效婚姻的财产处理，不得侵害合法婚姻当事人的财产权益。当事人所生的子女，适用本法关于父母子女的规定。

婚姻无效或者被撤销的，无过错方有权请求损害赔偿。

## 2. 使用虚假身份证登记的婚姻是否有效？

### 过去的罪行

小勇在河南的美发店打工，和一起工作的前台小惠日久生情，便结婚了。有一次，两人一起坐高铁出去旅行，过自助闸机的时候，小勇的身份证怎么也刷不出来。小惠心生猜疑，小勇才把实话告诉她。

原来，小勇本名叫王强，曾经因为故意杀人被警方搜捕。于是，小勇逃往河南，找人给自己办了张假身份证，以小勇的身份重新开始生活。

小勇用假身份证与小惠进行的结婚登记有效吗？

## 随行专栏

答案是有效。使用假身份证进行结婚登记，并不属于无效婚姻的情形。

无效婚姻只有三种情形：重婚的；有禁止结婚的亲属关系的；未到法定婚龄的。因此，以虚假身份证登记的婚姻，并非无效婚姻。

我们知道，结婚不仅需要有实质要件，还要有形式要件。

实质要件有哪些呢？比如，双方是自愿结婚，达到了法定婚龄，没有血亲、疾病等禁止结婚的情形。

形式要件，也就是结婚程序上的问题。如何进行结婚登记，就是一个典型的形式要件的问题。

登记机关在进行结婚登记时，应该做到什么程度的审查，是仅仅形式审查就够了，还是要进行实质审查，法律对此并没有明确规定。在实务中的处理方式，大多是偏向于只进行形式审查就可以了。也就是说，只要双方的材料齐全，就可以进行登记。而对于双方是否自愿、证件是真是假，这些并不在登记机关的审查范围内。

实质要件出了问题，是无效婚姻。而形式要件出了问题，是因为登记机关失职，就应当以婚姻登记机关为被告，去提起行政诉讼，请求撤销结婚登记。

法律依据

**《民法典》**

**第 1051 条** 有下列情形之一的，婚姻无效：

（一）重婚；

（二）有禁止结婚的亲属关系；

（三）未到法定婚龄。

**《民法典婚姻家庭编解释一》**

**第 17 条** 当事人以民法典第一千零五十一条规定的三种无效婚姻以外的情形请求确认婚姻无效的，人民法院应当判决驳回当事人的诉讼请求。

当事人以结婚登记程序存在瑕疵为由提起民事诉讼，主张撤销结婚登记的，告知其可以依法申请行政复议或者提起行政诉讼。

## 3. 误以为对方是“富二代”而结婚，可以申请婚姻无效吗？

说好的可以“少奋斗”呢？

“爱我就别想太多，想多了真的也会变成假的……”一阵电话铃声响起，阿明拿起手机一看，果然如他所料，又是金老板打来的电话，想约他出去吃饭或者看电影。

“阿明，今天晚上有空吗？咱俩都好久没出去吃饭了，好久不见，还有点想你呢”，一位中年女士的声音从电话里传来。

阿明心想，这不昨天刚出去看过电影嘛，怎么就好久没见了。想归想，话可不能这么说，再说有人请吃饭还不好吗？阿明赶紧说道："当然有时间，金姐，就是总让你请我吃饭，这多不好意思。"金老板立马回复道："这有什么不好意思的，一两顿饭值不了几个钱，那咱们就说好了啊，晚上六点我来接你，餐厅我已经订好了，等我哦！"

金老板，也就是金姐，是阿明在上班的奶茶店认识的。她每次去奶茶店，穿的衣服都不重样，总是要点上一杯最贵的奶茶。从她嘴里说出的品牌，都是阿明哪怕几个月不吃饭也买不起的。阿明心想，金姐可真是个女强人。不过说来也奇怪，奶茶店员工也不少，可金姐就爱跟阿明说话，总是请他出去吃吃喝喝。

阿明也曾开玩笑地问过："金姐，店里员工也不少，你总请我吃饭。我难道是你失散多年的亲人？哈哈！"

金姐总是笑而不语。

今天这顿饭，金姐似乎有些喝多了，对阿明说："我每天忙这忙那的，开车来开车去，钱是赚了不少。可回到我家那个空荡荡的大房子里，还是只有我一个人，连个可以依靠的人都没有。阿明，你可以陪我吗？"

阿明见状，赶紧安慰道："金姐，我这不是在陪着你吗？"

金姐闻言，真挚地看着阿明："真的吗？你会陪着我，是吗？那我们结婚吧，好不好？这样你就可以天天陪着我了。我们一起去游山玩水，多好呀！"

金姐的话语有些突然，但阿明想了想，这样似乎也不错：金姐需要人照顾，自己也到了结婚的年纪，这几年家里催得也紧，金姐人好又多金，是个很合适的结婚对象。第二天，阿明就和金姐领了结婚证。

但阿明万万没想到的是，他所看到的和听到的一切都是假象。和金姐在一起生活后，他才逐渐地发现，金姐所有的东西都是租来的，一两天全都退回去了，大房子也变成了小单间。

这时，他才明白，自己是被骗婚了。这样的婚姻有效吗？

## 随行专栏

金姐在阿明面前伪装成很富有的样子，目的就是骗阿明和她结婚，这是典型的骗婚。但遗憾的是，根据《民法典》的规定，这种情形的骗婚并不是无效婚姻。

虽然婚姻是合法有效的，但并不意味着阿明就得跟金姐过一辈子。虽然被骗了，但是法律给了我们所有人结婚和离婚的自由，阿明自由地跟金姐结了婚，也可以自由地选择与金姐离婚，早日抽身而出，再择佳偶。

人们都希望找到自己心目中合适的另一半，却也容易为表象所迷惑，误以为对方就是心中的那个他（她）。等到看清时，却已经上了当。

所以，在择偶时一定要了解清楚对方，不能简单地相信自己看到或听到的一切，别让自己成为另一个阿明。

## 法律依据

**《民法典》**

**第 1051 条** 有下列情形之一的，婚姻无效：

（一）重婚；

（二）有禁止结婚的亲属关系；

（三）未到法定婚龄。

**第 1054 条** 无效的或者被撤销的婚姻自始没有法律约束力，当事人不具有夫妻的权利和义务。同居期间所得的财产，由当事人协议处理；协议不成的，由人民法院根据照顾无过错方的原则判决。对重婚导致的无效婚姻的财产处理，不得侵害合法婚姻当事人的财产权益。当事人所生的子女，适用本法关于父母子女的规定。

婚姻无效或者被撤销的，无过错方有权请求损害赔偿。

## 4. 未到法定婚龄结婚的，达到结婚年龄后还可以申请婚姻无效吗?

### 全由父母安排的婚姻会甜吗?

小飞家在小盼家隔壁，两家人已经做了十几年的邻居，平时相处得十分融洽。小飞和小盼可谓青梅竹马，小盼的父母也总爱开小盼的玩笑，说小盼早晚得是小飞家的儿媳妇。

日子一天天过去，小飞和小盼高中毕业，都已经满了18周岁。双方的父母看着他们从小孩子变成大孩子，产生了一个想法——撮合小飞和小盼结婚。于是，两家父母就坐在一起开始商量这件事，他们认为小飞和小盼从小一起长大，感情基础好，两个人很合适。商讨一番后，他们决定听听两个孩子的意见。

父母们把小飞和小盼叫了过来，把他们的想法告诉小飞和小盼。两个人听到这个想法并不排斥，但对婚姻也没什么概念，表示都听父母的安排。很快，父母们高兴地带着小飞和小盼办理了结婚登记。就这样，一对青梅竹马的年轻人在父母的安排下成了彼此的伴侣。

举办完婚礼后，小飞和小盼就生活在了一起。新婚后的生活对于他们来说是新奇的，每天都在一起生活，他们感觉还是挺幸福的。但毕竟这样的生活与之前大不相同，两个人的一切都在对方面前展现出来，无论是优点还是缺点。渐渐地，两个人因为一些琐事争吵，小飞开始厌倦这样的生活，但是顾及双方父母的情谊，小飞只能坚持下去。日复一日的争吵让小飞根本不想回家，一想到回去就要开始与小盼争吵，他就万分苦恼。

在一次喝酒解闷时，朋友得知了这件事。他劝小飞不要再勉强自己，结婚的时候还没达到法定结婚年龄的话，婚姻是无效的，这件事可以通过法院来解决。考虑了几天，小飞决定去一趟法院。

法院受理了小飞和小盼的这起案件。经过开庭审理，法院发现了一个疑点——小飞和小盼在18周岁时就办理了结婚登记。

《民法典》规定：结婚年龄，男不得早于22周岁，女不得早于20周岁。通过询问，法院才知晓原来是小飞和小盼的父母在民政局虚报了他们的年龄，也就是说，小飞和小盼领结婚证时确实还没达到法定婚龄。

不过法院表示，虽然小飞和小盼结婚时未达到法定婚龄，但现在小飞和小盼都已年满23周岁，根据《民法典婚姻家庭编解释一》相关规定，当事人依据《民法典》第1051条规定向人民法院请求确认婚姻无效，法定的无效婚姻情形在提起诉讼时已经消失的，人民法院不予支持。也就是说，本案中小飞和小盼都达到了法定婚龄，法定的无效婚姻情形已经消失，因此法院驳回了小飞的诉讼请求。

## 随行专栏

年少不知爱为何物，便懵懂地听从了父母的安排，这样的情况，小飞不是第一个，可能也不是最后一个。小飞的婚姻经历告诉我们以下几个道理。

①婚姻要认真考虑，自己作主。父母安排的婚姻，不一定是合适的，不如意的婚姻，会使双方在这场婚姻里备受折磨。

②结婚要遵守法律规定。未到法定婚龄就结婚的，即便通过取巧的方式领了结婚证，生活也幸福美满，但最后还会有可能被他人申请宣告为无效婚姻。

③未到法定婚龄就结婚的，如果对婚姻不满意，要及时向法院申请宣告婚姻无效，否则一旦双方达到法定婚龄，那就木已成舟，本来的无效婚姻也变成有效婚姻了。再想结束婚姻，就只能选择离婚。

## 法律依据

**《民法典》**

**第1047条**　结婚年龄，男不得早于二十二周岁，女不得早于二十周岁。

**第1051条**　有下列情形之一的，婚姻无效：

（一）重婚；

（二）有禁止结婚的亲属关系；

（三）未到法定婚龄。

**第1054条**　无效的或者被撤销的婚姻自始没有法律约束力，当事人不具有夫妻的权利和义务。同居期间所得的财产，由当事人协议处理；协议不成的，由人民法院根据照顾无过错方的原则判决。对重婚导致的无效婚姻的财产处理，不得侵害合法婚姻当事人的财产权益。当事人所生的子女，适用本法关于父母子女的规定。

婚姻无效或者被撤销的，无过错方有权请求损害赔偿。

**《民法典婚姻家庭编解释一》**

**第9条**　有权依据民法典第一千零五十一条规定向人民法院就已办理结婚登记的婚姻请求确认婚姻无效的主体，包括婚姻当事人及利害关系人。其中，利害关系人包括：

……

（二）以未到法定婚龄为由的，为未到法定婚龄者的近亲属；

……

**第10条**　当事人依据民法典第一千零五十一条规定向人民法院请求确认婚姻无效，法定的无效婚姻情形在提起诉讼时已经消失的，人民法院不予支持。

## 5. 一方结婚前隐瞒患有重大疾病，另一方知情后可以申请婚姻无效吗？

### 性情大变的男人

阿联看着空无一人的前方在那儿自言自语，还时不时地伴有肢体动作。两个月前，小欣就发现老公阿联的异常了，随着时间的推移，这种情况出现的频率越来越高。对于小欣来说，现在的阿联有些陌生，仿佛跟结婚前认识的他不是同一个人。

小欣和阿联是在三年前认识的。刚认识的时候，阿联跟正常人没什么两样，他和小欣相处得也很融洽，很快就领了结婚证并在一起生活。一年后，他们就有了爱情的结晶——女儿可可，一家三口的生活还是很幸福的。可是如今出现在阿联身上的情况，打乱了他们平静的生活。

出于对老公的担心，小欣把这个情况告诉了公婆。公婆告诉小欣，阿联这样的行为看起来虽然有些怪异，但不会影响什么，是正常的情况。小欣半信半疑，但也不好多说什么，只能暂时压下心头的疑惑。

直到有一天，她看见阿联衣服上有一点灰尘，就想用手将灰尘拍去，阿联却用力地推开她的手，嘴上还不停地说着什么。小欣这时才反应过来事情肯定不像公婆说的那样简单，公婆对她有所隐瞒。在小欣的逼问下，公婆承认阿联患有先天性的精神病，结婚前怕小欣知道这个情况就不跟阿联结婚，便隐瞒了这个情况。知道实情的小欣感觉自己被欺骗了，也不知道如何是好，只能向最好的朋友求助。朋友告诉她，这种情况下缔结的婚姻应该是无效婚姻，可以去法院起诉。

阿联的情况一天比一天糟糕。小欣最后决定，要向法院申请确认她和阿联的婚姻无效。

小欣来到法院后，在工作人员的引导下，她改变了自己的请求，向法院申请撤销这段婚姻。法院在审理小欣和阿联这起撤销婚姻纠纷案件的时候，主要关注了以下几点。

①小欣和阿联从相识到结婚的整个事实经过，包括如何相识、结婚的时间以及结婚后是否育有子女等。

②确定阿联是否患有精神疾病。经权威医院诊断，阿联确实患有偏执型精神分裂症，属于重大疾病之一。

③小欣是否知道阿联患有精神疾病。法院经调查发现，阿联的父母在婚前对小欣隐瞒了阿联患有精神疾病的事实，直至现在，阿联的精神疾病都没有治愈。

在查清这些情况后，法院依法判决撤销阿联和小欣的婚姻关系。也就是说，阿联和小欣的婚姻从头到尾就是不发生法律效力的，双方也不存在法律上的夫妻关系。

## 随行专栏

婚姻关系被撤销后，小欣和阿联的孩子应该归谁呢？虽然婚姻关系被撤销了，但可以按《民法典》的相关规定来处理子女抚养问题，并存在以下三种情况。

①如果女儿可可在两周岁以内，原则上由小欣抚养。

②如果可可在两周岁以上，阿联和小欣又不能在孩子抚养的问题上达成一致的意见，就由人民法院根据子女的权益和双方的具体情况，按照最有利于未成年子女的原则判决。

③如果可可已经满了八周岁，应考虑她的意见，尊重她的选择。

在阿联和小欣的案件中，小欣之所以能够撤销这段婚姻，关键就在于阿联患有偏执型精神分裂。《民法典》规定，如果夫妻一方患有重大疾病，在结婚前向另一方隐瞒这一事实的话，另一方可以向人民法院请求撤销婚姻。不过申请撤销婚姻有时间限制，在小欣知道或者应当知道阿联隐瞒患病事实之日起一年内，小欣应该及时申请撤销婚姻，超过时间，法院就不再支持了。

值得一提的是，在《民法典》实施之前，上述这种情形属于无效婚姻，但是《民法典》于2021年1月1日开始实施后，这种情形就属于可撤销的婚姻，所以法院的工作人员才会引导小欣申请撤销婚姻关系。同时无过错的一方在申请撤销婚姻时，还可以主张损害赔偿。以小欣为例，由于阿联及其父母刻意隐瞒阿联患病的事实，他们的行为是存在过错的，小欣在申请撤销婚姻时还可以要求赔偿损失。

在子女抚养问题上，《民法典》的相关规定也在原《婚姻法》基础上有所调整，即子女只要满八周岁的，就应当尊重其真实意愿，而不再是要等孩子满10周岁才征求孩子的意见。

## 法律依据

**《民法典》**

**第1053条** 一方患有重大疾病的，应当在结婚登记前如实告知另一方；不如实告知的，另一方可以向人民法院请求撤销婚姻。

请求撤销婚姻的，应当自知道或者应当知道撤销事由之日起一年内提出。

**第1054条** 无效的或者被撤销的婚姻自始没有法律约束力，当事人不具有夫妻的权利和义务。同居期间所得的财产，由当事人协议处理；协议不成的，由人民法院根据照顾无过错方的原则判决。对重婚导致的无效婚姻的财产处理，不得侵害合法婚姻当事人的财产权益。当事人所生的子女，适用本法关于父母子女的规定。

婚姻无效或者被撤销的，无过错方有权请求损害赔偿。

**第1084条**　父母与子女间的关系，不因父母离婚而消除。离婚后，子女无论由父或者母直接抚养，仍是父母双方的子女。

离婚后，父母对于子女仍有抚养、教育、保护的权利和义务。

离婚后，不满两周岁的子女，以由母亲直接抚养为原则。已满两周岁的子女，父母双方对抚养问题协议不成的，由人民法院根据双方的具体情况，按照最有利于未成年子女的原则判决。子女已满八周岁的，应当尊重其真实意愿。

## 6. 表兄妹结婚，一方父母可以申请确认婚姻无效吗?

### 无法被认同的婚姻

木木的表妹昭昭考上了市里最好的高中，但昭昭家不在市里。为了给昭昭一个好的学习环境，木木的父亲就提议，高中这段时间就让昭昭在自己家住下，正好木木也上高中，还能一起做个伴儿。于是，昭昭在木木家住下了。

木木和昭昭每天一起上学，一起回家，开始不太熟悉的两人慢慢也熟络了起来。高中三年转瞬即逝，高考成绩出来后，木木和昭昭选择了同一所大学，家人都很高兴，这样他们相互之间又有了照应。

可令家人想不到的是，木木和昭昭选择同一所大学并不是因为他们的分数相近，而是因为他们相互产生了情愫。他们知道这是有违世俗观念的，但这种感情一旦产生就再难压下，只能瞒着家人选择了同一所大学。大学毕业后，他们的感情愈加牢固，可他们心里也清楚家人是不可能同意他们在一起的。

木木和昭昭决定偷偷去民政局进行结婚登记。结婚登记的过程非常顺利，就这样，他们成为一对夫妻并生活在一起。为了不被家人发现，他们一直在另一个城市工作生活，从来不在家人面前表露出他们的情感。

然而，生活总是如同戏剧，木木的父亲正好去他们所在的城市出差。在超市购物时，木木的父亲发现前面两人的身影似曾相识，定睛一看，发现居然是木木和昭昭！他赶紧藏向一边，并一直跟在他们身后，发现他们俨然是一对夫妻。他不敢相信，却不得不相信，因为他看见他们牵着手回了同一住处。

木木的父亲强压下心中的震撼。几天后，他拨通了木木的电话，告诉木木他已经知道了这件事并劝他们一定要就此打住，不能继续错下去。木木非但不听，还表示这是他们自己的事，与父亲无关。

这件事情真的与木木的父亲无关吗?

木木的父亲来到法院后，在法院工作人员的引导下，向法院申请确认木木和昭昭的婚姻无效。

法院联系上木木和昭昭后，开庭进行审理。经过调查，确认了木木和昭昭是表兄妹关系。表兄妹属于三代以内的旁系血亲，在法律上是禁止结婚的，故根据《民法典》的相关规定，法院最终确认木木和昭昭的婚姻无效。

**名词解释**

直系血亲，是指和自己有直接血缘关系的亲属，具有生育与被生育关系，包括生育自己的长辈和自己生育的晚辈。

三代以内的旁系血亲，是指在血缘上和自己同处于三代以内的亲属，如表兄妹结婚，双方的外祖母属于第一代，双方的母亲属于第二代，表兄妹则属于第三代。

## 随行专栏

木木和昭昭的感情令人惋惜，但确实违反了法律规定，所以注定是无效婚姻。《民法典》规定，直系血亲或者三代以内的旁系血亲禁止结婚。

如此规定，笔者认为有两方面原因：一是由于近亲有较多相同的基因，容易造成遗传缺陷，对后代不利；二是因为近亲结婚会冲击家庭伦理道德，为了维系社会伦理关系，应当禁止近亲结婚。

也正因如此，表面上看起来木木和昭昭二人的婚姻与木木的父亲无关，但实际上会对整个家族造成不可忽视的影响。根据《民法典婚姻家庭编解释一》的相关规定，有权向人民法院申请宣告婚姻无效的主体包括婚姻当事人及利害关系人。木木的父亲作为木木的近亲属，属于利害关系人，因此有权向法院申请宣告木木与昭昭二人的婚姻无效。

## 法律依据

**《民法典》**

**第 1048 条**　直系血亲或者三代以内的旁系血亲禁止结婚。

**第 1051 条**　有下列情形之一的，婚姻无效：

（一）重婚；

（二）有禁止结婚的亲属关系；

（三）未到法定婚龄。

**第 1054 条**　无效的或者被撤销的婚姻自始没有法律约束力，当事人不具有夫妻的权利和义务。同居期间所得的财产，由当事人协议处理；协议不成的，由人民法院根据照顾无过错方的原则判决。对重婚导致的无效婚姻的财产处理，不得侵害合法婚姻当事人的财产权益。当事人所生的子女，适用本法关于父母子女的规定。

婚姻无效或者被撤销的，无过错方有权请求损害赔偿。

**《民法典婚姻家庭编解释一》**

**第9条** 有权依据民法典第一千零五十一条规定向人民法院就已办理结婚登记的婚姻请求确认婚姻无效的主体，包括婚姻当事人及利害关系人。其中，利害关系人包括：

……

（三）以有禁止结婚的亲属关系为由的，为当事人的近亲属。

## 7. 近亲结婚后一方死亡，其子女可以申请确认婚姻无效吗?

### 不一样的父母关系

小聪从小就感到奇怪，明明自己只是一个普通人，可同学们却总是用异样的眼光看着他。他长大后才知道，原来自己的父母是表兄妹，自己是近亲结婚的后代，好在自己还算幸运，没有遗传缺陷。但这件事情对他来说，始终是心里的一个疙瘩。

每天与父母生活在一起，小聪越发地在意自己的父母是近亲这件事情。于是，刚从学校毕业，小聪就离开家去外地找了份工作。这样他就不用面对这件事情，为此苦恼。

除了逢年过节，小聪出去工作后就基本不再回家。父母逐渐察觉到小聪的想法，但也不能做些什么，只能暗自叹气。要是一直这样下去，生活也算平静，但小聪的母亲在一次体检中被确认患有胃癌，而且已经是晚期，医生说剩下来的时间恐怕只有不到半年了。

知道这个消息后，小聪马上赶回家在医院照顾母亲。病魔总是无情的，终究是到了离别的这一天。临终前，母亲向小聪表示抱歉，让他出生在这样一个不被世人认可的家庭，还告诉他等办完后事就可以去法院申请宣告他们的婚姻无效，希望能够打开他的心结。

那么问题来了，小聪可以去法院申请宣告父母的婚姻无效吗？

**名词解释**

《民法典》第1045条规定，近亲属包括配偶、父母、子女、兄弟姐妹、祖父母、外祖父母、孙子女、外孙子女。

## 随行专栏

在本案中，小聪能否去法院申请宣告父母的婚姻无效，关键要看以下三点。

①小聪父母的婚姻是否属于无效婚姻？

小聪的父母是表兄妹关系，表兄妹属于三代以内的旁系血亲，在法律上是禁止结婚的。根据《民法典》的相关规定，有禁止结婚的亲属关系而结婚的情形属于无效婚姻，所以小聪父母的婚姻是无效的。

②小聪有权作为宣告其父母婚姻无效的申请人吗？

根据《民法典婚姻家庭编解释一》的相关规定，有权向人民法院申请宣告婚姻无效的主体包括婚姻当事人及利害关系人。小聪作为当事人的近亲属，在法律上属于利害关系人，有权作为宣告其父母婚姻无效的申请人。

③母亲已经去世了，小聪还能向法院提出申请吗？

答案是可以，但有时间限制。根据《民法典婚姻家庭编解释一》的相关规定，夫妻一方或者双方死亡后，生存一方或者利害关系人依据《民法典》第1051条的规定请求确认婚姻无效的，人民法院应当受理。也就是说，母亲去世后，小聪可以向法院申请宣告父母的婚姻无效，但要注意的是，需要在母亲去世后一年提出申请，超过期限法院便不再受理。

## 法律依据

**《民法典》**

**第1051条** 有下列情形之一的，婚姻无效：

（一）重婚；

（二）有禁止结婚的亲属关系；

（三）未到法定婚龄。

**第1054条** 无效的或者被撤销的婚姻自始没有法律约束力，当事人不具有夫妻的权利和义务。同居期间所得的财产，由当事人协议处理；协议不成的，由人民法院根据照顾无过错方的原则判决。对重婚导致的无效婚姻的财产处理，不得侵害合法婚姻当事人的财产权益。当事人所生的子女，适用本法关于父母子女的规定。

婚姻无效或者被撤销的，无过错方有权请求损害赔偿。

**《民法典婚姻家庭编解释一》**

**第9条** 有权依据民法典第一千零五十一条规定向人民法院就已办理结婚登记的婚姻请求确认婚姻无效的主体，包括婚姻当事人及利害关系人。其中，利害关系人包括：

……

（三）以有禁止结婚的亲属关系为由的，为当事人的近亲属。

**第 14 条** 夫妻一方或者双方死亡后，生存一方或者利害关系人依据民法典第一千零五十一条的规定请求确认婚姻无效的，人民法院应当受理。

## 小贴士

本章重点问题总结如图 1.2。

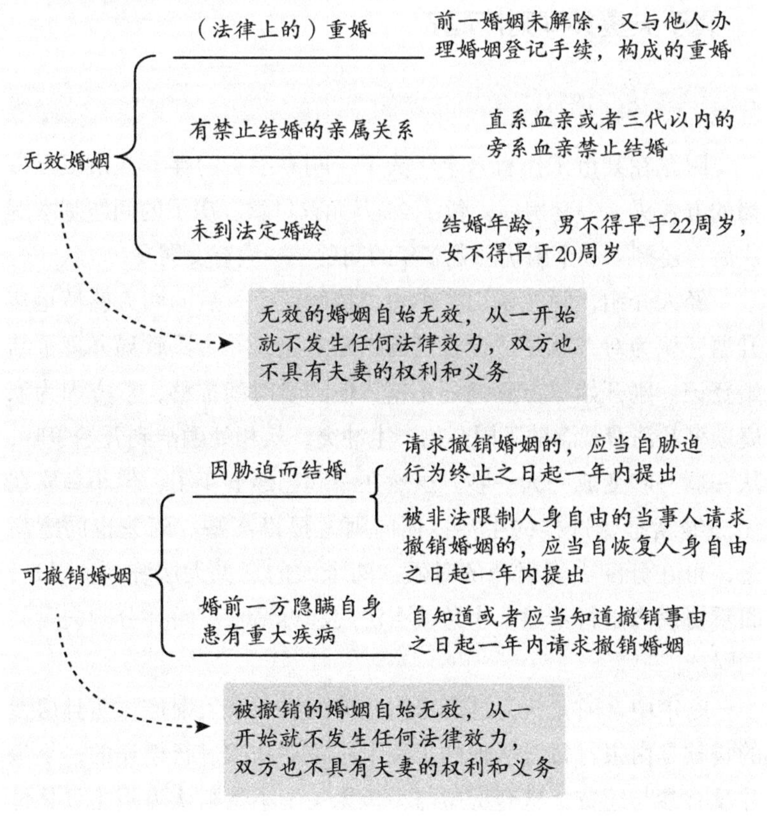


图 1.2 婚姻效力问题

# 第四章　夫妻共同财产知多少

## 1. 婚前按揭买房登记在一方名下，婚后共同还贷的房屋属于夫妻共同财产吗？

### 房本只有我的名，还能不是我的房？

阿龙在某市工作有六个年头了，刚拿手头的存款在市里以按揭的方式买了一套房屋，付了 22 万元首付款。房子的问题基本解决后，还剩下一个困扰阿龙多年的问题——没有女朋友。

经人介绍，阿龙认识了小鱼，接触两个月后，两人感情迅速升温，认为对方就是适合自己的结婚对象，并去民政局办理了结婚登记。刚开始双方感情还不错，但随着时间推移，双方因为家庭琐事及消费观念的不同开始产生冲突，从相处融洽到开始争吵，从一周一吵变成一天一吵。虽然在一起已经五年了，但小鱼实在无法继续忍受这样的生活，便向阿龙提出离婚。阿龙也同意离婚，可在分配夫妻财产的时候，两个人的意见无法统一，于是，眼看协议离婚行不通，小鱼就去法院起诉请求离婚并分割夫妻共同财产。

庭审中，阿龙认为这套房屋是他的婚前个人财产，而且房屋的贷款是由银行每月从他的工资卡中定期扣款进行偿还的，小鱼并没有参与还贷，这套房屋与小鱼无关；小鱼则认为阿龙只是付了房屋的首付款，在结婚后，房屋的贷款是用夫妻共同财产偿还的，房屋属于夫妻共同财产，应该依法进行分割。

阿龙和小鱼的观点大不相同，法院会怎么做呢？

## 法院审理

**（1）房屋到底是阿龙的婚前个人财产还是夫妻共同财产？**

法院认为，虽然房屋是阿龙在婚前购买且独立支付了首付款，房贷也是由银行每月从阿龙的工资卡中定期扣款进行偿还的，但阿龙和小鱼并没有对婚内双方取得的财产进行约定，婚后阿龙的工资收入属于夫妻共同财产，所以房贷是由阿龙和小鱼共同偿还的。

根据《民法典婚姻家庭编解释一》第78条规定，夫妻一方婚前签订不动产买卖合同，以个人财产支付首付款并在银行贷款，婚后用夫妻共同财产还贷，不动产登记于首付款支付方名下的，离婚时该不动产由双方协议处理。依前款规定不能达成协议的，人民法院可以判决该不动产归登记一方，尚未归还的贷款为不动产登记一方的个人债务。双方婚后共同还贷支付的款项及其相对应财产增值部分，离婚时应根据《民法典》第1087条第1款规定的原则，由不动产登记一方对另一方进行补偿。

所以在本案中，法院将房屋认定为夫妻共同财产，并且由于房屋登记在阿龙名下，加上小鱼同意房屋归阿龙，所以法院判决房屋归阿龙所有，由他对小鱼还贷支付的款项及其相对应财产增值部分进行补偿。

**（2）那么如何计算补偿呢？**

在司法实践中，全国各地法院计算方式不一，得出的数额也存在差异。在《民事审判指导与参考》总第65辑中，最高人民法院民事审判第一庭的意见是采取分步计算的方法。

第一步，计算诉争房产的升值率，公式为：

不动产升值率 = 不动产现价格（离婚时不动产价格）÷ 不动产成本（购买时不动产价格 + 共同已还利息 + 其他费用）

在上述公式的组成部分中，要注意以下几点。

①共同已还利息，指的是夫妻双方已经实际共同偿还的利息。如果离婚时还有剩余房贷需要偿还，剩余尚未还贷的利息不能计入成本，否则会导致非产权登记一方因计入所有房贷利息而获得更低的补偿额，并无法获得后续相对应的可能产生的升值收益。

②应注意确定计算时点。这里的增值是指婚后增值，不包括婚前增值，后者属于一方的婚前个人财产。如果相较于购买时房产价值，结婚时房产价值有所上升，计算不动产升值率时，应以结婚时不动产价格作为计算依据，不能以购买时不动产价格作为依据，因为购买不动产至结婚前这段时间，不动产的增值收益属于一方婚前个人财产。

③其他费用的范围。其他费用是指交易所涉及的成本，属于购房的必要支出，如契税、印花税、营业税、评估费、中介费等，但不包括公共维修基金和物业费，因为该费用产生的基础并非交易，而是不动产长期使用中产生的费用。

本案中，阿龙买房时，房屋总价是 60 万元，他付了 22 万元首付款，从银行贷款 38 万元，契税等其他费用为 1 万元，婚前阿龙还贷本息合计 1 万元。阿龙和小鱼结婚的时候，房产价值有所上升，即为 80 万元，房屋登记在阿龙名下。结婚后，双方共同还贷 42 万元将贷款清偿完毕，其中本金 37 万元，利息 5 万元。离婚时，也就是现在，房产价值为 172 万元。

根据公式，房产升值率 = 房产现价（离婚时房产价格）÷ 不动产成本（结婚时房产价格 + 共同已还利息 + 其他费用）= 172/（80+5+1）=200%。

第二步，计算非产权登记一方所得补偿款，即应得补偿款＝（共同还贷部分×不动产升值率）÷2。

在本案中，阿龙和小鱼婚后共同还贷42万元，共同还贷部分增值后价值应为84万元（42×200%），小鱼占了共同还贷部分的一半份额，所以应得补偿款为42万元（84÷2）。

## 随行专栏

婚前按揭买房登记在一方名下，婚后共同还贷，在司法实践中一般认为这类房屋是属于夫妻共同财产的。在分割夫妻共同房产时，法官除了按上述规则进行分割外，也会根据《民法典》第1087条第1款的规定，根据财产的具体情况，按照照顾子女和女方权益的原则作出公平裁判。之所以如此规定，就是为了结合案件实际情况，作出实质公平的裁判，平衡保护离婚双方当事人的利益。

前面主要讲房价上涨时如何分割，但万一房价下跌，那又应该如何处理呢？笔者认为，在房价下跌的情况下，最后获得房屋所有权的一方至少要支付另一方共同还贷本息一半的补偿。之所以这么说，是因为所购房屋是婚前购房一方自己的选择，即便房价下跌也应由自己承担后果；同时购房的目的是用于居住而非投资，房价暂时下跌并不会影响对房屋的实际使用，不会造成实际损失。

在本案中，小鱼没有主张房屋归她所有，但要是她也争房子的所有权或者她和阿龙都不想要房子而只想要补偿，又会是什么情形呢？

若双方都想要房子并且同意竞价取得，则由双方竞价争取房屋所有权。如果双方不同意竞价，在司法实践中，法官往往会结合照顾子女和女方权益、哪一方具备支付补偿的能力、双方是否还有其他住房等因素，考虑将房屋判决给哪一方更合适。

若双方都不争房子的话，则在双方都同意拍卖房屋的基础上，等房屋成功拍卖后，双方就所得价款进行分割。

## 法律依据

**《民法典》**

**第1087条第1款** 离婚时，夫妻的共同财产由双方协议处理；协议不成的，由人民法院根据财产的具体情况，按照照顾子女、女方和无过错方权益的原则判决。

**《民法典婚姻家庭编解释一》**

**第76条** 双方对夫妻共同财产中的房屋价值及归属无法达成协议时，人民法院按以下情形分别处理：

（一）双方均主张房屋所有权并且同意竞价取得的，应当准许；

（二）一方主张房屋所有权的，由评估机构按市场价格对房屋作出评估，取得房屋所有权的一方应当给予另一方相应的补偿；

（三）双方均不主张房屋所有权的，根据当事人的申请拍卖、变卖房屋，就所得价款进行分割。

**第78条** 夫妻一方婚前签订不动产买卖合同，以个人财产支付首付款并在银行贷款，婚后用夫妻共同财产还贷，不动产登记于首付款支付方名下的，离婚时该不动产由双方协议处理。

依前款规定不能达成协议的，人民法院可以判决该不动产归登记一方，尚未归还的贷款为不动产登记一方的个人债务。双方婚后共同还贷支付的款项及其相对应财产增值部分，离婚时应根据民法典第一千零八十七条第一款规定的原则，由不动产登记一方对另一方进行补偿。

## 2. 婚前一方赠与另一方的房产属于夫妻共同财产吗？

### 难以坚持的爱情

媛媛是在单亲家庭长大的女孩，在她的儿时记忆中，父母就经常吵架，摔锅砸碗的，日子过得一塌糊涂。在这样的环境下，长大后的媛媛对婚姻没有丝毫的期待和憧憬，她早已认定了要自己一个人过完这一生。可是，她遇见了江亦。他是一个阳光大男孩，对媛媛非常好，一点点地卸下媛媛的心理防线，让她相信，这世界上还存在美好的爱情。他甚至为了取得媛媛的信任，还买了一套房子送给她，于是媛媛最后答应和他结了婚。

或许是原生家庭的原因，媛媛比其他人更加敏感、多疑。开始的时候，江亦始终相信，通过自己的温暖与感化，媛媛总会变得积极阳光。但实际上，缓缓并未发生任何改变。渐渐地，江亦感到累了，提出了离婚。

那当初江亦送给媛媛的房子，该如何分割呢？

### 随行专栏

**（1）什么是夫妻共同财产？**

夫妻共同财产必须是在婚姻关系存续期间获得的。所以说某样财产到底是属于夫妻共同财产还是婚前个人财产，是以双方是否进行了结婚登记为界限的。结婚登记后取得的财产，才能称为夫妻共同财产。

**（2）不动产如何赠与？**

不动产的所有权，以登记为准。关于房子，不是说谁住着就是谁的，或者两个人写份协议，就赠与对方了。这样都是不可行的。因为不动产的赠与，必须登记。只有去房屋管理局把房屋过户登记在你名下了，才真的是你的。

**（3）婚前一方赠与另一方的房产，属于夫妻共同财产吗？**

对此，要分三种情况来看（我们就按照本案的情况，假设是男方赠与女方房产），如图 1.3 所示。

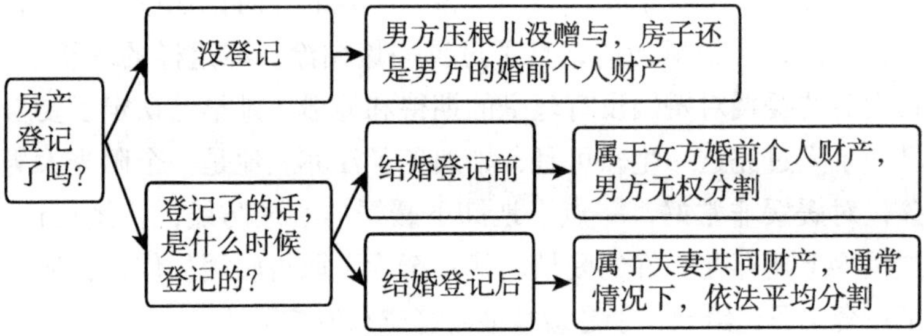


**图 1.3　婚前房产赠予是否属于夫妻共同财产的三种讨论**

## 法律依据

**《民法典》**

**第 209 条第 1 款**　不动产物权的设立、变更、转让和消灭，经依法登记，发生效力；未经登记，不发生效力，但是法律另有规定的除外。

**第 1062 条**　夫妻在婚姻关系存续期间所得的下列财产，为夫妻的共同财产，归夫妻共同所有：

（一）工资、奖金、劳务报酬；

（二）生产、经营、投资的收益；

（三）知识产权的收益；

（四）继承或者受赠的财产，但是本法第一千零六十三条第三项规定的除外；

（五）其他应当归共同所有的财产。

夫妻对共同财产，有平等的处理权。

## 3. 婚后一方父母出资买房并登记在出资方子女名下的，属于夫妻共同财产吗？

### 父母的善意

阿威和小琴在上大学时就认识了，毕业后两人恰好在同一个城市工作，平时没事的时候，便经常约着一起吃饭。吃饭的次数多了，两人的感情也开始发生了变化，从普通朋友变成了男女朋友。见过双方家长后，两人就去民政局领了结婚证。

小两口结婚后，阿威的父母希望他们可以有一个家，不用总是换房子住，就拿出自己的大部分积蓄，买了一套三居室房屋，方便小两口居住生活。不过这套房屋是登记在阿威名下的，阿威当时还提议在房产证上加上小琴的名字，小琴怕婆婆误以为是自己要抢着在房产证上加名字，可能会破坏婆媳关系，就没有接受这个提议，所以房产证上最后只有阿威的名字。

在一次朋友聚会时，小琴的朋友听说了关于这套房屋的事情。有的朋友替小琴担心，说房子只在阿威一个人名下，以后要是处得不好了，分财产时可能没有小琴的份儿；有的朋友则认为虽然房产证上只有阿威的名字，但房子是他们俩婚后买的，属于夫妻共同财产，房子肯定有小琴的一半。

听完这些话，小琴心里也产生了疑惑：这套房屋是不是真的跟自己无关？

### 随行专栏

根据《民法典婚姻家庭编解释一》第29条第2款规定，当事人结婚后，父母为双方购置房屋出资的，依照约定处理；没有约定或者约定不明确的，按照《民法典》第1062条第1款第4项规定的原则处理。

《民法典》第 1062 条第 1 款第 4 项规定，夫妻在婚姻关系存续期间继承或者受赠的财产属于夫妻的共同财产，归夫妻共同所有，但是遗嘱或者赠与合同中确定只归一方的财产除外。

阿威和小琴的房子虽然是由阿威的父母出资付的全部房款，并且只登记在了阿威一个人名下，但却是在阿威和小琴结婚后买的。根据上述条文，阿威的父母买的这套三居室房屋属于阿威和小琴的夫妻共同财产，除非阿威有证据证明阿威的父母购房时明确表示这套房屋是为阿威一个人买的，或者阿威能证明他和小琴书面约定了这套房屋属于阿威的个人财产。

## 随行专栏

假设阿威的父母只为小两口婚后买的房屋支付了首付款，剩余的房贷由小两口一起偿还，房屋也是登记在阿威名下，那么离婚时应该如何分割这套房屋呢？

在司法实践中，法院一般认为婚后一方父母支付首付款为子女购买不动产，产权登记在出资人子女名下，在由夫妻共同偿还贷款的情形下，该房屋无论登记在夫妻任何一方的名下，都应视为夫妻共同财产，原因有以下几点：

①购买该套房屋的首付款虽然为一方父母所出，但只支付了购房款是不能取得房屋的所有权的，既然一方的父母并非该套房屋的所有人，所以也无权将该套房屋赠与自己的子女；

②除首付款外，剩余的房贷是由夫妻双方共同偿还的，说明小琴也对该套房屋有高额投入和付出，只因为一方的父母支付首付款就认定房屋所有权人为阿威个人，显然不符合民法的公平原则，也无法得到社会公众的认同。

## 法律依据

**《民法典》**

**第1062条** 夫妻在婚姻关系存续期间所得的下列财产，为夫妻的共同财产，归夫妻共同所有：

（一）工资、奖金、劳务报酬；

（二）生产、经营、投资的收益；

（三）知识产权的收益；

（四）继承或者受赠的财产，但是本法第一千零六十三条第三项规定的除外；

（五）其他应当归共同所有的财产。

夫妻对共同财产，有平等的处理权。

**《民法典婚姻家庭编解释一》**

**第29条第2款** 当事人结婚后，父母为双方购置房屋出资的，依照约定处理；没有约定或者约定不明确的，按照民法典第一千零六十二条第一款第四项规定的原则处理。

**《北京市高级人民法院关于审理婚姻纠纷案件若干疑难问题的参考意见》**

**二十七、【婚后父母部分出资购房的认定】** 婚后由一方父母支付首付款为子女购买的不动产，产权登记在出资人子女名下，由夫妻共同偿还余款的，不属于《婚姻法解释三》[①] 第七条第一款的规定的情形，该不动产应作为夫妻共有财产，在离婚时综合考虑出资来源、装修情况等因素予以公平分割。

……

① 即《最高人民法院关于适用〈中华人民共和国婚姻法〉若干问题的解释（三）》（已失效）。

## 4. 借用一方父母资格购买的“房改房”，属于夫妻共同财产吗？

### 职工的福利住房

2004 年 5 月，老张听说自己符合购买单位“房改房”的条件，但老张向来没有攒钱的习惯，存折里也没几个钱，就回去跟儿子张钧说了这件事。张钧说不用担心钱的问题，跟媳妇小玲商量后就转了 10 万元给老张。有了钱的老张顺利地买下了一套单位的“房改房”，按照房改政策，房子登记在了老张的名下，不过房子一直是由张钧和媳妇小玲住着。

张钧和小玲虽然在大事上有商有量，却总是因为一些鸡毛蒜皮的小事吵架，两人性子都很倔，谁都不肯退让一步。2015 年 8 月，张钧与小玲终究还是处不下去了，但在签订离婚协议的时候，两人就“房改房”怎么分割产生了分歧。之前花了 10 万元买的“房改房”，如今的市场价已升值为 50 万元，是之前购房款的整整五倍。

张钧认为房子是父亲老张的，只愿意将出资的 10 万元进行分割。小玲则说房子是结婚后两人花 10 万元买的，属于夫妻共同财产，房子应该由张钧和小玲一人一半。两个人怎么也协商不了，就起诉到了法院，请求法院依法进行分割。

### 法院判决

法院指出，对于“房改房”如何分割的问题，关键要看涉案房屋是否属于夫妻共同财产。

《民法典婚姻家庭编解释一》第 79 条规定：“婚姻关系存续期间，双方用夫妻共同财产出资购买以一方父母名义参加房改的房屋，登记在一方父母名下，离婚时另一方主张按照夫妻共同财产对该房屋进行分割的，人民法院不予支持。购买该房屋时的出资，可以作为债权处理。”

所以，“房改房”的所有人应该是张钧的父亲老张，而不是张钧和小玲夫妻俩。离婚进行财产分割时，张钧和小玲也就无权分割“房改房”。

“房改房”虽然没法分了，但张钧和小玲出资的10万元属于购房出资，可以作为债权。同时上述司法解释并未对房产升值部分的利益分割进行规定，所以房产升值部分也不能作为夫妻共同财产分割。

## 随行专栏

“房改房”是指1994年国务院发文实行的城镇住房制度改革的产物，是中国城镇住房由从前的单位分配转化为市场经济的一项过渡政策，现在又叫作已购公有住房。

我国房改政策对于“房改房”购买资格条件作了严格规定，不是任何人都可以享受房改的优惠政策，“房改房”的出售对象仅为单位职工个人，每名职工只能享受一次，且购房职工的职务、工龄、年龄等多种因素，都会影响到职工购买“房改房”。由此可以看出，与一般的商品房相比，“房改房”与职工的身份有紧密联系，是面向职工的一种福利住房。因此，在婚姻关系存续期间，如果夫妻以父母名义出资购买的“房改房”，一般不认定为夫妻共同财产，购房出资一般作为债权处理。

当然，也不是所有的“房改房”都不可以作为夫妻共同财产，在特殊情况下，也有可能被认定为夫妻共同财产。比如，虽然是一方父母名义购买的“房改房”，但是房屋已经过户到夫妻双方或一方名下，符合上市交易条件且与父母签有书面委托购买合同，或者虽然没有书面的委托购买合同，但父母承认委托购买的。

## 法律依据

**《民法典》**

**第1062条** 夫妻在婚姻关系存续期间所得的下列财产，为夫妻的共同财产，归夫妻共同所有：

（一）工资、奖金、劳务报酬；

（二）生产、经营、投资的收益；

（三）知识产权的收益；

（四）继承或者受赠的财产，但是本法第一千零六十三条第三项规定的除外；

（五）其他应当归共同所有的财产。

夫妻对共同财产，有平等的处理权。

**《民法典婚姻家庭编解释一》**

**第79条** 婚姻关系存续期间，双方用夫妻共同财产出资购买以一方父母名义参加房改的房屋，登记在一方父母名下，离婚时另一方主张按照夫妻共同财产对该房屋进行分割的，人民法院不予支持。购买该房屋时的出资，可以作为债权处理。

## 5. 如果房子登记的是夫妻双方的名字，离婚时是否一人一半？

房本上写着夫妻双方的名字，在离婚时房子是否一人一半呢？

问题虽然只有一句话，但是现实生活的情形极其复杂：有的房子是婚前买的，有的房子是婚后买的；有夫妻自己出资买房的，也有父母出资买房的；出资有付首付款的，也有付全款的。所以这个问题回答起来并不简单，结合司法实践，我们来看看不同的情形下房屋所有权的归属会有什么不同（见表 1.1）。

**表 1.1　不同情况下房屋所有权的归属**

| 时间 | 出资及房屋登记情况 | 司法实践 |
|---|---|---|
| 婚前买房 | 一方个人出资，房屋登记在双方名下 | 房屋视为夫妻共同财产，离婚时不考虑出资情况，双方一人一半 |
| | 双方均有出资，房屋登记在双方名下 | 房屋属于夫妻共同财产，离婚时不考虑出资状况，双方一人一半 |
| | 一方父母支付了房屋首付款，夫妻二人还贷，房屋登记在双方名下 | 房屋会被认定为夫妻共同财产。如果双方约定了共有方式是按份共有，并约定了各自对房屋所占的份额，则按约定享有房屋产权。如果双方没有约定共有方式，则视为对房屋拥有同等的份额 |
| | 一方父母出资支付购房全款，房屋登记在双方名下 | 房屋会被认定为夫妻共同财产。如果双方对房产份额有约定的，按照约定享有房屋的产权；没有约定，则夫妻双方一人一半 |
| | 双方父母均出资，房屋登记在双方名下 | 房屋属于夫妻共同财产，应当认定为对各自子女的赠与，不能因为产权登记在双方的名下就理解为对双方的赠与。如果没有约定为共同共有，会根据双方父母的出资比例认定为双方按份共有 |

续表

| 时间 | 出资及房屋登记情况 | 司法实践 |
| --- | --- | --- |
| 婚后买房 | 一方以婚前个人财产出资购房，房屋登记在双方名下 | 房屋属于夫妻共同财产，实际算是一方对另一方的赠与，夫妻双方拥同共有房屋产权，离婚时房屋一人一半 |
| | 双方用共同财产买房，房屋登记在双方名下 | 属于夫妻共同财产，夫妻双方共同拥有房屋产权，离婚时房屋一人一半 |
| | 一方父母支付购房全款，房屋登记在双方名下 | 房屋属于夫妻共同财产，一般会认定为一方父母对双方的赠与，离婚时房屋一人一半；除非有父母出资时的书面约定或声明，证明此出资是赠与自己子女一方的 |
| | 一方父母部分出资，婚后双方共同还贷，房屋登记在双方名下 | 房屋属于夫妻共同财产，父母出资部分视为对双方的赠与，但父母明确表示赠与一方的除外。离婚时出资方父母的子女可以适当多分 |
| | 双方父母出资，房屋登记在双方名下 | 房屋会被认定为夫妻共同财产，离婚时房屋一人一半 |

注：本表系根据法律规定及司法实践中案例制作，仅供参考。

## 法律依据

**《民法典》**

**第1062条**　夫妻在婚姻关系存续期间所得的下列财产，为夫妻的共同财产，归夫妻共同所有：

（一）工资、奖金、劳务报酬；

（二）生产、经营、投资的收益；

（三）知识产权的收益；

（四）继承或者受赠的财产，但是本法第一千零六十三条第三项规定的除外；

（五）其他应当归共同所有的财产。

夫妻对共同财产，有平等的处理权。

**第1063条** 下列财产为夫妻一方的个人财产：

（一）一方的婚前财产；

（二）一方因受到人身损害获得的赔偿或者补偿；

（三）遗嘱或者赠与合同中确定只归一方的财产；

（四）一方专用的生活用品；

（五）其他应当归一方的财产。

**《民法典婚姻家庭编解释一》**

**第29条** 当事人结婚前，父母为双方购置房屋出资的，该出资应当认定为对自己子女个人的赠与，但父母明确表示赠与双方的除外。

当事人结婚后，父母为双方购置房屋出资的，依照约定处理；没有约定或者约定不明确的，按照民法典第一千零六十二条第一款第四项规定的原则处理。

## 6. 一方的公司股权属于夫妻共同财产吗？

### 隐藏在心底的情绪

钱红是一个典型的女强人，老公王猛是个自由职业者。两人分工很明确，钱红主要负责养家糊口，王猛则负责稳固“后方”——照顾孩子和料理家务。为此，很多女性朋友都羡慕钱红有这么一个体贴的老公。

最近朋友给钱红介绍了一家新能源公司，称这家公司很有发展前景，目前在扩大经营规模，并询问钱红有没有兴趣成为这家公司的股东。钱红正好手头有些闲钱，就去这家新能源公司进行了实地考察，感觉确实不错，于是就入股200万元，获得了20%的股份，成为这家公司的新股东。王猛也知道钱红入股这家公司的事情，但没有多问，反正能有收益就行。

小两口不愁吃穿，没事还能带着孩子出去旅游，日子可谓幸福美满。然而，未来发生的事总是难以预测，过年时王猛被某个亲戚调侃道“靠老婆吃饭”。王猛表面上一笑而过，但心里却犹如扎进了一根刺。

一次吵架中，钱红说自己天天在外面到处奔波，并抱怨王猛不理解她。于是，王猛觉得钱红也在嫌弃自己不为家里赚钱。一天天过去，这根刺在王猛心里越扎越深，他和钱红的感情也似乎有了裂痕。钱红其实也察觉到了这一点，有一天她终于忍不住跟王猛说：“要不离婚吧，这样两个人都自在。”王猛思考片刻，同意了钱红的提议。

事已至此，两人都觉得这么多年夫妻了，就好聚好散，把该分的财产分一分。不过，关于钱红在新能源公司享有的20%股份，两人有点不确定这是否属于夫妻共同财产，也不知道该怎么分配，便去咨询了一位律师。

## 随行专栏

**（1）钱红在新能源公司享有的20%股份，是否属于夫妻共同财产？**

经过与钱红夫妇沟通，律师确认了钱红是用夫妻共同财产向新能源公司入股200万元，才获得了这20%的股份。因为入股用的 200 万元属于夫妻共同财产，所以即便这笔钱转化成股权，也只是财产的形态发生了变化，本质上还是属于夫妻共同财产。

**（2）前述 20% 的股份，在离婚时应该怎么处理?**

新能源公司是有限责任公司，因为王猛不是新能源公司的股东，所以有两种处理方式：一是股权归钱红，钱红按股权价值向王猛支付相应的经济补偿；二是在获得除钱红以外的其他股东过半数同意，且其他股东放弃优先购买权的情况下，钱红将 10% 的公司股份转让给王猛，由此王猛可以成为新能源公司的股东。

如果钱红把这 200 万元用于投资合伙企业或者设立独资企业，又该如何处理呢？答案见表 1.2。

**表 1.2　投资合伙企业或者设立独资企业时的处理方案**

<table>
<tr><th>类型</th><th>方案</th><th>结果</th></tr>
<tr><td rowspan="4">投资合伙企业</td><td>其他合伙人同意钱红将财产份额转让给王猛</td><td>王猛成为合伙人</td></tr>
<tr><td>其他合伙人不同意转让，在同等条件下行使优先购买权，购买相应份额</td><td>钱红和王猛就转让财产份额所得的财产进行分割</td></tr>
<tr><td>其他合伙人不同意转让，也不行使优先购买权，同意钱红退伙或者退还部分财产份额</td><td>钱红和王猛就退还的财产进行分割</td></tr>
<tr><td>其他合伙人既不同意转让，也不行使优先购买权，又不同意钱红退伙或者退还部分财产份额</td><td>王猛成为合伙人</td></tr>
</table>

续表

| 类型 | 方案 | 结果 |
| --- | --- | --- |
| 设立独资企业 | 钱红要求经营企业 | 对企业资产进行评估后，由钱红给予王猛相应的补偿 |
| | 钱红和王猛都要求经营企业 | 在双方竞价基础上，由取得企业的一方给予另一方相应的补偿 |
| | 钱红和王猛均不愿意经营该企业的 | 根据《个人独资企业法》等相关规定进行办理 |

## 法律依据

**《民法典婚姻家庭编解释一》**

**第73条** 人民法院审理离婚案件，涉及分割夫妻共同财产中以一方名义在有限责任公司的出资额，另一方不是该公司股东的，按以下情形分别处理：

（一）夫妻双方协商一致将出资额部分或者全部转让给该股东的配偶，其他股东过半数同意，并且其他股东均明确表示放弃优先购买权的，该股东的配偶可以成为该公司股东；

（二）夫妻双方就出资额转让份额和转让价格等事项协商一致后，其他股东半数以上不同意转让，但愿意以同等条件购买该出资额的，人民法院可以对转让出资所得财产进行分割。其他股东半数以上不同意转让，也不愿意以同等条件购买该出资额的，视为其同意转让，该股东的配偶可以成为该公司股东。

用于证明前款规定的股东同意的证据，可以是股东会议材料，也可以是当事人通过其他合法途径取得的股东的书面声明材料。

**第74条** 人民法院审理离婚案件，涉及分割夫妻共同财产中以一方名义在合伙企业中的出资，另一方不是该企业合伙人的，当夫妻双方协商一致，将其合伙企业中的财产份额全部或者部分转让给对方时，按以下情形分别处理：

（一）其他合伙人一致同意的，该配偶依法取得合伙人地位；

（二）其他合伙人不同意转让，在同等条件下行使优先购买权的，可以对转让所得的财产进行分割；

（三）其他合伙人不同意转让，也不行使优先购买权，但同意该合伙人退伙或者削减部分财产份额的，可以对结算后的财产进行分割；

（四）其他合伙人既不同意转让，也不行使优先购买权，又不同意该合伙人退伙或者削减部分财产份额的，视为全体合伙人同意转让，该配偶依法取得合伙人地位。

**第 75 条**　夫妻以一方名义投资设立个人独资企业的，人民法院分割夫妻在该个人独资企业中的共同财产时，应当按照以下情形分别处理：

（一）一方主张经营该企业的，对企业资产进行评估后，由取得企业资产所有权一方给予另一方相应的补偿；

（二）双方均主张经营该企业的，在双方竞价基础上，由取得企业资产所有权的一方给予另一方相应的补偿；

（三）双方均不愿意经营该企业的，按照《中华人民共和国个人独资企业法》等有关规定办理。

## 7. 一方的稿费属于夫妻共同财产吗？

### 他的成功离不开她

毕业后，小李听从父母的建议进了一家国企工作，过上了安稳平淡的生活。在父母的催促下，小李相亲失败五六次后，就遇见了令他心动不已的小茜。幸运的是，小茜跟他见面后对他也颇有好感。经过半年的相处，两人确定了彼此的心意，同时因为都到了该结婚的年纪，便决定不再拖沓，早日结婚。

就这样，办完婚礼领完证，小李和小茜成为一对恩爱的小夫妻。一起生活后，小茜逐渐发现小李每天就像台机器一样机械地上下班，并不喜欢在国企的那份工作。小茜不想看到小李每天做着自己不喜欢的事，便询问小李的想法。小李说自己确实不喜欢现在的这份工作，但为了父母满意，就一直坚持着。事实上，小李从小就想当一名作家，以前也会动手写写文章，发表后反响还都不错，现在他虽然还想写作，但害怕自己已经做不到了。

于是，小茜鼓励小李放下现在的工作，做自己喜欢的事，专心写作。在小茜的不断鼓励与支持下，小李决定辞职，并全身心在家投入写作。出于对写作的热情，小李在短短的两个月内便写出了一部短篇小说，小茜读后觉得非常好，便催着小李赶快送到出版社去发表。发表后，小李心情非常紧张，毕竟是自己的处女作，而小茜则自信地认为小李的书肯定会大卖，还开玩笑地说到时候赚了钱可不要忘了分她一半。如小茜所言，小李的书真的成了畅销书，小李也获得了丰厚的稿费。

玩笑归玩笑，可还是得讨论一下，小李新书大卖后得到的丰厚稿费，其中有属于小茜的一半吗？

## 随行专栏

小李自己写书获得的稿费是夫妻共同财产吗？

在法律上，小李写书的行为是一种智力劳动，写出来的书被称为智力劳动成果。因为书是小李独立创作完成的，著作权自然归小李所有。那稿费也归小李一人所有吗？

《民法典》规定，夫妻在婚姻关系存续期间因知识产权获得的收益属于夫妻共同财产。小李的书是婚后在小茜的鼓励下才创作出来的，稿费也是在婚内获得的，因此小茜虽然没有参与创作，但小李写书获得的稿费也属于夫妻共同财产，自然有属于小茜的一半。

看到这里，大家可能会有疑问——只要是小李写书获得的报酬，就有小茜的一半吗？

其实也不是这么绝对，判断稿费、版税这类知识产权收益是否属于共同财产，关键要看取得这些收益的时间点。只有在婚姻关系存续期间实际取得或者已经明确可以取得的财产性收益，才属于夫妻共同财产。以下举两个例子。

①只要是小李在婚姻关系存续期间取得的稿费，哪怕是小李婚前发表小说婚后才取得稿费，也都应属于夫妻共同财产。

②假设小李在婚内发表了小说，跟小茜闹矛盾离婚后才获得稿费，在这种情况下，因获得的稿费属于已经明确可以取得的知识产权收益，所以也应有属于小茜的一半。

## 法律依据

**《民法典》**

**第1062条** 夫妻在婚姻关系存续期间所得的下列财产，为夫妻的共同财产，归夫妻共同所有：

（一）工资、奖金、劳务报酬；

（二）生产、经营、投资的收益；

（三）知识产权的收益；

（四）继承或者受赠的财产，但是本法第一千零六十三条第三项规定的除外；

（五）其他应当归共同所有的财产。

夫妻对共同财产，有平等的处理权。

**《民法典婚姻家庭编解释一》**

第 24 条　民法典第一千零六十二条第一款第三项规定的“知识产权的收益”，是指婚姻关系存续期间，实际取得或者已经明确可以取得的财产性收益。

## 8. 婚姻关系存续期间经营多年的淘宝店属于夫妻共同财产吗？

### 失衡的家庭关系

小陈和雯雯是在网上组队玩游戏时认识的。两人一场游戏打下来，感觉对方水平都还可以，就添加了好友，平时约着一起打打游戏。后来，两人发现他们竟是同城好友，就萌生了线下见面的想法。之后，经过几次见面，两人聊得都很开心，小陈就主动提了交往的事。就这样，两人成了情侣。

相处几年后，两人便结婚生子。然而，小孩一出生，家庭的经济压力一下子大了许多，小两口就商量着做点什么来增加家庭收入。考虑到现在正是互联网经济蓬勃发展的时候，他们决定以雯雯的名义开一家淘宝店铺，由雯雯负责具体经营，小陈则利用自己的特长进行网络维护。万事开头难，刚开始店铺没什么起色，反响平平，但小陈和雯雯并没有气馁，而是一直坚持用心经营，不断提高服务质量，店铺里的生意慢慢地也开始红火起来。生意好了，赚的自然就多了，他们的生活质量也有所提升。小陈的父母看他们的生意做得越来越好，家里也不差钱了，就跟小陈提议再生一个小孩。于是，小陈就跟雯雯说了这件事，可雯雯觉得现在这样挺好，再生一个小孩又要打乱生活的节奏，淘宝店铺这边事也不少，若再生一个，到时候怕是忙不过来。小陈觉得雯雯这样想也没有什么不对，就没再提这件事。但是，小陈的父母却因为这件事对雯雯有了偏见，总是拿些小事找她的麻烦。雯雯心里也清楚是怎么回事，就告诉小陈帮忙劝劝，再这样下去，她就受不了了。小陈也没招，知道自己没办法改变老人的看法，只能左右为难，但这样终究是解决不了问题的，只会让情况变得更糟糕。

果不其然，雯雯因为忍受不了公婆总是为难自己，就跟小陈提出了离婚。但因为商量不好怎么分割淘宝店铺，两人便起诉到法院，看法院怎么判决。

## 法院判决

法院受理两人的离婚案件后，首先对淘宝店铺有无财产价值进行了分析。根据调查，证实小陈夫妇经营的淘宝店铺具有良好的口碑、稳定的客源和收入，应认为是具备一定财产价值的。

接下来，就是判断淘宝店铺是否属于夫妻共同财产。小陈夫妇的淘宝店铺是婚后两人一起决定设立的，并且是在共同经营的条件下，使店铺逐渐红火起来的，因此该淘宝店铺应当被认定为夫妻共同财产。

最后，就到了如何分割淘宝店铺这个关键问题上。由于目前还没有专门的网店评估机构，最终还是需要由法官根据案情对淘宝店铺的具体财产价值作出判断。经过法官的居中调解，小陈同意淘宝店铺的所有权归雯雯所有，由雯雯向小陈支付 20 万元作为补偿款。

## 随行专栏

从本案可以看出，关于淘宝店铺作为夫妻共同财产时如何分割这一问题，目前还没有具体的法律条文对此进行明确规定，淘宝店铺的财产价值也难以进行确定。

根据现有案例显示，法官一般会结合店铺何时注册、店铺注册人、实际经营主体等因素确定淘宝店铺所有权的归属，若一方为注册人且负责主要经营，法官则会倾向于判决淘宝店铺归他（她）所有，再由他（她）对另一方进行补偿。这样处理，一方面能够使淘宝店铺的所有权归属得以确定，另一方面也能让淘宝店铺继续正常运营，发挥其经济价值。不过如果双方能同意一起经营淘宝店铺，协商好收入分成，法官自然也不会阻止。

### 法律依据

**《民法典》**

**第1062条** 夫妻在婚姻关系存续期间所得的下列财产，为夫妻的共同财产，归夫妻共同所有：

（一）工资、奖金、劳务报酬；

（二）生产、经营、投资的收益；

（三）知识产权的收益；

（四）继承或者受赠的财产，但是本法第一千零六十三条第三项规定的除外；

（五）其他应当归共同所有的财产。

夫妻对共同财产，有平等的处理权。

## 9. 夫妻一方的公积金、社会保险金属于夫妻共同财产吗？

### 婚姻非儿戏，三思而后行

又到了回家过年的时候，欣子却一点儿也不想回老家。一想到七大姑八大姨都围着她问找对象没、怎么还没找对象，她就开始头大。但没办法，家还是得回，来自七大姑八大姨的“关心”，她也得接受。果不其然，吃年夜饭的时候，大家就开始对欣子进行连续发问。为了不再出现这种情况，欣子决定在新的一年里必须找个对象结婚。

经过朋友介绍，欣子认识了小费。经过几次见面，欣子对小费的印象很不错，觉得小费是一个开朗大方的人。两人相处了几个月后，小费突然向欣子求婚，她一时之间有些不知所措。稍微冷静下来后，欣子回想了一下这几个月小费的表现，想起家里亲戚们年年催婚的画面，便接受了小费的求婚。很快欣子和小费就举办了婚礼并在民政局领了结婚证，她再也不用想着过年怎么应对亲戚们的催婚了。

刚结婚的时候，欣子和小费相处得还是很和睦的，不过欣子后来发现小费越来越没耐心，总是因为一些小事吵架，情绪一次比一次激动，这让她有些紧张。直至有一次小费给她打电话，由于当时她正忙着工作，没来得及接听小费的电话，回到家后，小费就因为这件事开始跟她吵架。令欣子没想到的是，他这一次居然动手打了她。事后小费诚恳地跟欣子道歉，乞求她的原谅，欣子以为他只是一时之间没控制好情绪，就原谅了他。但再一次吵架时，小费又动手打她了，这一次欣子明白小费是有暴力倾向的。她不想再跟小费一起生活了，毅然决然地把小费告到了法院，请求离婚；同时还请求分割小费名下的住房公积金、基本养老金。

小费认为住房公积金不属于夫妻共同财产，不同意进行分割，而且自己还没退休，没有可以拿来分割的基本养老金。

## 法院判决

经过法院调查，确认了自结婚以来，小费住房公积金账户中有余额 8 万元，个人缴纳基本养老金 6 万元。在本案中，法院针对以下两点争议进行了分析。

①住房公积金能作为夫妻共同财产分割吗？

根据《民法典婚姻家庭编解释一》第25条的规定，男女双方在婚姻关系存续期间实际取得或应当取得的住房公积金属于夫妻共同所有的财产。

因此，小费住房公积金账户中的8万元属于夫妻共同财产，法院判决由小费和欣子平分住房公积金8万元。

②基本养老金还没领，是不是就不能分？

根据《民法典婚姻家庭编解释一》第80条的规定，离婚时还未领取基本养老金的情况下，没办法分割基本养老金，但是如果用夫妻共同财产缴付基本养老金的，那么个人实际缴付部分及利息是可以作为夫妻共同财产进行分割的。

小费结婚后用工资实际缴付了6万元基本养老金，所以法院判决小费个人实际缴付的6万元基本养老金由小费和欣子各得一半。

## 随行专栏

一方面，住房公积金是可以作为夫妻共同财产进行分割的。但是有个前提，只有在婚姻关系存续期间，也就是婚内所产生的这部分才属于夫妻共同财产。

另一方面，在一方未退休，不符合领取基本养老金条件的情况下，另一方在离婚时请求分割基本养老金的，法院一般不会支持。

但婚后一方用夫妻共同财产缴纳基本养老金，即便一方还未获得基本养老金，另一方也可以要求分割一方用夫妻共同财产实际缴纳基本养老金的这部分款项。

## 法律依据

**《民法典》**

**第1062条** 夫妻在婚姻关系存续期间所得的下列财产，为夫妻的共同财产，归夫妻共同所有：

（一）工资、奖金、劳务报酬；

（二）生产、经营、投资的收益；

（三）知识产权的收益；

（四）继承或者受赠的财产，但是本法第一千零六十三条第三项规定的除外；

（五）其他应当归共同所有的财产。

夫妻对共同财产，有平等的处理权。

**《民法典婚姻家庭编解释一》**

**第25条** 婚姻关系存续期间，下列财产属于民法典第一千零六十二条规定的“其他应当归共同所有的财产”：

（一）一方以个人财产投资取得的收益；

（二）男女双方实际取得或者应当取得的住房补贴、住房公积金；

（三）男女双方实际取得或者应当取得的基本养老金、破产安置补偿费。

**第80条** 离婚时夫妻一方尚未退休、不符合领取基本养老金条件，另一方请求按照夫妻共同财产分割基本养老金的，人民法院不予支持；婚后以夫妻共同财产缴纳基本养老保险费，离婚时一方主张将养老金账户中婚姻关系存续期间个人实际缴纳部分及利息作为夫妻共同财产分割的，人民法院应予支持。

## 10. 婚后购买的商业保险属于夫妻共同财产吗？

### 夫妻有事好商量

阿轩很早就想买份商业保险，但犹豫着一直没买。一方面是因为对保险产品不太了解，另一方面是因为媳妇小雅对商业保险很抵触，觉得买保险根本没什么用，便一直不同意阿轩买保险。但根本原因在于，阿轩的工资卡在小雅手里，阿轩拿不出钱来买保险。

经过几年小心翼翼地积攒，阿轩的“小金库”总算有了一笔钱。正好朋友在保险公司工作，他就了解了一些保险产品，并以自己为被保险人购买了一款分红型商业保险。于是，阿轩一次性支付了 10 万元保险费，同时合同中约定 20 年后保险公司退还给阿轩，并且每年都会给他一定的分红。

买完这份保险后，阿轩心里踏实多了，觉得总算有所保障。回到家后，他谨慎地把保险合同藏了起来，怕媳妇小雅发现后大发雷霆。几年过去了，小雅一直没发现他买了保险，阿轩也从来没说漏过嘴。但没想到意外还是发生了，阿轩和小雅有一天逛商场时，正好碰上了销售保险的朋友一家人，恰逢中午，便约一起吃午饭。然而，正当两家人边吃饭边聊得很开心时，朋友突然问阿轩要不要再买份保险，最近公司又推出了一些不错的保险产品。小雅疑惑地看着阿轩，问道：“你之前买过保险？”阿轩心想完蛋了，好不容易瞒了这么久，就被这小子一句话捅破了。

回到家后，阿轩非常主动地向小雅认了错，小雅看在他态度不错的份上，原谅了他。可是因为这件事，小雅对阿轩加强了收入上的控制，阿轩没有了“小金库”，每一笔开销都要向小雅报备，这让他在同事们面前很没面子，日子过得也很压抑。阿轩跟小雅商量了几次，希望能够给他一点支配收入的权利，但都无疾而终，最终他实在忍受不下去，便跟小雅提出离婚。小雅也不意外，说道：“离婚可以，那你的保险是不是要分我一半？”

阿轩觉得保险是自己投保的，跟小雅没关系，是这样吗？

## 随行专栏

我国法律目前尚未对夫妻一方在婚姻关系存续期间出资购买的商业保险是否属于夫妻共同财产作出明确规定。

在司法实践中，往往会根据用于购买保险的钱的来源，来判断保险能否作为夫妻共同财产进行分割。阿轩是在婚后用攒下的10万元支付了保险费用，这部分保险费用属于夫妻共同财产。因此，法院一般会将保险合同的财产权益判归阿轩，再由阿轩向小雅支付保险费用的一半（5万元）作为补偿。

既然用夫妻共同财产购买保险所支付的保险费用可以在离婚时进行分割，那分红型保险中的红利又该怎么处理呢？

一般认为，分红型保险中的红利多是投资利益所得，个人购买分红型保险应当作为一种投资，即红利属于《民法典》中“其他应当归共同所有的财产”。不过，获得红利的时间不同，红利的处理方式也有所区别。

①在婚姻关系存续期间，若获得分红，则应属于夫妻共同财产，离婚时应该公平分割。

②若离婚时，保险合同还没到期，也尚未实际取得分红，则此时的保险分红属于一种潜在的收益，司法实践中通常认为其不属于夫妻共同财产，而仅属于保险合同中载明的受益人。

## 法律依据

**《民法典》**

**第1062条** 夫妻在婚姻关系存续期间所得的下列财产，为夫妻的共同财产，归夫妻共同所有：

（一）工资、奖金、劳务报酬；

（二）生产、经营、投资的收益；

（三）知识产权的收益；

（四）继承或者受赠的财产，但是本法第一千零六十三条第三项规定的除外；

（五）其他应当归共同所有的财产。

夫妻对共同财产，有平等的处理权。

**《民法典婚姻家庭编解释一》**

**第25条** 婚姻关系存续期间，下列财产属于民法典第一千零六十二条规定的“其他应当归共同所有的财产”：

（一）一方以个人财产投资取得的收益；

（二）男女双方实际取得或者应当取得的住房补贴、住房公积金；

（三）男女双方实际取得或者应当取得的基本养老金、破产安置补偿费。

## 11. 一方的残疾赔偿金属于夫妻共同财产吗？

### 彼此守护，同甘共苦

大军是个热心肠的人，平时走在路上见着需要帮忙的人都会搭上一把手，对邻居们施以援手的次数更是数不胜数。可大军的妻子小英并不喜欢他这种乐于助人的性格，觉得帮了别人这么多忙，也从没得到过什么回报，反而担心大军因为帮别人的忙，给自己惹上麻烦。听到小英如此抱怨，大军总是哈哈一笑，并告诉小英，他做那些事也就是帮别人一些小忙，怎么好意思收别人的礼，并保证不会给自己惹上麻烦。小英拿大军的性子也是没办法，虽然不满，但也只能无奈地摇摇头。

这天小英接到邻居打来的电话，说大军出了事，让小英赶快到她家附近的那个十字路口。小英心里咯噔一下，以最快的速度赶到了那里，眼见大军发生车祸并躺在血泊里。大军被送到医院后，医生对大军进行了及时抢救，命是保住了，但大军的双腿却再也走不了路了。出院回家后，大军满心愧疚，说自己早就该听小英的话，如果不是在马路上帮别人忙，也不会出这次车祸，如今双腿走不了路，什么事情都做不了，活脱脱地成了小英的负担。

大军让小英跟他离婚，并打算把肇事者赔偿的30万元残疾赔偿金给小英一半，希望小英能够不被自己影响，开始新的生活。小英坚决不同意离婚，并认为残疾赔偿金是大军的个人财产，她也不应该分走一半。

那么在法律层面，大军得到的残疾赔偿金到底应不应该有小英的一半呢？

## 随行专栏

对于夫妻一方在婚后获得的残疾赔偿金是否属于夫妻共同财产这一问题，一直很有争议，大致存在两种意见。

第一种意见认为，残疾赔偿金不属于夫妻共同财产。

《民法典》规定，一方因受到人身损害获得的赔偿或者补偿等费用，属于夫妻一方的个人财产。残疾赔偿金属于残疾人生活补助费，具有人身专属性和依附性，发挥的是保障残疾者未来生活的作用，所以不属于夫妻共同财产。

第二种意见认为，残疾赔偿金中的一部分应该属于夫妻共同财产。

根据《最高人民法院关于审理人身损害赔偿案件适用法律若干问题的解释》（2022年修正）的规定，残疾赔偿金是对劳动能力丧失的赔偿。丧失劳动能力会导致收入减少，换一个角度看，赔偿实际上也就是一方劳动所得收入的替代，因为婚内取得的收入属于夫妻共同财产，所以残疾赔偿金的性质应该属于夫妻共同财产。

另外，残疾赔偿金是一方致残后余生劳动能力丧失的全部赔偿，而婚姻关系存续时间可能并不长久，如果笼统地把全部的残疾赔偿金作为夫妻共同财产，就意味着也处分了残疾一方离婚后的收入，这显然是不公平的。因此，应该限定残疾赔偿金在婚姻关系存续期间按规定方法计算的部分属于夫妻共同财产。

不过在司法实践中，更常见的情形是法官按第一种意见来处理，即将残疾赔偿金认定为一方的个人财产，在离婚诉讼中也不会把残疾赔偿金当作夫妻共同财产来进行分割。

## 法律依据

**《民法典》**

**第1063条** 下列财产为夫妻一方的个人财产：

（一）一方的婚前财产；

（二）一方因受到人身损害获得的赔偿或者补偿；

（三）遗嘱或者赠与合同中确定只归一方的财产；

（四）一方专用的生活用品；

（五）其他应当归一方的财产。

**《最高人民法院关于审理人身损害赔偿案件适用法律若干问题的解释》（2022年修正）**

**第12条** 残疾赔偿金根据受害人丧失劳动能力程度或者伤残等级，按照受诉法院所在地上一年度城镇居民人均可支配收入标准，自定残之日起按二十年计算。但六十周岁以上的，年龄每增加一岁减少一年；七十五周岁以上的，按五年计算。

受害人因伤致残但实际收入没有减少，或者伤残等级较轻但造成职业妨害严重影响其劳动就业的，可以对残疾赔偿金作相应调整。

## 12. 军人的复员安置费属于夫妻共同财产吗？

### 距离的考验

1998 年，嘎子和小芳结婚，那年嘎子 22 岁。刚刚结婚一年，嘎子就去部队当兵了。15 年后，嘎子退伍参加工作。部队给嘎子发放了退伍费用，共 76 万元，其中包括复员费 22 万元、安家补助费 10 万元、回乡生产补助费 10 万元、离队差旅费 5000 元、一次性退役金 8 万元、奖励工资 5000 元、住房补贴 7 万元、住房公积金 4 万元、基本养老金 12 万元、职业年金 2 万元。

多年的两地分居，使嘎子和小芳缺乏基本的感情与信任。退伍没多久，嘎子和小芳就发现彼此之间的感情出现了裂痕。于是，小芳提出离婚，要求分割退伍费用的一半。嘎子觉得，自己当了半辈子的兵，最终换来了这 76 万元，小芳没有权利分走一半。

因此，小芳起诉至法院，请求法院分割财产。

### 随行专栏

发放给军人的复员费、自主择业费等费用，虽说是一次性发放的，但却是对退伍军人后半生的“安排”。所以如果和配偶平均分配这笔费用，显然不公平。对此，法律上采取的方式是把退伍费用中属于一次性发放的费用分成若干份，将婚姻关系存续期间的部分认定为属于夫妻共同财产。

具体计算方法为：用婚姻关系存续的年限，乘以年平均值，所得数额就是夫妻共同财产。平均值的计算，需用70岁减去入伍年纪，再用复员费等一次性费用的总额除以前述相减结果值。计算公式如下。

夫妻共同财产＝复员费以及其他一次性费用的总额÷（70－入伍年龄）×婚姻关系存续年限

本案中，嘎子领取的复员费22万元、安家补助费10万元、回乡生产补助费10万元、一次性退役金8万元，合计50万元，这些都属于发放到退伍军人名下的一次性费用。

嘎子与小芳于1998年结婚，2014年离婚，婚姻关系存续年限共计17年。嘎子22岁入伍。

所以，夫妻共同财产应为：17.7万元≈50÷（70−22）×17。

而离队差旅费，即离队途中的路费、中转费、伙食费等，是给嘎子路上用的，当然应当属于嘎子的个人财产。

关于基本养老金和职业年金，因为嘎子尚未退休，还不符合领取上述费用的条件，这个时候小芳是无法要求进行分割的。但是，如果是用夫妻共同财产缴纳的保险金，小芳可以请求将实际缴付的部分作为夫妻共同财产来进行分割。但很显然，嘎子领到的基本养老金和职业年金，不是用夫妻共同财产缴纳的。所以，对于这一部分，小芳也无权要求分割。

至于嘎子获得的其他的没有人身属性且不属于保险费用的部分，包括奖励工资、住房补贴、住房公积金，与我们普通人的工资是一个性质，应当作为夫妻共同财产来进行分割。具体分类的话，应当归入“其他应当归共同所有的财产”。

## 法律依据

**《民法典婚姻家庭编解释一》**

**第25条** 婚姻关系存续期间，下列财产属于民法典第一千零六十二条规定的“其他应当归共同所有的财产”：

（一）一方以个人财产投资取得的收益；

（二）男女双方实际取得或者应当取得的住房补贴、住房公积金；

（三）男女双方实际取得或者应当取得的基本养老金、破产安置补偿费。

**第 30 条** 军人的伤亡保险金、伤残补助金、医药生活补助费属于个人财产。

**第 71 条** 人民法院审理离婚案件，涉及分割发放到军人名下的复员费、自主择业费等一次性费用的，以夫妻婚姻关系存续年限乘以年平均值，所得数额为夫妻共同财产。

前款所称年平均值，是指将发放到军人名下的上述费用总额按具体年限均分得出的数额。其具体年限为人均寿命七十岁与军人入伍时实际年龄的差额。

**第 80 条** 离婚时夫妻一方尚未退休、不符合领取基本养老金条件，另一方请求按照夫妻共同财产分割基本养老金的，人民法院不予支持；婚后以夫妻共同财产缴纳基本养老保险费，离婚时一方主张将养老金账户中婚姻关系存续期间个人实际缴纳部分及利息作为夫妻共同财产分割的，人民法院应予支持。

## 13. 分居期间，一方的工资收入属于夫妻共同财产吗？

### 路遥知马力，日久见人心

小江和大海是一对情侣，两人在一起虽然还没有两个月，但却十分甜蜜，约定要彼此不离不弃。他们两人年龄相仿，并不算大，但双方父母催得都很紧，希望他们能早点把婚事定下来。

于是，在见了双方父母后，两人便很快结婚，婚后生活可谓和美如意。一年后，小江怀孕了，原本身材姣好的她，手脚开始水肿，性情受到一定的影响，脾气变得有些急躁。这本来是正需要丈夫关爱的时候，可大海却开始嫌弃怀孕后的妻子，不断地在某社交软件上结交年轻女孩，并且发展成为稳定的情侣关系。小江发现这些事后，为了顺利生下孩子，一直隐忍不发，待到孩子出生后才提出了离婚。有了孩子的大海自然是不愿意离婚的，于是他恳求自己的父母帮助说服小江。看在公婆的份上，小江同意先不离婚，但条件是她要和大海分居，由她照顾孩子，大海每个月要向她支付孩子和她的生活费。至此，事情告一段落，大海也感到十分后悔，经常来看望小江和儿子，每次都跟小江保证不会再出轨，希望她能原谅自己。

半年后，原本心情平复下来的小江已经决定回到丈夫身边，毕竟孩子也需要父亲的关爱，但就在她决定告诉大海这一想法的前一天的下班路上，她发现丈夫和一个年轻的女孩走在街上，举止还十分亲密。这下她彻底死心了，立刻向大海提出离婚，要求分割夫妻共同财产。事已至此，大海也撕破了脸皮，告诉小江夫妻分居期间的工资收入是他的个人财产，小江一分钱都别想要。

分居期间，大海的工资收入真的是他的个人财产吗？

## 随行专栏

即便小江和大海分居，大海的工资收入也属于夫妻共同财产，在离婚时应当进行分割。

《民法典》规定得非常清楚，夫妻在婚姻关系存续期间的工资，应当归夫妻共同所有。什么叫婚姻关系存续期间？意思就是结婚后离婚前，亦即婚内的这段时间。小江和大海虽然分居，但是并没有离婚，仍然处在婚姻关系存续期间，大海的工资收入自然属于夫妻共同财产，而不是他自以为的个人财产。

那有没有什么办法让分居期间的工资收入属于个人财产呢？

其实很简单，夫妻双方可以对婚前、婚内财产进行书面约定，约定分居期间的工资收入属于各自的个人财产就行了。实际上，只要夫妻双方能够协商一致，哪怕是把所有财产约定为归夫妻任何一方一个人所有，也是可以的。

## 法律依据

**《民法典》**

**第 1062 条** 夫妻在婚姻关系存续期间所得的下列财产，为夫妻的共同财产，归夫妻共同所有：

（一）工资、奖金、劳务报酬；

（二）生产、经营、投资的收益；

（三）知识产权的收益；

（四）继承或者受赠的财产，但是本法第一千零六十三条第三项规定的除外；

（五）其他应当归共同所有的财产。

夫妻对共同财产，有平等的处理权。

**第 1065 条** 男女双方可以约定婚姻关系存续期间所得的财产以及婚前财产归各自所有、共同所有或者部分各自所有、部分共同所有。约定应当采用书面形式。没有约定或者约定不明确的，适用本法第一千零六十二条、第一千零六十三条的规定。

夫妻对婚姻关系存续期间所得的财产以及婚前财产的约定，对双方具有法律约束力。

夫妻对婚姻关系存续期间所得的财产约定归各自所有，夫或者妻一方对外所负的债务，相对人知道该约定的，以夫或者妻一方的个人财产清偿。

## 14. “假离婚”后，一方全款买的房屋，复婚后属于夫妻共同财产吗？

### 假假真真，真真假假

小赵夫妇工作很有生意头脑，深谙钱会贬值，但房子基本不会贬值的道理，于是只把少部分的钱存在银行里，大部分的钱都拿来投资房地产。多年后，两人连同商用房和住宅买了六套，不过随着政府出台商品房限购政策，名下有六套房产的小赵夫妇就不具备再购买房产的资格了。

然而，朋友给他们支了个招，说是只要他们进行一次“假离婚”，然后在离婚协议上约定六套房产都归小赵的媳妇小圆，这样离婚后的单身汉小赵名下就没有房产了。小赵夫妇听完这个主意，觉得可行，就按朋友说的，来了一次“假离婚”，并在离婚协议上约定六套房产归小圆所有，存款归小赵所有。在民政局办理完离婚手续后，小赵成功地又购买了一套房子，并用存款付清了购房款，于是再买一套房子的目的达到了，小赵和小圆没过多久便复婚了。

几十年过去，小赵夫妇也变成了老赵夫妇。他们俩生了一儿一女，因为怕子女以后因为继承父母遗产的问题发生争议，影响亲人之间的感情，所以老赵夫妇打算提前立下遗嘱，对房屋进行分配并且进行遗嘱公证。但在公证处咨询的时候，工作人员告诉他们最开始的六套房子只能以小圆的名义立下遗嘱进行分配，第一次离婚后老赵买的那套房子也只能以老赵的名义立下遗嘱进行分配，因为这不是他们的夫妻共同财产。

老赵夫妇犯迷糊了：我们不是“假离婚”吗？而且后来又复婚了，这不是我们共同的财产吗？分别以我们个人的名义立遗嘱，这种方式对吗？

## 随行专栏

小赵夫妇认为自己当年为了规避房屋限购政策的那次离婚是“假离婚”。其实“假离婚”只是大家口口相传的错误说法。事实上，可能确实是一次假装的离婚，但在法律层面，只要离婚，无论是签好离婚协议在民政局登记离婚，还是在法院通过诉讼的方式离婚，都是发生法律效力的，是“真离婚”。

同样地，在离婚协议或法院制作的调解书、判决书中已经确定归夫妻一方的财产以及在所谓“假离婚”期间获得的财产，都属于该方的个人财产，并不会因为双方复婚了，就自动转化为夫妻共同财产。

小赵夫妇在“假离婚”时签订的离婚协议中约定：六套房产归小圆所有，存款归小赵所有。虽然小赵夫妇又复婚了，但这六套房产以及离婚后小赵用存款购买的新房产都是第二次结婚前双方各自的财产，在法律上自然也分别是小圆和小赵的婚前个人财产。因此，小赵夫妇在立遗嘱时无权处理对方的财产，只能以自己的名义立遗嘱对自己的婚前个人财产进行分配。

## 法律依据

**《民法典》**

**第1062条**　夫妻在婚姻关系存续期间所得的下列财产，为夫妻的共同财产，归夫妻共同所有：

（一）工资、奖金、劳务报酬；

（二）生产、经营、投资的收益；

（三）知识产权的收益；

（四）继承或者受赠的财产，但是本法第一千零六十三条第三项规定的除外；

（五）其他应当归共同所有的财产。

夫妻对共同财产，有平等的处理权。

第1063条　下列财产为夫妻一方的个人财产：

（一）一方的婚前财产；

（二）一方因受到人身损害获得的赔偿或者补偿；

（三）遗嘱或者赠与合同中确定只归一方的财产；

（四）一方专用的生活用品；

（五）其他应当归一方的财产。

## 15. 离婚时，夫妻一方继承的尚未分割的遗产属于夫妻共同财产吗？

### 还没到手的遗产

雷一鸣和妻子汤倩是于1997年登记结婚的，婚后育有一子。到了儿子上幼儿园的时候，幼儿园要求家长每天上下学按时接送孩子。雷一鸣和汤倩工作都比较忙，因为经常忘记接孩子或者两个人互相推诿导致谁也没去幼儿园，而被儿子的老师训斥了很多回。最后，在雷一鸣的强烈建议下，且考虑到想给孩子最好的教育，也不想错过儿子成长的每个重要阶段，汤倩经过激烈的思想斗争后，辞了自己的工作，成了一名全职太太。

2005年，雷一鸣的父亲去世，留下一套房产。当时因为雷一鸣的母亲还健在，所以房子一直还是由雷一鸣的母亲住着，谁都没有提过要分割遗产的事情。2010年，汤倩意外发现老公在外面有了女人，作为全职太太多年的牺牲付之一炬，便下定决心离婚。汤倩向法院起诉离婚，同时提出分割2005年雷一鸣的父亲去世所留下的房产中雷一鸣应分得的份额。雷一鸣则提出该房产一直由母亲居住，自己并没有进行继承，这部分不属于夫妻共同财产，因此不同意分割。

那么谁的主张会得到法院的支持呢？

## 随行专栏

离婚时，夫妻一方作为继承人应该继承的、还没有具体分割的遗产，暂时不属于夫妻共同财产，不可以作为夫妻共同财产进行分配。对于这个问题，我国相关司法解释有明确的规定。如果另一方在离婚诉讼中请求进行分割，法官通常会告知其应该在遗产实际分割后再另行起诉。所以雷一鸣父亲留下的房产中应该由雷一鸣继承的部分，在汤倩要求离婚时，确实还不能作为夫妻共同财产进行分割，需要等到遗产实际分割之后，另行起诉。

那么，如果作为继承人的一方在遗产分割前，放弃对遗产的继承权，他（她）的这种行为属不属于擅自处分夫妻共同财产呢？另一方可不可以要求确认放弃继承遗产的行为无效呢？

通常情况下，一方放弃继承遗产的权利不属于擅自处分夫妻共同财产，另一方不能据此要求确认该行为无效。因为我国法律规定，夫妻在婚姻关系存续期间所取得的某些财产，属于夫妻共同所有，其中包括继承或赠与所得的财产。而这里规定的在婚姻关系存续期间属于夫妻共同所有的继承所得，应该是财产的所有权，而不是继承权。

继承权是由于我们和被继承人之间具有某种身份关系，才享有的一种权利，具有很强的人身属性。它不是具体的财产，更不能视为婚姻关系存续期间取得的财产。遗产未进行分割时，继承人享有的继承权所对应遗产的具体形式、数量等，都是不确定的，并且财产的取得还需要结合《民法典》物权编的规定来予以确定。比如，金银首饰、古董文玩等动产，需要实际交付到继承人的手中；股权的继承需要通过修改公司章程、股东名册等流程；房屋等不动产需要办理过户登记等。继承权一旦被放弃，继承人就不会取得遗产，而只有依据法律规定取得的具体财产，才可以视为夫妻共同财产，仅享有单纯的继承权是不属于具体财产的。

### 法律依据

**《民法典》**

**第 1062 条** 夫妻在婚姻关系存续期间所得的下列财产，为夫妻的共同财产，归夫妻共同所有：

（一）工资、奖金、劳务报酬；

（二）生产、经营、投资的收益；

（三）知识产权的收益；

（四）继承或者受赠的财产，但是本法第一千零六十三条第三项规定的除外；

（五）其他应当归共同所有的财产。

夫妻对共同财产，有平等的处理权。

**《民法典婚姻家庭编解释一》**

**第 81 条** 婚姻关系存续期间，夫妻一方作为继承人依法可以继承的遗产，在继承人之间尚未实际分割，起诉离婚时另一方请求分割的，人民法院应当告知当事人在继承人之间实际分割遗产后另行起诉。

## 16. 不离婚的情况下，可以分割夫妻共同财产吗？

### 事出反常必有妖

小倩约了闺密萱萱一起吃饭，两人吃完饭就开始唠嗑。萱萱吐槽自己老公总是加班到很晚，一周都难得陪她吃上一顿饭。

一说到老公，小倩聊天的兴头也上来了。她跟萱萱说，最近她老公阿杰的行为举止有些怪异，总感觉在瞒着她偷偷做什么。萱萱问她是不是跟阿杰相处得不太融洽，小倩点头称是，说最近都没少吵架，有几天阿杰甚至都没回家过夜。萱萱一听，就提醒小倩："你和阿杰感情上出了问题，要是阿杰想离婚，你们俩就得分财产，他不会背着你偷偷转移财产吧？"小倩想了想，认为阿杰应该不至于这样做，毕竟在一起都七八年了。

回到家后，小倩想起和萱萱的对话，心底又多了一丝不安，便决定跟踪阿杰，看看他最近到底在做什么。早上阿杰出门后，小倩也悄悄跟着一块儿出去了。她发现阿杰来到一家房屋中介公司，在里面待了一会儿就出来了。阿杰出来后，小倩立马进入房屋中介公司变相打听，询问前台，阿杰是不是来这儿买房，但令她没想到的是，前台告诉她阿杰是来卖一套价值 300 万元的房子。小倩顿时感觉不对劲，结婚后他们只买了一套房，阿杰要卖的这套房子是哪儿来的？

一天晚上，小倩趁阿杰睡着后，偷偷打开了他的手机，翻阅完后，竟意外发现阿杰还有一张她不知道的银行卡，并且在前年还借朋友的名义用这张卡花了 100 万元买了一套房，这也正是那天阿杰要卖掉的价值 300 万元的房子。小倩难以置信，差点没忍住就要叫醒阿杰说说这事。不过她意识到现在还不是最佳时机，便迅速地用电脑将阿杰的手机内容进行了备份。

这晚过后，小倩跟闺蜜萱萱说了这件事。萱萱认为阿杰肯定隐匿了夫妻共同财产，现在的情况对小倩很不利，小倩应该趁现在房子还没被卖掉，赶紧去法院起诉离婚，请求分割夫妻共同财产。小倩心里也是这么想的，但是她担心第一次起诉时，阿杰若坚持不离婚，则可能会拖到第二次起诉离婚，这样两次诉讼之间会产生六个月的离婚冷静期，万一阿杰在这六个月内把财产转移到自己不知道的地方，那自己就一点办法没有了。萱萱告诉小倩不用担心，她的律师朋友说过，不离婚也是可以分割夫妻共同财产的。

那么，不离婚的情况下，真的可以分割夫妻共同财产吗？

## 随行专栏

不离婚的情况下，确实可以分割夫妻共同财产，但是这种情况很特殊，应符合法律规定的情形。

根据《民法典》第1066条规定，不离婚也可以分割夫妻共同财产的情形有以下两种：①一方有隐藏、转移、变卖、毁损、挥霍夫妻共同财产或者伪造夫妻共同债务等严重损害夫妻共同财产利益行为的；②一方负有法定扶养义务的人患重大疾病需要医治，另一方不同意支付相关医疗费用的。

小倩和阿杰的情形就属于第一种，结婚后阿杰隐藏自己的收入，背着小倩私自把收入存在小倩不知情的银行卡里，并用这些存款以朋友的名义购买房产，这种行为属于隐藏夫妻共同财产。所以即使阿杰坚持不离婚，法院同样可以在判决不离婚的情况下，分割小倩和阿杰的夫妻共同财产。

尽管如此，在司法实践中，如何证明对方在婚姻关系存续期间存在隐藏、转移、变卖、毁损、挥霍夫妻共同财产或者伪造夫妻共同债务等严重损害夫妻共同财产利益的行为，是一个难点问题。现实中，有许多因为无法证明对方存在上述行为而无法在不离婚的情况下分割夫妻共同财产的案例。

所以，一定要像小倩一样沉着冷静地想办法，以获取到充足的证据。有了充足的证据再去起诉，法院才会支持不离婚也能分割夫妻共同财产的诉讼请求。

## 法律依据

**《民法典》**

**第1062条**　夫妻在婚姻关系存续期间所得的下列财产，为夫妻的共同财产，归夫妻共同所有：

（一）工资、奖金、劳务报酬；

（二）生产、经营、投资的收益；

（三）知识产权的收益；

（四）继承或者受赠的财产，但是本法第一千零六十三条第三项规定的除外；

（五）其他应当归共同所有的财产。

夫妻对共同财产，有平等的处理权。

**第1066条**　婚姻关系存续期间，有下列情形之一的，夫妻一方可以向人民法院请求分割共同财产：

（一）一方有隐藏、转移、变卖、毁损、挥霍夫妻共同财产或者伪造夫妻共同债务等严重损害夫妻共同财产利益的行为；

（二）一方负有法定扶养义务的人患重大疾病需要医治，另一方不同意支付相关医疗费用。

**《民法典婚姻家庭编解释一》**

**第38条**　婚姻关系存续期间，除民法典第一千零六十六条规定情形以外，夫妻一方请求分割共同财产的，人民法院不予支持。

## 17. 夫妻一方擅自赠与他人的大额财产，另一方可以要回吗？

### 开始晚回家的男人

菲菲和大春结婚已经五年了，两个人白手起家，一起经营着一家数码产品维修店。两人各有所长，菲菲乐于与人沟通，大春负责修理各类数码产品，精湛的维修技术服务加上老板娘平易近人的性格，使得生意越做越好，日子自然也好了起来。

不过，最近菲菲发现大春有些异常，往常总是收拾完店面一起回家，而现在大春经常说有些活儿没做完，要在店里加班再赶赶进度，让菲菲先开车回家休息，他忙完再回去。起初菲菲并没有起疑心，还为老公这种为家庭奋斗拼搏的精神所感动。然而，渐渐地，菲菲觉得不对劲了，她偶尔把东西落在店里回去拿的时候，发现店里虽然灯开着，大春却不在店里。虽然大春解释说自己刚好出去买包烟或者吃点烧烤，但直觉告诉她，大春可能有问题。

经过一段时间的考察，菲菲确定了大春有另外一部手机，并用这部手机跟一个叫小美的女人有着密切的联系。另外，菲菲发现店里有几笔转账都是以购买维修材料的名义转到了小美账户上，共计 50 万元。于是，菲菲质问大春是怎么回事，大春支支吾吾地说自己跟小美是生意上的伙伴。菲菲怀疑大春欺骗她，便着手调查，这才发现原来小美确实是大春在采购维修材料的过程中认识的，两人眉来眼去，相互之间产生了情愫。后来大春转给小美的钱根本没用来采购维修材料，而是大春给小美的零花钱。菲菲气愤不已，告诉大春必须把钱要回来，大春却为难地说送出去的东西，怎么要得回来。

于是，为了处理这件事，菲菲委托律师向法院提起了诉讼，主张小美应向自己返还 50 万元。

法院受理案件后，从以下两方面进行了审理。第一，50 万元是否属于菲菲和大春的夫妻共同财产？经过调查，法院确认 50 万元是菲菲和大春结婚后共同经营数码产品维修店所获得的收入。根据《民法典》第 1062 条规定，夫妻在婚姻关系存续期间共同经营获得的收益归夫妻共同所有，所以 50 万元属于菲菲和大春的夫妻共同财产。第二，大春将 50 万元转给小美的行为在法律上有效吗？大春已经和菲菲结婚，但又和小美之间存在着不正当的男女关系，还把夫妻共同财产私自赠与小美，他的行为违背了公序良俗，而根据《民法典》第 153 条第 2 款规定，违背公序良俗的民事法律行为无效。因此，大春将50万元转给小美的行为是无效的。

综上，法院判决小美将大春赠与的 50 万元返还给菲菲。

## 随行专栏

看完菲菲和大春的故事，相信大家应该清楚大春擅自将夫妻共同财产赠与第三者是肯定不行的。不过，也许有人会问，夫妻共同财产里有大春的一半，那大春至少可以把 50 万元的一半赠与别人吧？

非也，非也。因为在夫妻双方没有对夫妻共同财产作特殊约定的情况下，大春和菲菲对共同财产是处于共同共有的状态，夫妻共同财产是一个不可分割的整体，他们对全部夫妻共同财产不分份额地共同享有所有权，也无法对共同财产划分个人份额。正因如此，菲菲才能够把大春赠与小美的 50 万元全部要回来。

## 法律依据

**《民法典》**

**第 153 条**　违反法律、行政法规的强制性规定的民事法律行为无效。但是，该强制性规定不导致该民事法律行为无效的除外。

违背公序良俗的民事法律行为无效。

**第157条** 民事法律行为无效、被撤销或者确定不发生效力后，行为人因该行为取得的财产，应当予以返还；不能返还或者没有必要返还的，应当折价补偿。有过错的一方应当赔偿对方由此所受到的损失；各方都有过错的，应当各自承担相应的责任。法律另有规定的，依照其规定。

**第1062条** 夫妻在婚姻关系存续期间所得的下列财产，为夫妻的共同财产，归夫妻共同所有：

（一）工资、奖金、劳务报酬；

（二）生产、经营、投资的收益；

（三）知识产权的收益；

（四）继承或者受赠的财产，但是本法第一千零六十三条第三项规定的除外；

（五）其他应当归共同所有的财产。

夫妻对共同财产，有平等的处理权。

## 【扩展阅读】

## 丈夫为女主播打赏的钱，妻子可以要回吗？

### 迷失在直播里的男人

自从自媒体直播平台开始流行，广伟就在直播间经常看一些美女主播的直播。起初是因为工作压力太大了，偶尔看看，也算是个不错的消遣。

后来有一天，广伟刷到了一个叫luluAnna的新主播，没有多少粉丝，但性格却很讨喜，大方、敞亮，一点也不做作。广伟被她深深地吸引了，第一次看她的直播，就给她刷了一件价值大约

1000元人民币的礼物。后来，广伟也几乎每天都给luluAnna刷礼物，加上两人在直播间的互动，时间一久，便互相加了微信。

之后，两人的关系渐渐变得暧昧起来。广伟没有向luluAnna隐瞒他已婚的事实，并且告诉她："我们是不可能在一起的。"但luluAnna说："没有关系，我只要能每天和你聊聊天，就满足了。我也只是个小女生，只想跟自己爱的人在一起。"

后来，luluAnna开始不允许广伟看其他主播的直播，也不允许广伟给其他女主播刷礼物。luluAnna对广伟说："我只是个普通的女孩子，也会吃醋，也有占有欲呀，因为爱你，才会在乎你。"广伟只好不再观看其他直播间。

一天，广伟的妻子王茜发现了广伟在直播间给女主播打赏送礼物的事情。一查账单，发现他竟然前前后后给一个叫luluAnna的主播打赏了40多万元。于是，王茜将luluAnna和直播平台一同告上了法庭，请求确认赠与行为无效，返还款项。

## 随行专栏

我们知道，除非夫妻之间有特殊的财产约定，否则婚后双方的工资收入都是夫妻共同财产，夫妻双方有平等的处理权。

关于平等的处理权，我们可以这样理解：

①因为夫妻双方都有处理权，所以对日常生活所需，任何一方均有权决定；

②对于大额的处分，夫妻双方应当协商一致，共同作出处理。如果一方瞒着另一方作出处理，另一方可以请求撤销。

在某些情况下，虽然是夫妻中的一人进行的处分，但其他人有合理理由相信该处分是夫妻共同的意思表示，这时夫妻中的另一方不得以自己不知道为由，来对抗他人的善意相信。在这种情况下，已经完成的交易，不可撤销。

回到我们最初的问题：打赏女主播的钱能不能要回来？

大家知道，在现实生活中，对女主播进行的打赏，通常是以送礼物的方式实现。而礼物的价值，通常最高也就几千块钱，是构不成法律上的“大额”的。作为一个完全民事行为能力人，是完全具备处分几千元钱的能力的，不会超过一般情况的家事代理。即使加在一起后，数额可能很大，但对方并没有义务也没有可能去审查每一笔打赏与充值是不是夫妻共同处分的。

毕竟，如果一个男人单独赠与你几十万元，你可能心里还会犯嘀咕：他老婆知道吗，他老婆乐不乐意。可是如果他只是在你这儿买个一千块钱的东西，那买就买了呗，一个男人还能没这点权利了？

所以，虽然结果很残忍，但从现实中的案例来看，在生活中对第三者的大额赠与，如送车、送房，妻子一般是可以要回的，而丈夫打赏女主播，由于每次送出礼物的价值并构不成“大额”，妻子通常是不可以要回的。

## 法律依据

**《民法典》**

**第 1062 条**　夫妻在婚姻关系存续期间所得的下列财产，为夫妻的共同财产，归夫妻共同所有：

（一）工资、奖金、劳务报酬；

（二）生产、经营、投资的收益；

（三）知识产权的收益；

（四）继承或者受赠的财产，但是本法第一千零六十三条第三项规定的除外；

（五）其他应当归共同所有的财产。

夫妻对共同财产，有平等的处理权。

## 18. 夫妻一方擅自把共同出资购买的房子卖了，怎么办？

### 一时冲动，终归后悔

小孙和媳妇莎莎最近在各个楼盘看房子，挑得眼花缭乱，最后挑中了一套三室两厅的精装江景房，并用工作多年的积蓄将其全款买了下来。不过这么一来，他们手里的积蓄也就所剩无几了。

搬进新房后，转眼就过去了五年。小孙他们虽然住得舒适，但还没买车，平时有需要用车的时候，就比较麻烦，于是他们打算今年加把劲儿争取买辆车。计划很好，但谁也没想到一场新冠肺炎疫情导致企业效益大不如前，小孙和莎莎的收入因此也大幅度地下降，购车计划眼看就要泡汤了。

可买车的念头一直萦绕在小孙的脑海里，想了几天，他跟莎莎商量能不能把现在住的房子卖了，换个小点的房子，然后用剩下来的钱买辆车，还能减轻现在的生活压力。莎莎劝他车可以晚两年再买，虽然现在手头比较紧张，但只要不买车，生活压力也不会太大，现在把房子卖了的话，就太亏了。小孙表面上听从了莎莎的话，心里想的却是怎么才能把房子卖了，只要房子一卖，莎莎迫于无奈也得接受这个结果。经过一番努力，小孙通过房屋中介找到了王哥，王哥对他们这套江景房很是心动，便想买下来。磋商一番后，小孙和王哥就房子的价格达成了一致的意见，迅速地签了合同，王哥把首付款也打给了小孙，就等办好相关手续后，小孙把房子过户给王哥。

回到家后，小孙想着合同都签好了，就跟莎莎坦白吧，便把卖房这件事告诉了莎莎。莎莎听完怒不可遏，斥责小孙不经过她同意就把房子卖了，告诉他赶紧想办法解决这件事，她是不会从这套房子里搬出去的！

生气归生气，莎莎该怎么做，才能把房子保住呢？

## 随行专栏

首先，我们来定性一下小孙卖房的行为。他背着莎莎签了买卖房屋的合同，把房子卖给王哥，在法律上，这种行为叫作无权处分。无权处分是什么意思呢？通俗地说，就是小孙没有权利单独处分这套房子，因为这套房子是他和莎莎结婚后一起出钱买的，他和莎莎共同拥有这套房子的所有权，在法律上叫作共同共有，所以要卖房子，也得两个人一起决定卖。

小孙卖房子的行为既然属于无权处分，那么会有什么影响吗？

在司法实践中，无权处分不会影响买卖合同的效力，也就是说，小孙跟王哥签的合同还是有效的。值得注意的是，合同虽然有效，但合同能不能得到履行又是另外一回事。小孙在没得到莎莎同意的情况下，就签合同卖房子，事后莎莎仍然不同意，所以从法律角度看，小孙卖房的行为是无效的，莎莎可以起诉要求解除合同。合同解除后，自然就不需要履行，房子也就保住了。

不知道大家有没有注意到，小孙是没有把房屋过户给王哥的，那要是小孙动作够快，已经配合王哥办理了房屋过户手续，把房屋登记在了王哥名下，莎莎还有办法能把房子要回来吗？

这时候就要分情况讨论了，得看王哥买房子是不是善意的。

①王哥如果被骗，误以为莎莎也同意把房子卖给他，又支付了与市场价格同等的购房款，王哥此时就是善意的，这时候房屋已经登记在王哥名下，莎莎即便起诉到法院，也没办法要回房子。

在房子要不回来的情况下，因为给莎莎造成了损失，莎莎可以在离婚时要求小孙赔偿损失。

②如果小孙与王哥恶意串通起来买卖房屋，或者王哥明明知道房子是小孙和莎莎两个人的，又或者王哥是以不合理的低价购

买的，只要莎莎有证据能证明以上任何一点，就可以向法院起诉，请求确认合同无效，从而把房子要回来。

## 法律依据

**《民法典》**

第 1062 条　夫妻在婚姻关系存续期间所得的下列财产，为夫妻的共同财产，归夫妻共同所有：

（一）工资、奖金、劳务报酬；

（二）生产、经营、投资的收益；

（三）知识产权的收益；

（四）继承或者受赠的财产，但是本法第一千零六十三条第三项规定的除外；

（五）其他应当归共同所有的财产。

夫妻对共同财产，有平等的处理权。

**《民法典婚姻家庭编解释一》**

第 28 条　一方未经另一方同意出售夫妻共同所有的房屋，第三人善意购买、支付合理对价并已办理不动产登记，另一方主张追回该房屋的，人民法院不予支持。

夫妻一方擅自处分共同所有的房屋造成另一方损失，离婚时另一方请求赔偿损失的，人民法院应予支持。

# 19. 照顾家人付出较多的一方，离婚时可以多分财产吗？

## 独自撑起家庭的女人

珊珊今年 35 岁，是两个孩子的母亲，家里还有两位老人需要照顾。白天她要上班，中途还得赶回家给老人和小孩做饭，如果老人或者小孩生病，她就得在工作单位、医院和家里三个地方来回跑。这样的生活恐怕搁任何一个人身上，都很难扛得住。

大家看到这儿，是不是有个疑问：这一家老小的，怎么都由珊珊一个人来照料？珊珊的老公去哪里了，一个大男人难道就知道在家里躺着不干活吗？还是珊珊的老公身体不好没法去工作呢？

其实，上面这些都不是原因。珊珊的老公林子是个四肢健全、具备劳动能力的人，刚跟珊珊结婚时，他也会辛勤工作养家，照顾家人和孩子。他们这个家庭曾经也幸福美满，但直至林子认识了一些酒肉朋友，他就开始学会了喝酒，学会了没日没夜地在外面花天酒地，完全不记得自己还有一个家。珊珊不知道劝过他多少回，希望他能迷途知返，回到家里跟她一起好好过日子。然而，劝得多了，林子非但不听，还对珊珊破口大骂。有一次，林子出去喝酒，第二天没回来，珊珊也没在意，毕竟这样的事也是家常便饭了。然而，一个礼拜过去了，林子还没回来，珊珊感觉事情不太对劲，就赶紧打电话给林子，没料想林子不接她打来的电话。在给林子接连打了十几通电话后，珊珊收到了林子发来的短信，说自己不回家了，以后不要再联系他。

这就是珊珊要一个人挑起家庭的重担，并照顾一家老小的原因了。转眼间已经过去五年，珊珊正在家里忙活着，突然听到有人敲门，打开门一看，竟然是多年未见的林子。他一脸胡茬儿，也没跟珊珊多说什么，在家里坐了一会儿后，跟珊珊提了离婚这件事。珊珊倒也不生气，说道：“离婚可以，这几年都是我在照料家里，我要多得些我们的共同财产。”林子看了她一眼，说道：“咱们法院见吧，法院说怎么分就怎么分。”

为家庭付出更多的珊珊能够多分夫妻共同财产吗？

## 法院判决

法院经过审理，核实了这五年来，珊珊确实为家庭付出更多，自林子离家后，就一直由珊珊照顾家庭和孩子。相反，林子只顾自己玩乐，没有承担他应该承担的家庭责任。

《民法典》第1088条规定，夫妻一方因抚育子女、照料老年人、协助另一方工作等负担较多义务的，离婚时有权向另一方请求补偿，另一方应当给予补偿。珊珊作为为家庭付出更多的一方，有权在离婚的时候向林子提出补偿的请求。结合案情和当地生活水平，法院判决林子向珊珊补偿10万元。

这里我们要注意的是，在林子和珊珊的婚姻中，虽然珊珊最后获得了10万元，但这不属于多分夫妻共同财产所获得的款项，而是属于珊珊为家庭付出了更多，法律赋予了珊珊在离婚时向林子请求补偿的权利。因此，这10万元正是珊珊行使这项权利所获得的补偿。

## 随行专栏

对于我们每个人而言，都有自己应该承担的责任，或对于家庭，或对于社会。作为夫妻，应该共同承担起家庭责任，照顾好老人和孩子，彼此相互扶持，同心协力经营好家庭生活，这才是夫妻的意义所在。

要是一方拒绝承担家庭责任，对家庭不闻不问，没有尽到应尽的义务，这不仅在道德上要被谴责，而且是不为法律所允许的。在离婚时，未尽义务的一方，必须付出相应的代价，向尽心照料家庭的一方进行补偿。

## 法律依据

**《民法典》**

第1088条　夫妻一方因抚育子女、照料老年人、协助另一方工作等负担较多义务的，离婚时有权向另一方请求补偿，另一方应当给予补偿。具体办法由双方协议；协议不成的，由人民法院判决。

## 【扩展阅读】

## 全职太太在离婚时可以多分财产吗？

### 婆婆的苛待

若云和洪印是自由恋爱结婚的。若云是个普通人家的姑娘，而洪印家是当地有名的富商，家境的悬殊使得洪印的母亲一直瞧不起若云，觉得她家境贫寒，配不上洪印。

婚后，洪印不让若云出去工作，觉得家业已经发展得这么大，媳妇就没有必要辛辛苦苦地出去打拼，照顾好家里就够了。若云一直任劳任怨，每天像保姆一样给婆婆准备一日三餐和下午茶，一个人几乎承包了家里的所有家务活。可是由于洪印的母亲不喜欢若云，无论若云做得再好，她还是能挑出毛病来。终于，在婆婆的挑唆之下，若云和洪印离了婚。

若云婚后一直没有工作，离婚之后更是彻底失去了经济来源。这种情况下，她能要求多分财产吗？

### 随行专栏

《民法典》向来秉持照顾子女、照顾无过错方、照顾女性的精神，所以一般情况下，在我国获得抚养权的一方、无过错方、女性一方可以酌情多分财产。但是，这都是“酌情”而言，法律并没有明确规定，这些情况一定要多分财产。

关于多分财产，法律明确规定的只有一种情况，即一方隐藏、转移、变卖、毁损、挥霍夫妻共同财产，或伪造夫妻共同债务企图侵占另一方财产的，分割夫妻共同财产时，该方可以少分或不分。至于其他情况，法律并没有明确规定。

因此，全职太太在离婚时，是不可以要求多分财产的。

但是，就像我们开头说到的那样，《民法典》是照顾女性的。像若云这样的女人，结了婚，生儿育女，放弃自己的事业，关起门来相夫教子，这意味着她卸下自己全部的武器和铠甲，这其实是一件非常需要勇气的事情。那么走到了离婚这一步，难道一点补偿都没有吗？好像也说不过去。

因此，我国法律对于这种情况是有专门规定的。如果夫妻一方在抚育子女、照顾老人方面承担了较多义务，实际上也就是我们平常所说的“全职太太”，则在离婚时可以请求对方补偿，并且对方依法应当给予补偿。

## 法律依据

**《民法典》**

**第 1088 条** 夫妻一方因抚育子女、照料老年人、协助另一方工作等负担较多义务的，离婚时有权向另一方请求补偿，另一方应当给予补偿。具体办法由双方协议；协议不成的，由人民法院判决。

**第 1092 条** 夫妻一方隐藏、转移、变卖、毁损、挥霍夫妻共同财产，或者伪造夫妻共同债务企图侵占另一方财产的，在离婚分割夫妻共同财产时，对该方可以少分或者不分。离婚后，另一方发现有上述行为的，可以向人民法院提起诉讼，请求再次分割夫妻共同财产。

## 20. 离婚后得知一方转移了大量夫妻共同财产，怎么办？

### 披着羊皮的狼

秀君正在清理电脑中的文件，而这台电脑是和前夫老郑离婚时，老郑让给她的。之前电脑都是老郑在用，电脑里面的文件也大多都是老郑的。无意中，秀君看到了一个加密文件，解开后竟发现里面都是些老郑在自己不知情的情况下支出大额夫妻共同财产的记录，如购买分红型保险、出资买房并登记在别人名下等。

秀君万万没想到，自己的前夫老郑看起来是那么老实的一个人，竟然会在婚内做出隐瞒甚至转移共同财产的事情。秀君十分气愤，心想一定要从老郑那里把自己的那份财产拿回来，但是她也不知道如何是好，不确定自己还能不能拿回老郑隐藏的那些财产，毕竟之前协议离婚时，已经对夫妻共同财产进行了分配。朋友听说了她这件事，劝她不要纠结犹豫，也不要直接联系老郑，以免打草惊蛇，正好她有个朋友是律师，可以问问律师怎么处理这种情况。

于是，秀君跟着朋友一起去见了律师。听完秀君说的情况后，律师告诉她先不要着急，虽然协议离婚了，但是这部分被隐藏或者转移的共同财产是没有进行分割的，可以向法院起诉要求再次分割夫妻共同财产。听到这句话，秀君顿时松了一口气。因为自己也不懂，秀君便直接委托这位律师向法院起诉，请求再次分割夫妻共同财产。

### 法院判决

法院经过开庭审理，根据秀君提供的证据，确认婚姻关系存续期间，老郑在秀君不知情的情况下，购买了分红型保险，并在之后领取到 180 万元，此外还用夫妻共同财产以他人名义出资

200 万元购买了一套房屋，这些行为都属于隐瞒、转移夫妻共同财产。

法院认定老郑购买保险所得的 180 万元以及用于购房的 200 万元都属于夫妻共同财产，同时老郑存在隐藏、转移财产的行为，符合《民法典》第 1092 条规定的可以少分财产的情形，所以法院判决这 380 万元中的 200 万元归秀君所有，180 万元归老郑所有。

## 随行专栏

**（1）离婚时或离婚后，如果发现一方有故意隐匿夫妻共同财产的行为，在收集证据方面应注意什么？**

要及时收集相关证据，并向人民法院申请对财产进行相应的保全。法院采取保全措施后，对方的银行账户或房屋便会处于冻结或查封的状态，对方就无法对相应财产进行转移或毁损，从而使财产处于相对安全的状态。

注意收集对方存取款的凭条，记录对方的银行账号等信息，这对于在诉讼中申请调取证据而言，也是不可或缺的重要信息。

**（2）离婚多年后才发现对方有故意隐藏夫妻共同财产的行为，还能要求分割夫妻共同财产吗？**

可以请求法院分割。根据《民法典婚姻家庭编解释一》第 84 条规定，对离婚后发现夫妻一方存在隐藏、转移、变卖、毁损、挥霍夫妻共同财产的行为，应在发现后三年内向法院起诉请求再次分割夫妻共同财产。

所以，一旦发现此类行为后，不要打草惊蛇，因为跟对方任何有关隐藏财产的沟通都能证明你已经知道对方有故意隐藏夫妻共同财产的行为。要是还没来得及收集好证据或是因为其他事耽搁，在知道这件事三年后提起诉讼，对方则会利用你最开始的沟通记录证明早在三年前你已经知道此事，从而向法院主张诉讼时效已经过了，并请求法院驳回你的诉讼请求。

## 法律依据

**《民法典》**

**第1092条** 夫妻一方隐藏、转移、变卖、毁损、挥霍夫妻共同财产，或者伪造夫妻共同债务企图侵占另一方财产的，在离婚分割夫妻共同财产时，对该方可以少分或者不分。离婚后，另一方发现有上述行为的，可以向人民法院提起诉讼，请求再次分割夫妻共同财产。

**《民法典婚姻家庭编解释一》**

**第84条** 当事人依据民法典第一千零九十二条的规定向人民法院提起诉讼，请求再次分割夫妻共同财产的诉讼时效期间为三年，从当事人发现之日起计算。

# 第五章　夫妻共同债务知多少

## 1. 夫妻一方所欠的赌债，属于夫妻共同债务吗？

### 远离赌博，爱护家庭

看着赌桌上一沓沓的现金，发仔笑得合不拢嘴，不禁感叹自己这一天真是太走运了。发仔是一个喜欢赌博的人，小时候，他就总是在街坊四邻旁边看他们玩牌，也没少跟身边的小孩一起赌两把，纸牌、麻将，他样样精通。

不过，自打结婚后，他赌博的次数越来越少，因为媳妇小云非常讨厌赌博，每次见到他赌博后，都会在家里闹个天翻地覆，于是发仔再想赌博也只能忍着了。

某一天，赌友阿亮打电话给发仔，约他去赌两把。发仔有些心痒痒，太久没摸牌了，确实想赌一把，但是想到媳妇小云，只能将这个念头压下，拒绝了阿亮的邀请。小云回家后，告诉发仔自己当天临时要出差，过两天回来，还叮嘱他不要出去赌博。小云出门后，发仔开始犹豫是不是可以趁小云出差的机会去玩两把。正当他犹豫时，阿亮又打来电话约他赌两把，发仔最终没能忍住想要赌博的冲动，便跟着阿亮一起到了老地方。

于是，就有了发仔坐在赌桌旁边春风得意的一幕。这一天他已经赚了不少，准备回家了。但身边的赌友哪肯让他回去，拉着让他再玩会儿，结果一玩就是一晚上。结束时，之前堆在发仔面前的一沓沓现金输了个精光，发仔还倒欠了别人 100 万元赌债。

发仔现在是一个头两个大，怕小云回来后发现他又去赌博，更怕小云知道他欠了别人100万元。往往是怕什么就来什么，发仔去上班的时候，赌友跑到发仔家里去讨债，看到只有小云在家里，就告诉小云发仔欠钱的事，还说发仔和小云是夫妻，发仔欠的债就是小云欠的债，小云也得还钱。

真的是这样吗？

## 随行专栏

**（1）发仔欠下的赌债是夫妻共同债务吗？小云有义务偿还吗？**

根据我国法律规定，夫妻共同债务应该是为了家庭日常生活需要所负的债务，包括抚养子女所负债务，赡养负有赡养义务的老人所负的债务，夫妻共同从事生产经营活动所负的债务，以及一方因从事生产经营活动所取得的经营收入用于家庭生活或与配偶分享而负的债务等。总而言之，发仔欠下的赌债并不是为了满足家庭生活而负担，因此这笔赌债不属于夫妻共同债务，小云没有偿还的义务。

**（2）若小云不用偿还赌债，那么因赌博欠下债务的发仔有义务偿还吗？**

众所周知，赌博是违法行为。《刑法》《治安管理处罚法》及其他相关法律法规都明确规定：禁止赌博。因赌博这种违法行为所产生的债务，法律也不会予以保护。从法律层面来说，赌债不是合法的债权，赢家无权向输家追债，输家也没有义务偿付赌债，所以发仔也可以拒绝偿还赌债。

然而，法律之外还有生活，我们时常看到有人因为欠下巨额赌债导致原本美满的家庭瞬间破碎，家人们的生活受到来自各方面的影响。法律不是万能的，有些事情也是法律无法约束的，笔者在此希望大家都能远离赌博，守护好自己的幸福家庭。

**（3）在司法实践中，如何认定夫妻共同债务?**

司法实践中，认定夫妻共同债务，一般会考虑以下两方面。

①夫妻双方对所负债务是否知情并且同意。一般夫妻双方共同签字确认所负债务或者一方先欠下债务，另一方事后表示认可这些债务，像这些夫妻双方都认可的债务会被认定为夫妻共同债务。

②是否属于为满足家庭日常生活需要所负的债务。结婚后，夫妻一方以自己的名义向他人借钱，借来的钱用于家庭日常生活支出，这类债务在司法实践中也会被认定为夫妻共同债务。

## 法律依据

**《民法典》**

**第 1064 条** 夫妻双方共同签名或者夫妻一方事后追认等共同意思表示所负的债务，以及夫妻一方在婚姻关系存续期间以个人名义为家庭日常生活需要所负的债务，属于夫妻共同债务。

夫妻一方在婚姻关系存续期间以个人名义超出家庭日常生活需要所负的债务，不属于夫妻共同债务；但是，债权人能够证明该债务用于夫妻共同生活、共同生产经营或者基于夫妻双方共同意思表示的除外。

**《民法典婚姻家庭编解释一》**

**第 34 条** 夫妻一方与第三人串通，虚构债务，第三人主张该债务为夫妻共同债务的，人民法院不予支持。

夫妻一方在从事赌博、吸毒等违法犯罪活动中所负债务，第三人主张该债务为夫妻共同债务的，人民法院不予支持。

## 2. 夫妻以公司名义借款用于家庭生活的，属于夫妻共同债务吗?

### 公司借钱谁来还?

魏雪和丈夫朱清创业开办了一家小型食品生产公司，名为清雪食品有限公司（以下简称清雪公司），专门生产新鲜蛋糕和面包等食品。一开始公司的运营状况非常不错，两口子赚了不少钱，日子也过得越来越好。眼看公司发展形势一片大好，两口子用了几乎全部的积蓄追加投资，扩大了生产规模，增加了很多门店。

然而，由于新冠肺炎疫情的影响，他们公司的经营状况开始走下坡路，开始还能勉强保持不亏损，后来就亏得一塌糊涂。祸不单行，在医院体检的时候，魏雪的父亲突然被查出肿瘤，好在发现得早，尽快手术是最好的选择，但进行手术又需要一笔不菲的资金，这个消息让本来就困难的家庭雪上加霜。孝顺的两口子，一方面由于父亲的病情想尽快借到医疗费，好给老爷子治病，另一方面也知道疫情防控期间谁都不容易，实在不好意思向亲戚朋友借钱。于是，朱清决定以公司的名义向银行贷款 40 万元，再从公司账户上把这笔钱打到自己的个人账户上，以此来渡过难关。手术后，魏雪父亲的病情终于有所好转。本以为事情开始朝着有利的方向发展，可是由于朱清的决策失误导致公司出现了严重亏损，最后不得不向法院申请破产。在破产过程中，银行请求清雪公司偿还债务，经过核查公司的流水，银行发现清雪公司向银行贷的40万元打到了朱清的个人账户上，并未用于公司的生产经营。在银行的追问下，朱清说出了他们夫妻俩将钱用于给魏雪的父亲治病的事情。因此，银行认为这笔 40 万元的债务应该是朱清夫妇的夫妻共同债务，他们也要承担清偿责任。

这笔40万元的债务应该被认定为朱清夫妇的夫妻共同债务吗?

## 随行专栏

朱清夫妇以公司的名义向银行贷款40万元，这笔钱按常理应该用于公司的生产经营，但朱清夫妇将这笔钱用来给魏雪的父亲治病。这笔40万元的债务是否属于夫妻共同债务，其实法律上没有明确的规定。

但是在《最高人民法院关于审理民间借贷案件适用法律若干问题的规定》(2020年第2次修正)第22条第1款中规定："法人的法定代表人或者非法人组织的负责人以单位名义与出借人签订民间借贷合同，有证据证明所借款项系法定代表人或者负责人个人使用，出借人请求将法定代表人或者负责人列为共同被告或者第三人的，人民法院应予准许。"

笔者认为可以参照上述规定进行处理，朱清夫妇将这40万元用于给魏雪的父亲治病，也就是用于家庭生活支出了，这40万元应当属于朱清夫妇的夫妻共同债务。

## 法律依据

**《最高人民法院关于审理民间借贷案件适用法律若干问题的规定》(2020年第2次修正)**

**第22条**　法人的法定代表人或者非法人组织的负责人以单位名义与出借人签订民间借贷合同，有证据证明所借款项系法定代表人或者负责人个人使用，出借人请求将法定代表人或者负责人列为共同被告或者第三人的，人民法院应予准许。

法人的法定代表人或者非法人组织的负责人以个人名义与出借人订立民间借贷合同，所借款项用于单位生产经营，出借人请求单位与个人共同承担责任的，人民法院应予支持。

## 3. 夫妻一方所欠的“花呗”，属于夫妻共同债务吗?

### 花呗带来的快乐

思思刚怀孕不久，思思的老公文浩就让思思辞掉工作，在家当起了全职太太。

思思辞掉工作后，没有了收入，怀孕在家待着又比较烦闷，再加上各种妊娠反应，整个人状态很不好。为了缓解自己内心的不适，思思迷恋上了逛淘宝，今天买这个，明天买那个。对于那些可爱的小衣服、小鞋子，思思这个准妈妈没有丝毫抵抗力，不知不觉，就买了一大堆。思思越买越起劲儿，把自己积攒的工资都花完后，就开始用老公的花呗。

后来，文浩还花呗的时候，看到账单里全都是母婴用品、女士衣服、鞋子以及一些锅碗瓢盆之类的日常用品，再一看总额，花呗额度已经用光了，一共欠了五万块钱。

文浩认为，自己不知情，又没有追认，这笔钱不应一同偿还。于是，文浩将思思告上了法庭，请求离婚，并且主张将这笔债务认定为思思的个人债务。

### 随行专栏

**（1）如何认定属于夫妻共同债务?**

花呗其实只是债务的一种，与其他债务本质上没有太大的区别。明显的不同就在于，其他债务是欠自然人的钱，而花呗是欠支付宝的钱。

至于是不是夫妻共同债务，认定方式都是一样的，主要是看两个方面：①双方有没有共同签字，或者如果只有一方签字的话，另一方有没有事后追认；②有没有用于夫妻共同生活或共同生产经营。

而以下两种是绝对不能认定为夫妻共同债务的：①一方在赌博、吸毒等违法犯罪活动中所负的债务；②与第三人串通虚构的债务。

**（2）如何认定家庭日常生活需要？**

可以根据以下三种方法认定。

①根据夫妻双方的职业、收入、资产、家庭人数及年平均消费认定。

②根据当地平均生活消费水平及生活消费习惯认定。

③根据家庭日常生活消费范围（八类城镇居民家庭生活消费种类）认定。

比如，有的家庭可能买衣服、鞋子都算作日常生活需要，而有些比较贫困的家庭，可能只有吃饭能算作日常生活需要。因此，需要综合各种因素来进行分析。

## 法律依据

**《民法典》**

**第1064条** 夫妻双方共同签名或者夫妻一方事后追认等共同意思表示所负的债务，以及夫妻一方在婚姻关系存续期间以个人名义为家庭日常生活需要所负的债务，属于夫妻共同债务。

夫妻一方在婚姻关系存续期间以个人名义超出家庭日常生活需要所负的债务，不属于夫妻共同债务；但是，债权人能够证明该债务用于夫妻共同生活、共同生产经营或者基于夫妻双方共同意思表示的除外。

**《民法典婚姻家庭编解释一》**

**第34条** 夫妻一方与第三人串通，虚构债务，第三人主张该债务为夫妻共同债务的，人民法院不予支持。

夫妻一方在从事赌博、吸毒等违法犯罪活动中所负债务，第三人主张该债务为夫妻共同债务的，人民法院不予支持。

## 4. 离婚后又同居的，同居期间产生的债务属于共同债务吗？

### 勇敢踏出那一步

付新这几天一直在纠结一件事：要不要再去找小慧一次？一年前，付新跟妻子小慧离婚，原因是他们总是因为一些鸡毛蒜皮的小事争吵，两个人都觉得日子过不下去，便协议离婚了。但小慧离开后，付新发现日子好像也没比以前好到哪儿去，甚至更加糟糕。以前还有个人陪着他，现在回到家只有冷冰冰的家具；以前回家还有一口热饭吃，现在只能靠着点外卖填饱肚子。付新越想越后悔，后悔自己之前太小肚鸡肠，有些事情或许不较真，也就那么过去了。

想了几天后，付新终于下定决心，去找一次小慧。于是，他拨通了小慧的电话，问她有没有空，想约她吃顿饭。出乎他意料的是，小慧居然答应了。趁着吃饭的时候，付新把自己的想法告诉了小慧，问小慧愿不愿意和他复合。小慧其实也想跟付新和好，只是一直拉不下面子，听到付新这么说，假装犹豫了一下，就答应了。不过，小慧说复合可以，但不复婚，先一起生活一段时间试试看。付新当然不会拒绝，小慧肯回来，他就已经开心得不行了，哪里敢想什么别的要求。

就这样，付新和小慧又以夫妻的名义在一起生活了。小慧看付新家里的电视和电冰箱都太老旧，就买了新的电视和电冰箱；为了多赚点钱，还做起了地摊生意，赚的钱都用来和付新一起出去旅游和日常消费了。但是，后来地摊生意越做越惨淡，小慧非但没赚到钱，还亏得一塌糊涂，因此背上了10万元的债务。付新知道后，告诉小慧不要着急，自己会和她一起承担这笔债务，本来这也是两个人的共同债务。

离婚后再次同居，小慧和付新同居期间产生的这笔10万元债务，真的是共同债务吗?

## 随行专栏

这10万元确实属于小慧和付新的共同债务。

小慧之前和付新离婚了，和好后虽然没有再次去民政局登记结婚，但确实是以夫妻名义在一起共同生活。根据法律规定，像付新和小慧这样离婚后没有再找配偶，虽然和好，但没有复婚，只是以夫妻名义生活在一起的关系，应该被认定为同居关系。

小慧是因为做地摊生意失败才欠下10万元债务的。表面上看，地摊生意是小慧做的，跟付新好像没什么关系，但实际上，小慧做地摊生意赚的钱都是小慧和付新两个人一块儿用了。既然如此，这笔10万元债务自然属于小慧和付新的共同债务，应当一同偿还。

现今社会，同居关系非常普遍，有同居一段时间就结婚的，也有同居一段时间后发现不适合就分开的，但由于同居期间双方的财产不可避免地会出现混同的情况，也会产生一些债务，所以如何区分个人债务和共同债务就是一个重要的问题。

从司法实践来看，同居期间，凡是双方为共同生活或为履行抚养、赡养义务以及一方或双方治疗疾病等需要所负的债务，都属于共同债务。

## 法律依据

**《民法典婚姻家庭编解释一》**

**第3条**　当事人提起诉讼仅请求解除同居关系的，人民法院不予受理；已经受理的，裁定驳回起诉。

当事人因同居期间财产分割或者子女抚养纠纷提起诉讼的，人民法院应当受理。

**第7条** 未依据民法典第一千零四十九条规定办理结婚登记而以夫妻名义共同生活的男女，提起诉讼要求离婚的，应当区别对待：

（一）1994年2月1日民政部《婚姻登记管理条例》公布实施以前，男女双方已经符合结婚实质要件的，按事实婚姻处理。

（二）1994年2月1日民政部《婚姻登记管理条例》公布实施以后，男女双方符合结婚实质要件的，人民法院应当告知其补办结婚登记。未补办结婚登记的，依据本解释第三条规定处理。

## 5. 夫妻之间出具的借条是否构成民间借贷关系？

### 有“担当”的男人

小孟和小唐是一对新婚夫妻，两人十分恩爱。结婚一年后，小唐的姑姑想为自己的儿子在老家购买一套房子，但钱实在是不够。小唐的姑姑听说自己的侄媳妇小孟家里挺有钱的，就打电话问小唐能不能找小孟的父母借点钱。

小唐本想拒绝，因为自己家里条件本来就不好，结婚时老婆家里帮衬了很多，现在又开口借钱，实在是为难。但是，耐不住姑姑的苦苦哀求，小唐只得答应。小唐和妻子小孟说完此事后，小孟有些为难，原因在于虽然自己家里条件不错，但她知道小唐姑姑家里实在困难，也许这钱以后就要不回来了。因此，小孟支支吾吾地没个主意。看着妻子那么为难，小唐提议这笔钱就算自己个人向小孟借的，不管以后姑姑能不能把钱还给自己，至少自己会把钱连本带利地还给小孟。小孟听到这些话，安心了许多，觉得小唐十分有担当，于是和他写了借条，约定了利息，最终将钱借给了他。

可没想到的是，几个月后，小唐染上了毒瘾，几乎不出去工作，他用着小孟的工资和嫁妆吸食毒品。一年后，忍无可忍的小孟终于提出了离婚。小唐虽不愿意，但也知道是自己拖累了妻子，于是两人协议分割夫妻共同财产。这时两人发现小唐姑姑的买房款还未偿还，小孟便要求小唐按借条把钱还给自己。小唐却说，虽然他是以个人名义借的，但借款的时候是在婚内，这笔钱属于夫妻共同财产，不能算借款。

那么真的跟小唐说的一样，这笔钱不能算借款吗？

## 随行专栏

《民法典婚姻家庭编解释一》第 82 条规定："夫妻之间订立借款协议，以夫妻共同财产出借给一方从事个人经营活动或者用于其他个人事务的，应视为双方约定处分夫妻共同财产的行为，离婚时可以按照借款协议的约定处理。"

借钱的时候，小唐和小孟写下了借条，白纸黑字，这可没办法抵赖。小唐借这笔钱是为了给自己的姑姑凑钱买房，并没有把钱用在共同的家庭生活上。根据上述规定，这笔钱在小孟和小唐离婚时，应该按借条处理，即小唐需要按照借条连本带利地把钱还给小孟。

夫妻之间要构成民间借贷法律关系，须满足三个条件：①夫妻之间订立了借款协议；②出借财产为夫妻共同财产；③借方将款项用于个人经营或个人事务。

同时满足以上三个条件，夫妻之间就形成了民间借贷关系，离婚时应该按借款协议处理借款。

**法律依据**

**《民法典》**

**第1062条** 夫妻在婚姻关系存续期间所得的下列财产，为夫妻的共同财产，归夫妻共同所有：

（一）工资、奖金、劳务报酬；

（二）生产、经营、投资的收益；

（三）知识产权的收益；

（四）继承或者受赠的财产，但是本法第一千零六十三条第三项规定的除外；

（五）其他应当归共同所有的财产。

夫妻对共同财产，有平等的处理权。

**《民法典婚姻家庭编解释一》**

**第82条** 夫妻之间订立借款协议，以夫妻共同财产出借给一方从事个人经营活动或者用于其他个人事务的，应视为双方约定处分夫妻共同财产的行为，离婚时可以按照借款协议的约定处理。

## 6. 以离婚逃避债务的方式是否可行？

**自私的小聪明**

张骏是一名建筑工程的分包商，也叫“小包工头”。刚进入行业时，正巧跟上了城市化的脚步，张骏因此接了不少大大小小的工程，也赚了不少钱。随着生意越干越大，张骏一家人的生活越来越奢侈，不仅把女儿送进了贵族学校，还给家里买了两套房。

可好景不长，赚钱的速度很快就赶不上他们花钱的速度，加上房地产市场也不太景气，很多楼盘成了烂尾楼，开发商给承包商也结不出工程款。之前，张骏为了项目能够中标，压低报价做的工程，最终结算也存在亏损的情况。张骏资金上的窟窿越来越大，只好对外借了不少钱来用于资金周转和家庭生活。但几乎只出不进的生活终究无法长久，于是为了长远考虑，张骏就和妻子商量着先协议离婚，把家里的房子和值钱的东西都分给妻子，而债务都由张骏来负责偿还，这样家里的财产都能保住。张骏认为，如果债务都由自己来还的话，反正到时名下什么财产都没有了，就不怕被人起诉。

张骏和妻子商量的这个办法可行吗？债务是想逃就能逃得了的吗？

## 随行专栏

靠离婚来逃债的方法，实际上并不可行。

夫妻双方共同签名借款或者另一方在事后知道并追认借款等通过双方共同的意思表示所负的债务，还有夫妻一方在婚姻关系存续期间以个人名义为家庭日常生活需要所负的债务，都属于夫妻共同债务。只要是夫妻共同债务，不论双方是否离婚，都需要对债务承担连带清偿责任。夫妻离婚时，作出的夫妻共同债务仅由一人负责偿还、与另一人完全无关的约定，不能对抗债权人。

而所谓的“连带清偿责任”指的就是，双方都需要对共同债务以夫妻共同财产和自己所有的财产进行清偿。债权人有权向夫妻一方或双方要求清偿债务的一部分或者全部，不区分双方谁应承担多少份额，也不分谁先还谁后还，任何一方都要应债权人的要求承担债务，一方财产不足以清偿时，另一方负有清偿责任。

按照离婚时的约定不承担偿还责任的一方，在承担债务之后，可以向另一方进行追偿。

遇到靠离婚来逃债的债务人，债权人也可以采取一些办法来维护自己的权益。

①将债务人、债务人的前妻（夫）作为共同被告，向法院提起民事诉讼，请求人民法院判令由离婚后的两人共同对债务承担连带清偿责任。

②申请对债务人、债务人前妻（夫）的财产及他们和别人共有的财产进行保全或强制执行，防止他们将财产进行转移。财产保全包括诉前财产保全和诉中的财产保全。

## 法律依据

**《民法典》**

**第 1089 条** 离婚时，夫妻共同债务应当共同偿还。共同财产不足清偿或者财产归各自所有的，由双方协议清偿；协议不成的，由人民法院判决。

**《民法典婚姻家庭编解释一》**

**第 35 条** 当事人的离婚协议或者人民法院生效判决、裁定、调解书已经对夫妻财产分割问题作出处理的，债权人仍有权就夫妻共同债务向男女双方主张权利。

一方就夫妻共同债务承担清偿责任后，主张由另一方按照离婚协议或者人民法院的法律文书承担相应债务的，人民法院应予支持。

02

第二编

# 应了解的家庭关系法律常识

# 第一章　夫妻之间，亦有分寸

## 1. 夫妻之间签订的“忠诚协议”是否有效?

### 手机里的秘密

许大山和韩佳是在一个饭局上通过朋友介绍认识的。听周围人说许大山是个老实人，收入也还不错，重点是单身未婚，韩佳觉得反正自己已经到了该结婚的年纪，许大山和她挺有眼缘，在饭局上简单聊的几句也挺投机，就果断主动出击了。俗话说“女追男，隔层纱”，很快两人就打得火热。腻腻歪歪的恋爱生活就这么过了一年，两人一合计，时机已经相当成熟，挑了个吉利日子，就把结婚证领了。结婚四年多的时候，原本大大咧咧的韩佳开始觉得老公看手机时会有意无意地躲着自己，有时还会对着手机屏幕嘿嘿傻笑。女人的直觉告诉她，事出反常必有妖。

于是，一天晚上，趁着许大山睡着了，韩佳偷偷地看了他的手机。不看不要紧，这一看气得韩佳气血翻涌、怒火上头。原来自己的老公每天都在和一个女人聊天，语言暧昧露骨，言语之间甚至可以推断出两人都已经见过面了。自己为了家里每天像个陀螺一样从不停歇，老公居然还背着自己跟别的女人你侬我侬，想到这儿，韩佳就气不打一处来，一脚把熟睡的许大山踹了起来。

醒来的许大山一听自己干的那点事全被发现了，就赶紧跪地求饶，并对天发誓称自己和女网友绝对没见过面，微信会立马拉黑。韩佳觉得事情虽然还没有严重到非要离婚的地步，但是轻易原谅了许大山，自己又亏得慌。于是，韩佳就提出让许大山写一份夫妻忠诚协议，答应自己以后绝不会有任何婚外性行为，如有违反，则许大山在与韩佳离婚时会放弃全部婚后财产。急着表忠心的许大山，立刻答应了韩佳的要求，亲笔写下了夫妻忠诚协议。

如果韩佳真的又发现老公有出轨行为，夫妻忠诚协议里写的内容都能实现吗？

**名词解释**

夫妻忠诚协议，通常是指夫妻双方签署的，以约定无论哪一方都不得发生婚外性行为，同时一旦有该行为发生，双方就解除婚姻关系或分割财产为主要内容的协议，目的一般是惩罚有过错的一方，或者是维持两人婚姻关系的稳定。

## 随行专栏

对于夫妻忠诚协议效力的认定，在类似案件的法院判决中存在两种不同意见。

一种意见认为，夫妻忠诚协议并非真正意义上的婚内财产分割协议。法律规定“夫妻应当相互忠实”的忠诚义务仅仅是一种道德上的要求，并不是法定义务。双方以道德要求作为财产的交换条件，在严格意义上算不得是份契约，当然也不能视作夫妻财产分割的依据，即夫妻忠诚协议应属无效。

另一种意见认为，签协议的当下，协议书里的内容是夫妻一方或双方内心真实意思的表达，并不存在欺诈、胁迫的情形，所以从法律上来说，应当是一份合法有效的协议。但如果夫妻忠诚协议否定了一方可以提出离婚的权利，或者剥夺了有过错一方的人身权利，甚至约定对第三者进行惩罚，都会导致该协议部分无效。

笔者比较认同第二种意见，即夫妻忠诚协议是合法有效的。

写下夫妻忠诚协议这件事，本身就是一种民事法律行为。许大山是个正常的成年人，对自己的行为有足够的控制力，应该知道自己在做什么。签署协议完全是他自己愿意的，没人胁迫，也没被欺骗，协议里约定的内容既不违反法律法规的强制性规定，也不与社会公序良俗相违背，因此这份夫妻忠诚协议应该是合法有效的。虽然忠诚只是道德要求，但并不影响夫妻双方愿意为自己的行为承担法律上的后果。

在具体案件中，法院最终的审判结果可能受到多种现实因素的影响，因此大家也不能对夫妻忠诚协议的完全实现抱有过高的期待，尽量保证夫妻忠诚协议形式上的合法性也是重中之重。

为了保证协议的合法性，双方应对协议内容进行平等的协商，最好全程录音录像，针对两人婚后所取得的财产，进行一些指向归属明确、一定能够实现的约定，切记不能涉及对任何人的人身自由或双方的婚姻自由进行限制的约定。简单来说，可以直接明确约定，一方与他人发生婚外情，没有过错的一方有权要求对方补偿一定数额的钱或者其他财产等。

## 法律依据

**《民法典》**

**第 143 条** 具备下列条件的民事法律行为有效：

（一）行为人具有相应的民事行为能力；

（二）意思表示真实；

（三）不违反法律、行政法规的强制性规定，不违背公序良俗。

**第 464 条第 2 款** 婚姻、收养、监护等有关身份关系的协议，适用有关该身份关系的法律规定；没有规定的，可以根据其性质参照适用本编规定。

**第465条第1款** 依法成立的合同，受法律保护。

**第1043条第2款** 夫妻应当互相忠实，互相尊重，互相关爱；家庭成员应当敬老爱幼，互相帮助，维护平等、和睦、文明的婚姻家庭关系。

**第1065条第1、2款** 男女双方可以约定婚姻关系存续期间所得的财产以及婚前财产归各自所有、共同所有或者部分各自所有、部分共同所有。约定应当采用书面形式。没有约定或者约定不明确的，适用本法第一千零六十二条、第一千零六十三条的规定。

夫妻对婚姻关系存续期间所得的财产以及婚前财产的约定，对双方具有法律约束力。

## 2. 一方出轨，另一方如何有效收集证据？

### “老实人”也有变坏的一天

赵腾和李若曼是通过自由恋爱走到一起的。两人刚进入热恋期那会儿，赵腾还在创业，但因为一次策略失误导致了巨大的亏损，不仅穷得叮当响，还欠着债。在这种情况下，李若曼陪着他吃苦还债，帮助他东山再起，直至创业公司有了起色，赵腾才向李若曼求婚，两人才得以修成正果。所以李若曼一直认为她和赵腾的感情绝对经得起任何考验，也相信赵腾绝不是那种“一有钱就变坏”的男人，但现实很快给了她一记响亮的耳光。

在两人结婚第八年，李若曼偶然一次到一个平常很少去的商场逛街时，居然碰巧看到一个漂亮的女人挽着赵腾的手臂，两人毫不避嫌地在商场各个门店出入，买了不少东西，看起来就像是正常夫妻。看到这些情景后，李若曼感觉天都要塌了，不知如何是好，随手拍了几张照片后，便匆匆离去找最好的朋友哭诉。朋友听完这件事后，非常气愤，建议李若曼直接起诉离婚，摆脱渣男，还让她收集渣男出轨的证据，好让他少分财产，甚至还建议李若曼不妨试一试找私家侦探。

那么，李若曼该如何收集赵腾出轨的证据，才能在结束这段婚姻的同时为自己和孩子争取更大的利益，并且要求赵腾对自己进行赔偿，以惩罚这个对婚姻不忠的男人呢？请私家侦探这件事合适吗？

## 随行专栏

首先，关于请私家侦探这件事，还真有点不太靠谱，存在很大的违法犯罪风险。比如，私家侦探跟踪拍摄取得的证据可能因为侵犯他人隐私权被认定为非法证据，进而被法庭予以排除，不能作为定案的证据。长期跟踪拍摄、窃听窃录的行为甚至会涉嫌侵犯公民个人信息罪，非法使用窃听、窃照专用器材罪等刑事犯罪，被处以刑事处罚。所以，收集固定证据虽然重要，但手段合法也很必要。

哪些证据可以用来证明另一方有婚内出轨行为呢？它们又该如何收集才能在诉讼中被法院采纳呢？

一是在不与出轨方正面接触的条件下，获取照片、视频，包括跟拍、跟录。在公共场合中的跟拍、跟录一般不会涉及侵犯隐私的问题，因此在公共场合的跟拍、跟录或者公共监控摄像头所拍摄到的画面，可作为证据使用。但不能长期进行跟踪偷拍，因为过去案例中曾有私家侦探长时间跟踪偷拍，被认定为刑事犯罪并被处罚。另外，还可以在确认对方有出轨行为后，在家里安装监控摄像头或者在家里、车上放置录音笔、旧手机等设备来收集对方与第三者接触的证据。这种方法也只可短期使用，并且房子或车应当是夫妻共同财产，否则长期收集也可能会涉及侵犯对方隐私的问题。

此外，还可以寻找出轨方在手机或电脑中存储的照片或视频，包括手机相册、微信收藏、电脑隐藏文件夹、各类网盘及邮箱等。找到这类证据后，一定要进行复制备份并导出，不建议翻拍、翻录，容易不清晰或证明力弱。

二是QQ、微信、微博等社交软件聊天记录、往来电子邮件、短信等电子数据。出轨方与第三者之间往来的短信、邮件，或者是微信、QQ、支付宝、微博等具有聊天功能的软件的聊天记录，都可以作为证据使用。这类证据要想被法院采信，必须在收集留存时形成完整的证据链。比如，需要清楚地表明存有记录的这个账号属于谁、收到的消息又是谁发来的、收发信息的双方的真实认证身份等。

三是在与出轨方正面交流时取得的录音录像。发现配偶有出轨行为后，可以与对方找个机会坐下来聊一聊，提前在谈话的地方设置好录音录像设备，如果对方在对话中承认自己确实有不忠行为，则可以作为证据使用，但要注意在录音录像过程中表明双方身份。录音录像时要特别注意不能采用针孔摄像头、窃听器等专业窃听窃录器材，因为这类器材在我国是禁止民间使用的，通过这种方式取得的证据必然属于非法证据，在不被法院采信的同时，还会涉及刑事犯罪。

视听类证据的采集过程，非常容易侵犯他人的隐私权，从而引发侵权赔偿纠纷，所以需要小心判断、谨慎使用。

四是保证书或悔过书。一方首次出轨被发现后，为了表明不再犯的决心，有时会写下保证书或悔过书，若其此后再犯，就可以将保证书或悔过书作为证明出轨的证据之一来进行提交。

虽然出轨的证据可以用诸多方法进行收集，但绝大多数出轨行为都还是只能在道德层面进行谴责，达不到法律所规定的过错程度，如牵手、接吻、一夜情、嫖娼等。只有重婚、有配偶者与他人同居的情形出现，才能达到认定夫妻感情破裂的标准或者才可以请求损害赔偿。因此，笔者不建议大家对这些证据抱有太高的期望，而且据此要求对方净身出户的可能性确实不是很大。但是，一方在婚姻中做出的不忠行为，大多会给另一方造成不可磨灭的伤害，法律对此不会视而不见。司法实践中，判决结果一般都会对没有过错的一方进行适当的照顾。

## 法律依据

**《民法典》**

**第3条**　民事主体的人身权利、财产权利以及其他合法权益受法律保护，任何组织或者个人不得侵犯。

**第109条**　自然人的人身自由、人格尊严受法律保护。

**第110条第1款**　自然人享有生命权、身体权、健康权、姓名权、肖像权、名誉权、荣誉权、隐私权、婚姻自主权等权利。

**《最高人民法院关于民事诉讼证据的若干规定》**

**第14条**　电子数据包括下列信息、电子文件：

（一）网页、博客、微博客等网络平台发布的信息；

（二）手机短信、电子邮件、即时通信、通讯群组等网络应用服务的通信信息；

（三）用户注册信息、身份认证信息、电子交易记录、通信记录、登录日志等信息；

（四）文档、图片、音频、视频、数字证书、计算机程序等电子文件；

（五）其他以数字化形式存储、处理、传输的能够证明案件事实的信息。

**第87条** 审判人员对单一证据可以从下列方面进行审核认定：

（一）证据是否为原件、原物，复制件、复制品与原件、原物是否相符；

（二）证据与本案事实是否相关；

（三）证据的形式、来源是否符合法律规定；

（四）证据的内容是否真实；

（五）证人或者提供证据的人与当事人有无利害关系。

**《最高人民法院关于适用〈中华人民共和国民事诉讼法〉的解释》**

**第106条** 对以严重侵害他人合法权益、违反法律禁止性规定或者严重违背公序良俗的方法形成或者获取的证据，不得作为认定案件事实的根据。

## 3. 遭遇家暴如何保护自己？

### 两副面孔的男人

在外人看来，田婉儿与刘清的夫妻生活很是美满，那真可谓“伉俪情深”。刘清是一所中学的物理老师，在学生和家长眼里，他是耐心解答每个问题的好老师；在亲友四邻眼里，他是文质彬彬、大方顾家的好男人。但关上家门以后，刘清真实的模样，只有田婉儿知道。

第一次被打，是婉儿30岁生日那天。忙完工作后，婉儿在回家的路上满心欢喜地给自己买了个生日蛋糕，想着晚上该做点什么菜，好和老公刘清一起庆祝自己的生日。没成想，刘清那天回家比平常都晚，还喝得醉醺醺的。婉儿模模糊糊地听到刚进门的刘清嘴里嘟囔着："我工作多努力呀，凭什么他比我先评上了职称。"婉儿不知道发生了什么事，想上前帮刘清脱掉外套时，却被一把推倒在地，紧接着就是一阵拳打脚踢。第二天，清醒过来的刘清对着婉儿痛哭流涕，对天发誓自己只是因为工作压力大而情绪不好，绝对不会再有下一次，还给婉儿买了大大小小的一堆礼物来赔罪。婉儿一时心软，只得作罢。

但是有了第一次，不难想象就又有了第二次、第三次。从那以后，只要是在外面受了别人的气，婉儿就成了刘清的出气筒。婉儿的身上总是新伤叠着旧伤，为了不让自己满身的伤痕被大家发现，就连炎热的夏天，婉儿也要穿着长衣长裤。

清官真的就难断家务事了吗？忍真的是正确的解决办法吗？田婉儿该怎么做才能让自己不再受到伤害呢？

## 随行专栏

不是只有殴打才是暴力。经常性的谩骂、捆绑、殴打、言语及行为的恐吓威胁、性暴力、严格控制家庭财产等行为，都是家庭暴力的表现形式。情节较轻的家暴行为，可能因违反《治安管理处罚法》而受到行政处罚，情节严重、构成犯罪的施暴者还会承担刑事责任。

**（1）当"婉儿们"遭遇家暴时，都可以向哪些地方寻求哪些帮助呢？**

遭遇家暴时，可以寻求如下帮助。

①第一时间报警。公安部门接到关于家暴的报警时，应及时出警制止家暴，按规定调查取证，协助受害人就医、鉴定伤情。暴力情节较轻时，可以给予批评教育或出具家庭暴力告诫书，并

通知居委会、村委会。

②迫不得已需要离家出走时，可以向临时庇护场所或者救助管理机构寻求一些临时的生活帮助。

③及时前往医院就医，保留好医生出具的诊断证明、诊疗记录和病例等材料。

④向双方的工作单位、当地妇联、就近的人民调解委员会、村委会、居委会投诉、反映以及求助。

⑤向法律援助机构寻求法律方面的援助，并就家庭暴力向法院起诉请求离婚及损害赔偿。起诉时，不必太过担心诉讼费用这一问题，人民法院依法会对受害人缓收、减收或者免收诉讼费用。

⑥即使不向法院起诉请求离婚，受害人本人或者家属也可以在受害人面临家庭暴力的现实威胁时，向法院书面申请取得“人身安全保护令”这张盾牌。“人身安全保护令”会禁止对方实施家庭暴力，禁止对方骚扰、跟踪、接触受害人及其他家人，还可以责令对方从家里搬走。

**（2）哪些材料可以作为认定存在家庭暴力行为的证据呢?**

可以作为认定家庭暴力行为的证据包括以下几项。

①受害人拍摄的关于自身伤情的照片。这里要特别提醒大家一下，只拍摄受伤部位的局部照片是无法证明自己是受害人的，应主要拍清楚受害人全身照及家暴现场的状况，最好给相机设置上时间水印。有机会在家中安装摄像头的话，一定要安装，这是证明施暴者是谁的有力证据之一。

②亲朋好友、街坊四邻的证人证言。

③施暴者威胁受害人的录音录像。

④施暴者亲自书写的悔过书、保证书。

⑤警察的出警记录及其出具的告诫书。

⑥医院出具的诊疗记录及专业鉴定机构出具的伤情鉴定报告。

⑦双方社交软件的聊天记录等。

## 法律依据

**《反家庭暴力法》**

全文均为此问题的法律依据，本书仅列举部分条款以供参考：

**第 2 条**　本法所称家庭暴力，是指家庭成员之间以殴打、捆绑、残害、限制人身自由以及经常性谩骂、恐吓等方式实施的身体、精神等侵害行为。

**第 23 条**　当事人因遭受家庭暴力或者面临家庭暴力的现实危险，向人民法院申请人身安全保护令的，人民法院应当受理。

当事人是无民事行为能力人、限制民事行为能力人，或者因受到强制、威吓等原因无法申请人身安全保护令的，其近亲属、公安机关、妇女联合会、居民委员会、村民委员会、救助管理机构可以代为申请。

**第 29 条**　人身安全保护令可以包括下列措施：

（一）禁止被申请人实施家庭暴力；

（二）禁止被申请人骚扰、跟踪、接触申请人及其相关近亲属；

（三）责令被申请人迁出申请人住所；

（四）保护申请人人身安全的其他措施。

**《民法典》**

**第 1042 条第 3 款**　禁止家庭暴力。禁止家庭成员间的虐待和遗弃。

**《民法典婚姻家庭编解释一》**

**第 1 条**　持续性、经常性的家庭暴力，可以认定为民法典第一千零四十二条、第一千零七十九条、第一千零九十一条所称的“虐待”。

**《治安管理处罚法》**

**第43条** 殴打他人的，或者故意伤害他人身体的，处五日以上十日以下拘留，并处二百元以上五百元以下罚款；情节较轻的，处五日以下拘留或者五百元以下罚款。

有下列情形之一的，处十日以上十五日以下拘留，并处五百元以上一千元以下罚款：

（一）结伙殴打、伤害他人的；

（二）殴打、伤害残疾人、孕妇、不满十四周岁的人或者六十周岁以上的人的；

（三）多次殴打、伤害他人或者一次殴打、伤害多人的。

**第45条** 有下列行为之一的，处五日以下拘留或者警告：

（一）虐待家庭成员，被虐待人要求处理的；

（二）遗弃没有独立生活能力的被扶养人的。

**《刑法》**

**第232条** 故意杀人的，处死刑、无期徒刑或者十年以上有期徒刑；情节较轻的，处三年以上十年以下有期徒刑。

**第234条** 故意伤害他人身体的，处三年以下有期徒刑、拘役或者管制。

犯前款罪，致人重伤的，处三年以上十年以下有期徒刑；致人死亡或者以特别残忍手段致人重伤造成严重残疾的，处十年以上有期徒刑、无期徒刑或者死刑。本法另有规定的，依照规定。

第260条 对于年老、年幼、患病或者其他没有独立生活能力的人，负有扶养义务而拒绝扶养，情节恶劣的，处五年以下有期徒刑、拘役或者管制。

## 4. 夫妻一方限制另一方出去工作是否违法?

### 以婚姻之名，囚禁自由

刘晓萌是家中独女，父母开了一家规模不算很大的公司，经营状况还不错，家境比较殷实。晓萌打小就是全家人的掌上明珠，十指不沾一点儿阳春水。晓萌长大成人的时候，她的爸爸妈妈就商量好了，两人以后肯定不同意晓萌离开他们的身边；自己家条件这么好，又只有晓萌这么一个女儿，必须找个上门女婿来照顾她，要不然女儿嫁出去被人欺负，都没人能帮她。

晓萌25岁那年，偶然一次去家里公司的时候，一进公司大门，就迎面撞上了一个人。等晓萌站稳身子，抬头看清楚撞她的人是谁的那一刻，仿佛有丘比特在她的心上射了一箭。在找爸爸旁敲侧击、打探一番后，晓萌了解到那个人叫任岩，是自家公司员工，家在外地，现在一个人在这里工作，家里还有一个哥哥，平常工作挺认真的，和同事处得也不错，重点是长得很帅。听到这些，晓萌就果断地主动追求爱情去了。

两人相处了两年以后，都有了结婚的想法。晓萌就跟任岩说了上门女婿的事。任岩开始是拒绝的，但后来又想了想自己也没亏什么，家里还有哥哥在照顾，做上门女婿也不是不行，娶了晓萌，自己还能少奋斗几年，就答应了晓萌父母的这个要求。于是，两人结婚了。

婚后生活原本是平静的，但一切都在晓萌怀孕生子以后有了变化。两人在照顾孩子的问题上，产生了分歧。任岩觉得家里也不差钱，雇个育儿师照顾孩子岂不是更好，人家多专业、多有经验啊。但没想到晓萌坚决不同意找个外人来带孩子，她觉得现在社会上发生的保姆虐童案件那么多，自己的孩子可不能冒那种风险，而且任岩是在自家公司上班，不去也行，在家陪着孩子长大多好。晓萌的父母也觉得，上门女婿本来就应该多照顾家庭，工作什么的都不重要。那么问题来了，晓萌不让任岩出去工作，而是在家看孩子的行为，违反法律吗？

## 随行专栏

首先，可以明确地告诉大家，夫妻一方限制另一方出去工作确实是违反法律的。不论男女，在家庭中的地位都应当是平等的，这种平等体现在夫妻生活的方方面面。两个人既然决定结为夫妻、相伴到老，那么就要共同承担对家庭和社会的责任，也有权共同享有家庭生活带来的利益。同时，结婚后，不论男女，都不会丧失自己独立的人格和人身自由。对于家里大大小小的事，夫妻两人都有权商量着来，谁都不应该独断专行。

人身自由是《宪法》赋予每一个公民的权利，夫妻一方不让另一方出去工作的行为，是对另一方人身自由的干涉，这是法律和社会所不允许的。当然，任何一方在行使自己的人身自由权利时，都不应该损害对方以及整个家庭的利益，更不应该用人身自由当借口来逃避本应承担的家庭责任。

## 法律依据

**《民法典》**

**第 1055 条** 夫妻在婚姻家庭中地位平等。

**第 1057 条** 夫妻双方都有参加生产、工作、学习和社会活动的自由，一方不得对另一方加以限制或者干涉。

## 5. 婚后夫妻一方患有重大疾病，另一方必须照顾他（她）吗？

### 高昂的治疗费用

赵梅和徐凯结婚很多年了，两人婚后生了一儿一女。大女儿早就已经成了家，有一个可爱的儿子，和女婿的日子过得也算是幸福美满。小儿子去外地上大学以后，就留在了外地工作，听说刚刚交了一个女朋友，日子过得紧巴巴。为此，赵梅和徐凯偶尔还会给点钱接济一下儿子。

天有不测风云，人有旦夕祸福。在单位一年一度的例行体检时，赵梅被医生告知患了癌症，目前还没有发展到中晚期，暂时没有生命危险，但是需要进行长期的吃药治疗及放化疗。听到这个消息，赵梅和徐凯不知道该庆幸还是难过了。治疗癌症的医药费可能就是个无底洞，自家那点积蓄真不知道能撑多久，但是得了病，不管怎么说，还是得治啊。

刚开始那年，徐凯陪着赵梅到处找医生，看着她做治疗，算是尽心尽力了，但赵梅的病始终不见好转，还是只能维持而已。也许是压力太大，也许是累了，徐凯没有预兆地离家出走了。赵梅不想把自己生病的事告诉两个孩子，怕给两个孩子增加负担。赵梅每个月的收入只有 1000 多元的退休金，这些钱勉强能维持她日常的生活，但要购买能控制她的病情发展的药的话，还是远远不够的。徐凯这一走，赵梅的生活真的没了着落。

徐凯就这么不管不顾地离开家的行为违法吗？赵梅能不能要求徐凯在经济上给予自己帮助呢？

**名词解释**

夫妻之间的扶养义务，是指夫妻之间的一方对另一方负有提供生活供养责任的法律关系，包括生活上的互相照料、精神上的互相抚慰和经济上的相互支持，这种义务从缔结婚姻关系时产生，至婚姻关系依法解除时终止。

夫妻一方确实需要扶养，是指当一方无独立生活能力，具体包括丧失劳动能力、无固定收入，缺乏生活来源、年老、患病等情形，可能无法维持当地群众一般的生活水平时，另一方必须履行扶养的义务。

## 随行专栏

徐凯离开家的行为违反了夫妻之间的扶养义务，赵梅可以起诉徐凯，要求他每月向自己支付扶养费。

夫妻之间的扶养义务产生的目的在于，为夫妻能够长期一起共同生活增加一些法律上的强制保障。这种义务是互相的、平等的，它不是只要求某一方单纯的付出，也不允许某一方单纯的索取；这种义务也是法定的，无论夫妻二人婚后的财产是默认的共同共有制，还是特别约定了分别所有制，都不能免除；这种义务的履行也是有期限的，到夫妻二人离婚后就自然结束，但离婚时有一定经济能力的一方，也应当给生活真的存在困难的一方一些经济上的帮助。

依据我国相关法律的规定，在离婚之前，夫或妻一方不履行扶养义务时，需要扶养的一方可以要求对方给付扶养费。应当给付扶养费的一方拒绝给付的，需要扶养的另一方可以通过向法院提起诉讼来获得扶养费。如果有扶养义务的一方拒绝扶养，情节恶劣，构成遗弃罪的，甚至会承担刑事责任。一般情况下，拒不履行扶养义务屡教不改的，造成需要扶养一方死亡或残疾的，或者造成恶劣的社会影响的，会被认定为情节恶劣。

夫妻二人有一方患重病，确实会给另一方以及整个家庭带来巨大的压力，但既然当初决定携手一生，那就不要轻易地放弃彼此。即使真的无法坚持下去，也记得要善始善终。

## 法律依据

**《民法典》**

**第1042条第3款**　禁止家庭暴力。禁止家庭成员间的虐待和遗弃。

**第1059条**　夫妻有相互扶养的义务。

需要扶养的一方，在另一方不履行扶养义务时，有要求其给付扶养费的权利。

**第1090条**　离婚时，如果一方生活困难，有负担能力的另一方应当给予适当帮助。具体办法由双方协议；协议不成的，由人民法院判决。

**《刑法》**

**第261条**　对于年老、年幼、患病或者其他没有独立生活能力的人，负有扶养义务而拒绝扶养，情节恶劣的，处五年以下有期徒刑、拘役或者管制。

# 第二章　子女抚养问题

## 1. 离婚协议中可直接写明一方不支付抚养费吗?

### 干脆的离婚

夏禹最近发现妻子总是偷偷摸摸地看手机，还总说单位临时有事要加班，让他腾出时间去接孩子。时间一长，夏禹后知后觉地察觉出不对劲儿。于是，在妻子又一次说单位有新项目要加班处理的时候，夏禹决定去妻子的单位一探究竟。没想到妻子的同事却说，她当天一下班就走了，好像还有个男的来接她。夏禹听完火冒三丈，等到妻子晚上回家后，他偷偷看了妻子的手机，发现了她和一个男人的聊天记录，原来两人晚上刚去看过电影。然后，夏禹和妻子就爆发了激烈的争吵，妻子居然说他们夫妻之间已经没有爱了，自己在别人那里找到了久违的激情。夏禹很无语，表示既然这样，那就抓紧离婚吧。

为了和妻子赶紧离婚并且取得儿子的抚养权，夏禹向妻子表示自己的工资收入足够独自抚养儿子，两人离婚后也不需要妻子再向自己支付儿子的抚养费。夏禹的妻子听后欣然同意，两人就这样签了离婚协议，然后到民政局办理了离婚登记。

夏禹和妻子在离婚协议中所写的，关于离婚后妻子不需要支付儿子抚养费的约定，有效吗?

## 随行专栏

关于离婚协议中是否能约定不直接抚养孩子的一方无须支付抚养费的问题，可以用我们常说的一句话“法无禁止即自由”来解释。也就是说，法律并没有明文规定离婚协议中一方不需要支付子女抚养费的约定是无效的，那么意味着只要一方有足够的能力抚养孩子，另一方就可以按约定不支付抚养费。

况且，支付抚养费只是父母对孩子履行抚养义务的其中一个方面，并不是全部。抚养义务既包括金钱上的付出，又包括对子女的生活学习进行探望、照料，还包括对子女进行教育、沟通。因此，即使按照离婚协议中的约定，一方无须支付抚养费，也并不代表他（她）对孩子的全部抚养义务都会被排除，他（她）只是不需要付钱而已。

同时，离婚协议约定一方不需要支付抚养费的条款，是不可以排除子女在必要时向不支付抚养费的一方主张抚养费的权利的。因为《民法典》明确规定，关于子女生活费和教育费的协议或判决，不妨碍子女在必要时向父母任何一方提出超过协议或判决原定数额的合理要求。

这个所谓的“必要时”，主要是考虑子女现阶段的实际需求是不是有所增加、直接抚养子女一方的经济状况与离婚时相比是不是有所恶化、社会的平均消费水平是不是上涨，以及不支付抚养费一方的经济状况变化等因素。只有在直接抚养子女一方的经济条件无法独立满足子女正常所需，而另一方又有一定负担能力时，才能在合理范围内支持未成年子女要求另一方支付抚养费的主张。

## 法律依据

**《民法典》**

**第 1085 条** 离婚后，子女由一方直接抚养的，另一方应当负担部分或者全部抚养费。负担费用的多少和期限的长短，由双方协议；协议不成的，由人民法院判决。

前款规定的协议或者判决，不妨碍子女在必要时向父母任何一方提出超过协议或者判决原定数额的合理要求。

**《民法典婚姻家庭编解释一》**

**第52条** 父母双方可以协议由一方直接抚养子女并由直接抚养方负担子女全部抚养费。但是，直接抚养方的抚养能力明显不能保障子女所需费用，影响子女健康成长的，人民法院不予支持。

## 2. 离婚时商定好的抚养费，后期可以申请增加吗？

### 不与消费水平相匹配的抚养费

邱悦五岁那年，她的父母就离婚了。离婚的时候，他们两人约定好，邱悦归爸爸抚养，妈妈每个月支付500元人民币的抚养费。年纪还小的邱悦那时根本不懂什么叫离婚，她只知道有一天妈妈突然离开了这个家，她跟爸爸吵了几天要妈妈，发现并没有什么用后，也不再吵这件事了。从此家里就只剩下她和爸爸两个人相依为命。

邱悦上初二那年，爸爸被确认患有尿毒症，需要定期做血液透析治疗，花费巨大，同时爸爸也因为得了病，身体虚弱，没办法再继续上班，所以父女俩只能靠多年攒下来的积蓄勉强维持生活和治病。但不巧的是，升入初中后，邱悦的学杂费也比以前更高了些，这对他们来说，无疑是雪上加霜。于是，邱悦就想到去找没怎么管过自己的妈妈，看妈妈能不能帮帮自己和爸爸，毕竟一个月500元人民币的抚养费真的太少了。可没想到，邱悦的妈妈以自己已经再婚，还有和现任丈夫的孩子需要抚养为理由，拒绝帮助邱悦，也不愿意增加抚养费的数额。无奈之下，邱悦只能在父亲的帮助下，向法院起诉请求母亲增加抚养费。她的请求会得到法院支持吗？

## 随行专栏

夫妻双方离婚时协商一致而定下的或者经法院判决确定的抚养费数额并不是一经确定就不能再进行改变的，当有正当理由时，子女本人或直接抚养子女的一方以子女名义，可以向法院起诉请求增加抚养费。

不论父母双方尚在婚内，还是已经离婚，父母对子女的抚养义务都不会改变或消失。父母应当在生活上照顾、经济上支持子女，尽可能地为子女提供好的学习环境，让子女能够平安健康地成长。抚养费制度本身存在的意义，就是为了保障未成年子女的生存成长条件。夫妻双方离婚时协商一致而定下的或者经法院判决确定的抚养费数额，是在签订离婚协议或法院诉讼的当下，依据当时的生活条件、子女需求、社会经济发展水平、父母的支付能力等条件而酌情确定的。

随着子女的年龄增长，物价和社会生活水平普遍提高，在很大程度上，原定的抚养费会不足以支持子女基本生活和教育、医疗等支出。因此，我国法律规定，在必要时，子女有权要求支付抚养费的父母一方在有经济能力的情况下，适当提高抚养费的金额。当然，子女需要对原本的抚养费已经不能满足实际支出进行举证。根据相关司法解释规定，有下列情形之一，子女要求有负担能力的父或者母增加抚养费的，应予以支持：①原定抚养费数额不足以维持当地实际生活水平的；②因子女患病、上学，实际需要已超过原定数额的；③有其他正当理由应当增加的。

## 法律依据

**《民法典》**

**第 1085 条** 离婚后，子女由一方直接抚养的，另一方应当负担部分或者全部抚养费。负担费用的多少和期限的长短，由双方协议；协议不成的，由人民法院判决。

前款规定的协议或者判决，不妨碍子女在必要时向父母任何一方提出超过协议或者判决原定数额的合理要求。

**《民法典婚姻家庭编解释一》**

**第 49 条第 1 款** 抚养费的数额，可以根据子女的实际需要、父母双方的负担能力和当地的实际生活水平确定。

**第 55 条** 离婚后，父母一方要求变更子女抚养关系的，或者子女要求增加抚养费的，应当另行提起诉讼。

**第 58 条** 具有下列情形之一，子女要求有负担能力的父或者母增加抚养费的，人民法院应予支持：

（一）原定抚养费数额不足以维持当地实际生活水平；

（二）因子女患病、上学，实际需要已超过原定数额；

（三）有其他正当理由应当增加。

# 3. 一方得知孩子非亲生后，可以要求对方赔偿孩子的抚养费吗？

## 蒙在鼓里的男人

王伟涛和任露是通过朋友介绍认识而走到一起的，两人的爱情也没经历过什么坎坷，就是个平淡到按部就班的故事。结婚后两年，他们有了女儿小冬，那时候王伟涛觉得自己是世界上最幸福的男人。当时他怎么也不会想到就是这个被他宠成公主的女儿，让他平淡无奇的人生掀起了滔天巨浪。

有了女儿之后，王伟涛总是觉得任露对自己越来越冷淡了，加班也越来越多。果然在女儿四岁那年，任露无情地向他提出了离婚。王伟涛觉得既然如此，那就没有必要纠缠下去了，两人就到民政局办理了协议离婚。离婚协议约定，女儿由任露负责抚养，王伟涛每个月支付1000元人民币的抚养费，并且一周可以探望小冬一次。刚开始，一切发展得都还算顺利，两人在孩子的问题上也没再产生矛盾。但偶然有一次，王伟涛探望小冬的时候，带她出去和朋友们的孩子一起玩，有朋友开玩笑地说了一句："你女儿长得可跟你不太像啊！"

说者无意，听者有心。回到家的王伟涛越看越觉得小冬确实跟自己不太像。于是，他在又一次探望的时候，偷偷带着小冬去做了亲子鉴定。鉴定结果很快就出来了，那里面写的内容对王伟涛来说，实在太难以接受。他无法相信自己养了七年的女儿，居然是老婆和别人生的，自己简直是头顶"青青草原"了。愤怒的王伟涛将任露起诉到了法院，要求她返还自己这些年为小冬支付的全部抚养费。他的请求会被法院支持吗？

## 随行专栏

**（1）由于被欺骗而养了别人的孩子，离婚后所付抚养费可以要求返还，但婚内所付抚养费如何返还需具体分析。**

父母对孩子的抚养义务，是由于双方之间存在血缘关系而产生的法定义务。王伟涛在被任露欺骗的情况下，抚养了小冬七年，但王伟涛既不是小冬的亲生父亲，也不是养父，更不是继父，所以从法律上来说，王伟涛对小冬是没有抚养义务的。王伟涛代替小冬的亲生父亲抚养了小冬这么多年，这对于小冬的亲生父母来说，就是取得了不当利益。并且在审理过同类案件的法官来看，如果不支持被欺骗一方返还抚养费的主张，就可能会纵容类似的违法行为发生，这明显与情理不符，也与制定法律的目的相违背，会造成不好的社会影响。因此，一般来说，因为被欺骗而抚养了非亲生子女的一方，在向法院提出要求返还抚养费的请求时，多多少少都会得到支持。

**（2）返还的金额如何计算？**

关于返还金额的计算问题，两人离婚前与离婚后还需要分别处理。王伟涛和任露离婚后，两人各自的财产已经独立，王伟涛所支付的抚养费应当予以返还。而两人离婚前，王伟涛所支付的抚养费如何返还，就比较复杂了。由于当时两人的财产还是夫妻共同财产，需要根据双方婚姻关系存续期间各自的经济收入和离婚时夫妻共同财产的分配等情况，由法官来进行酌定。

**（3）一方婚内出轨还与他人生育了子女，被隐瞒欺骗的一方除主张返还抚养费外，还可以主张适当的精神损害赔偿。**

任露在与王伟涛的婚姻关系存续期间，不仅存在出轨的行为，还生育了子女，甚至还向王伟涛隐瞒了真实情况，让王伟涛误以为小冬是自己的亲女儿而履行了抚养义务。任露的这种行为，不但违反了夫妻之间的忠实义务，还严重侵犯了王伟涛的人格尊严，已经构成民事侵权，应当为此承担侵权责任。

## 法律依据

**《民法典》**

**第985条** 得利人没有法律根据取得不当利益的，受损失的人可以请求得利人返还取得的利益，但是有下列情形之一的除外：

（一）为履行道德义务进行的给付；

（二）债务到期之前的清偿；

（三）明知无给付义务而进行的债务清偿。

**第1071条** 非婚生子女享有与婚生子女同等的权利，任何组织或者个人不得加以危害和歧视。

不直接抚养非婚生子女的生父或者生母，应当负担未成年子女或者不能独立生活的成年子女的抚养费。

**第1165条第1款** 行为人因过错侵害他人民事权益造成损害的，应当承担侵权责任。

**第1183条第1款** 侵害自然人人身权益造成严重精神损害的，被侵权人有权请求精神损害赔偿。

**《最高人民法院关于夫妻关系存续期间男方受欺骗抚养非亲生子女离婚后可否向女方追索抚养费的复函》（〔1991〕民他字第63号）**

……在夫妻关系存续期间，一方与他人通奸生育子女，隐瞒真情，另一方受欺骗而抚养了非亲生子女，其中离婚后给付的抚育费，受欺骗方要求返还的，可酌情返还；至于在夫妻关系存续期间受欺骗方支出的抚育费用应否返还，因涉及的问题比较复杂，尚需进一步研究，就你院请示所述具体案件而言，因双方在离婚时，其共同财产已由男方一人分得，故可不予返还。……

## 4. 父母离婚时，孩子可以决定自己由父母哪方抚养吗？

### 孩子也能辨是非

小洋的爸爸妈妈原本是通过自由恋爱在一起的，刚结婚的时候，两人感情很好，如胶似漆。小洋从记事开始，就觉得自己是天底下最幸福的孩子，有爸爸妈妈的疼爱，有还算富裕的生活。但是，不知道从什么时候开始，小洋的爸爸总是借口工作压力大、要加班，常常在后半夜喝得酩酊大醉才回家。最初，爸爸要是回来晚了，妈妈虽然会非常生气，但还是一边骂他，一边帮他洗漱和收拾衣服。渐渐地，小洋发现爸爸回家以后，妈妈不再主动管他了，而且妈妈身上偶尔还会出现一些伤痕和淤青。

有一次，听到爸爸又喝醉酒回家了，小洋从床上爬了起来，想去看看爸爸，却没想到正好碰上爸爸在打妈妈。小洋立即毫不犹豫地冲上去保护妈妈，却也被爸爸打了。一向忍气吞声的妈妈这次终于爆发了，她不能忍受自己的孩子也被打。于是，小洋的妈妈连夜收拾东西，带着小洋离开了家。

在小洋和妈妈离家出走的一年时间里，小洋的爸爸对他们母子俩不闻不问。所以，小洋的妈妈在小洋 10 岁那年，决定起诉请求离婚，主张小洋归自己抚养。法院审理过程中，小洋的爸爸也请求孩子由自己抚养，理由是自己经济条件更好。于是，在法官的主持下，小洋在庭审时也出了庭，向法官表达了自己只愿意跟着妈妈一起生活，不想跟着爸爸的想法。

那么，小孩子的意见会是法院判决抚养权归属时的重要参考依据吗？

## 随行专栏

首先，两周岁以下处于哺乳期的子女，原则上由母亲抚养。这个问题将具体在本章第 9 篇中详细叙述，在此不再赘述。

其次，两周岁以上不满八周岁的子女，由于在法律上属于没有民事行为能力的人，即不具有独立享有民事权利、承担民事义务的资格，需要法定代理人代其行使民事权利、承担民事义务，所以一般情况下，法院在判决子女的抚养权归属时，不会参考不满八周岁的子女的意见。

最后，八周岁以上的未成年子女属于限制民事行为能力人，他们可以在某些事情上独立表达自己的意愿。因此，法院在判决子女的抚养权归属时，会考虑这个年龄阶段子女的意见，但也不一定会完全采纳，最终还是要结合实际情况，从有利于子女健康成长的角度作出判决。接下来，笔者将对年满八周岁的未成年子女是否可以决定由父母哪方抚养这个问题来具体进行分析。

八周岁以上的未成年子女，基本已经有了自己的想法，知道爸爸妈妈谁对他（她）好、以前的家庭生活到底幸不幸福、谁平常照顾自己更多，所以理应赋予他们自己选择以后跟着父母中的哪一方一起生活的权利。当然，如果在法院审理离婚案件的过程中，孩子的意见显然不利于其成长，存在多次表达前后不一致或者有父母胁迫其进行表达的可能性时，法院也可以依据孩子利益最大化的原则，作出与孩子的意愿不相符的判决。

本案中，小洋的爸爸虽然经济条件更好，但其存在家暴的行为，而且小洋长期和妈妈一起生活，即使条件较差，他也愿意跟妈妈继续生活。10 岁的小洋对一些事物已经有了自己的判断能力，与单纯的经济条件相比，孩子的意愿和现实情况显然更为重要，因此小洋的抚养权归属于妈妈的可能性更大一些。

## 法律依据

**《民法典》**

**第 19 条** 八周岁以上的未成年人为限制民事行为能力人，实施民事法律行为由其法定代理人代理或者经其法定代理人同意、追认；但是，可以独立实施纯获利益的民事法律行为或者与其年龄、智力相适应的民事法律行为。

**第 20 条** 不满八周岁的未成年人为无民事行为能力人，由其法定代理人代理实施民事法律行为。

**第 1084 条第 3 款** 离婚后，不满两周岁的子女，以由母亲直接抚养为原则。已满两周岁的子女，父母双方对抚养问题协议不成的，由人民法院根据双方的具体情况，按照最有利于未成年子女的原则判决。子女已满八周岁的，应当尊重其真实意愿。

**《未成年人保护法》**

**第 24 条第 1 款** 未成年人的父母离婚时，应当妥善处理未成年子女的抚养、教育、探望、财产等事宜，听取有表达意愿能力未成年人的意见。不得以抢夺、藏匿未成年子女等方式争夺抚养权。

**第 107 条第 2 款** 人民法院审理离婚案件，涉及未成年子女抚养问题的，应当尊重已满八周岁未成年子女的真实意愿，根据双方具体情况，按照最有利于未成年子女的原则依法处理。

## 5. 支付孩子抚养费的标准是什么？

### 养孩子的费用到底是多少？

杨扬和夏冰在一次“驴友”组织的户外活动中认识。因为有一些共同爱好，两人比较聊得来，再加上都到了家里疯狂催婚的年纪，所以恋爱没谈多长时间，两人就闪婚了。但是，婚后好景不长，闪婚导致的相处短、了解少的弊端就暴露出来了。婚后第二年，夏冰怀孕并生完孩子后，双方因为对家庭生活的概念和对教育孩子的理念的不同，经常发生争吵，有时甚至还会动手打架。虽然亲戚朋友多次上门当和事佬，但这种情况仍时有发生。

最终，在孩子三岁的时候，双方一致决定要离婚，这日子绝对没法儿再一起过下去了。杨扬同意孩子可以交给夏冰抚养，但关于杨扬每个月需要支付的抚养费金额，双方始终争执不下，都不让步。最后，夏冰干脆起诉到了法院，希望通过法官的判决来确定一个抚养费的具体数额。那么，依据我国法律的规定，抚养费的确定标准是什么？

## 随行专栏

如果夫妻双方离婚时能够协商一致，那么在不损害子女利益的情况下，对于任何金额的抚养费约定，法律均不禁止。而在无法协商一致，需要通过法院来判决子女抚养费时，法院一般会综合考虑子女的实际需要、父母的支付能力和子女居住当地的平均生活水平这三方面的因素，以需要支付抚养费一方月工资收入的20%~30%作为基本的参考标准来具体确定一个数额。并且，一方的月工资收入指的是其总收入，包括基本工资、提成、奖金、津贴等。但这个参考标准绝不是一个“死规定”，遇到一方收入极高或极低，甚至无收入的情况，也可以根据查明的实际情况酌情提高或降低。

此外，当需要支付抚养费的一方没有月固定收入时，抚养费的数额可以依据其当年的总收入或同行业平均收入来确定。对于完全没有经济来源的人，也不会轻易免除其对子女的抚养义务，一般可以参照当地去年居民最低生活保障标准来酌情确定。当然，经协议或判决而确定的抚养费金额，在之后现实情况发生变化的情况下，双方都有权请求予以调整。

同时，值得注意的是，离婚时要想证明对方的收入情况，可能需要在日常生活中注意保存一些证据。比如，对方的工资条或工资卡，单位出具的工资收入证明，个人所得税纳税情况等材料。

## 法律依据

**《民法典》**

**第1085条** 离婚后，子女由一方直接抚养的，另一方应当负担部分或者全部抚养费。负担费用的多少和期限的长短，由双方协议；协议不成的，由人民法院判决。

前款规定的协议或者判决，不妨碍子女在必要时向父母任何一方提出超过协议或者判决原定数额的合理要求。

**《民法典婚姻家庭编解释一》**

**第49条** 抚养费的数额，可以根据子女的实际需要、父母双方的负担能力和当地的实际生活水平确定。

有固定收入的，抚养费一般可以按其月总收入的百分之二十至三十的比例给付。负担两个以上子女抚养费的，比例可以适当提高，但一般不得超过月总收入的百分之五十。

无固定收入的，抚养费的数额可以依据当年总收入或者同行业平均收入，参照上述比例确定。

有特殊情况的，可以适当提高或者降低上述比例。

# 6. 离婚后，一方无收入如何支付孩子的抚养费？

## 不可免除的抚养费

樊宇浩和刘沁刚结婚时感情不错，两人都有正经工作，虽然收入不是特别高，但维持家庭日常生活还是足够的。婚后没几年，两人用自己攒的钱和双方父母出的钱，买了一套两居室房屋，并登记在夫妻俩名下。有房有车有收入，还有父母帮着带娃，两口子的日子开始安逸起来。可没想到这一安逸，就出了事。樊宇浩不知道在哪儿认识了一帮狐朋狗友，还跟着他们学会了赌博，瞒着刘沁在外面欠了钱。有一次，一伙人上家里来催债，刘沁才知道老公最近都在外面干了什么。之后，在樊宇浩的痛哭流涕、保证再也不敢了、绝对戒赌的“真诚”忏悔之下，刘沁从家里拿出一笔存款，帮樊宇浩还了赌债。当时刘沁就跟樊宇浩说了，再有下次就离婚，孩子归刘沁，双方再也别见了。

刘沁以为这样，这些破事就算结束了，但令她没想到的是，樊宇浩根本就不知悔改，之后还是继续瞒着她赌博。钱欠多了，又还不上，樊宇浩就动起了歪心思，甚至走上了犯罪道路。这一切，都是刘沁在收到公安局寄来的拘留通知书后才知道的。最终，樊宇浩因犯诈骗罪被判处有期徒刑三年，入狱服刑。刘沁也在樊宇浩入狱之后，向法院提起了离婚诉讼，请求跟樊宇浩离婚，带走孩子。那么，樊宇浩服刑期间没有收入，孩子的抚养费，他还需不需要支付？如果需要的话，如何支付？

## 随行专栏

虽然在刘沁起诉请求离婚时，樊宇浩正处在监狱内服刑，没有任何经济来源。但是，不论在什么情况下，父母对孩子的抚养义务都不能被免除，毕竟这样会损害未成年子女的利益。

因此，根据有关司法解释的规定，在一方完全没有任何经济收入或者下落不明的情况下，子女抚养费可以用属于其所有的财物来进行折抵。换言之，樊宇浩虽然在服刑期间没有收入来源，但是可以在分割他和刘沁的夫妻共同财产（如房产）时进行折抵，将本应分配给樊宇浩的财产划出一部分作为孩子的抚养费。当然，在判决用财产折抵子女抚养费时，会适当地给没有收入的人员预留一些财产，让其今后还可以恢复到正常的生活水平。之后，等没有收入的一方有了收入或者下落不明的一方重新出现，抚养孩子的一方可以根据实际收入情况，再请求法院对抚养费进行变更。

**法律依据**

**《民法典婚姻家庭编解释一》**

**第 51 条** 父母一方无经济收入或者下落不明的，可以用其财物折抵抚养费。

## 7. 子女可以要求父母支付上大学期间的抚养费吗？

**难以负担的费用**

小金无忧无虑的童年生活大概只持续到了九岁，从那时开始，她印象里的家就只有无尽的争吵。在这种情况持续了将近一年的时候，她的父母终于彻底相看两厌，去民政局办理了离婚手续。小金从此开始跟着妈妈生活，而爸爸每个月会给小金 800 元人民币的生活费。接下来的七八年，小金和妈妈的生活一直都还算平静。

高考那年，小金不负众望，考上了一所还不错的大学，但随之而来的是每年几万元钱的学费、书本费、住宿费和生活费。这对于和小金在一起生活且没有再婚的妈妈来说，要全部拿出来实在是有些困难。所以，小金就找到了爸爸，希望爸爸能支持自己上大学，每年再多出一些钱。但是，爸爸已经再婚，又和现在的妻子有了小孩，便断然拒绝了小金的请求。小金的爸爸觉得当初的离婚协议仅约定自己支付抚养费直至小金年满 18 周岁，他作为一个父亲，已经尽到了对小金的抚养义务，小金以后的路要靠她自己走。

那么，如果小金向法院起诉请求父亲为自己支付上大学期间的部分学费、生活费的话，她可以得到法院的支持吗？

## 随行专栏

其实，在我国司法审判实践中，对于大学生能否向父母要求支付抚养费的问题，一直有可以和不可以两种观点。但是，目前占主导地位的观点还是认为，抚养费的存在是为了保障未成年人的生活学习，而大学生普遍年满18周岁，已经有了通过自己的劳动维持日常生活的可能，所以在父母拒绝支付抚养费时，他们无权强行要求支付。

父母对未成年或者不能独立生活的成年子女，才有抚养教育的义务。但所谓“不能独立生活的成年子女”，有关司法解释中明确指出，其是指尚在校接受高中及以下学历教育，或者丧失、部分丧失劳动能力等非因主观原因而无法维持正常生活的成年子女。通常情况下，大学生都已年满18周岁，身体健康，也不存在丧失或者部分丧失劳动能力的情况，他们可以通过申请助学贷款、勤工俭学等方式支持自己完成学业。

大学阶段并不属于国家义务教育的范围，因此送子女上大学并不是父母的法定义务。在这个阶段，如果父母有经济能力，而且自愿支付抚养费，法律不会要求孩子拒绝。但如果父母没有这个经济能力或者不愿意支付，成年子女也是无权强行要求父母支付抚养费的，法律这样规定也是为了抑制“啃老族”的出现。

## 法律依据

**《民法典》**

**第1067条第1款** 父母不履行抚养义务的，未成年子女或者不能独立生活的成年子女，有要求父母给付抚养费的权利。

**《民法典婚姻家庭编解释一》**

**第41条** 尚在校接受高中及其以下学历教育，或者丧失、部分丧失劳动能力等非因主观原因而无法维持正常生活的成年子女，可以认定为民法典第一千零六十七条规定的“不能独立生活的成年子女”。

**第53条** 抚养费的给付期限，一般至子女十八周岁为止。

十六周岁以上不满十八周岁，以其劳动收入为主要生活来源，并能维持当地一般生活水平的，父母可以停止给付抚养费。

## 8. 父母可以私自处分未成年子女的财产吗？

### 优秀的孩子

在小阳很小的时候，父母就开始培养他，送他去学钢琴、声乐。今年小阳已经12岁了，这些年在各地演出获得了许多奖金，不仅参加过商演，还客串过几次当地自制的电视剧，拿到的酬金前前后后加起来有十几万元了。

小阳还是个孩子，这些奖金肯定不能交给他自己保管。于是，小阳的母亲一直帮他管理着，打算等孩子长大了再交给他。可是，学钢琴的成本不低，小阳的父母基本上把所有的钱都用于培养小阳了，一家三口现在还住在出租屋里。于是，夫妻二人就想着，什么时候能有个自己的小房子，这样就再也不用天天担心房东涨房租，也不用动不动就搬家了。

夫妻俩攒了几年的首付，可是攒钱的速度哪儿赶得上房子涨价的速度呢？于是，小阳的母亲就打算把小阳的酬金也拿去交首付。

小阳母亲这样的做法合法吗？

## 随行专栏

小阳母亲的做法，是不合法的。

酬金是属于小阳个人的。小阳的父母作为小阳的法定监护人，若要处分小阳的财产，必须是为了小阳本人的利益，如为了小阳的日常开销、教育、医疗等。

## 法律依据

**《民法典》**

**第35条第1、2款** 监护人应当按照最有利于被监护人的原则履行监护职责。监护人除为维护被监护人利益外，不得处分被监护人的财产。

未成年人的监护人履行监护职责，在作出与被监护人利益有关的决定时，应当根据被监护人的年龄和智力状况，尊重被监护人的真实意愿。

# 9. 离婚后，不到两岁的子女应该随谁生活?

## 孩子跟谁更好

2008年年初，陈曦和吴楠通过家人介绍相亲而走到了一起，认识半年后，两人在民政局登记结婚。2010年10月，两人的女儿出生了，他们给孩子起名陈美娜。本来很平淡的夫妻生活，因为孩子的出生开始有了变化。由于婚前双方交往时间比较短，对彼此的了解不够充分，所以匆忙结婚的弊端逐渐暴露了出来。

陈曦是一名程序员，由于工作原因，经常加班，遇到重要项目时，夜不归宿都是常态。两人还没有孩子的时候，吴楠下班后喜欢看看话剧、和朋友逛逛街或者在家看书，对老公经常不在家这件事还没有多大的不满。但女儿陈美娜出生后，吴楠每天下班都会匆忙赶回家照顾女儿，陈曦却还是忙于工作、不顾家庭。久而久之，来自工作和一个人带孩子的双重压力让吴楠压抑得快喘不过气来。两人每天相处时间原本就少，在这极少的时间里，双方还会不断争吵，脾气不太好的陈曦偶尔还会在孩子面前动手打吴楠。本以为婚姻对自己而言是避风港，但老公长期的冷漠以及暴力相向，让吴楠再也无法忍受了。

于是，经过深思熟虑，吴楠在 2011 年年底向法院提起了离婚诉讼，她认为两人的夫妻感情已经破裂，无法再继续共同生活，婚姻关系应当解除。同时，吴楠认为年幼的女儿离不开母亲的照顾，并且女儿由母亲抚养会更有利于其身心健康，所以她要求女儿陈美娜由自己抚养，由陈曦每月支付抚养费。陈曦虽然也认为双方无法再继续共同生活，同意吴楠离婚的诉讼请求，但他主张女儿也是自家后代，爷爷奶奶对孩子非常关心和疼爱，可以帮助抚养女儿，因此要求女儿归自己抚养。那么，他们还不到两周岁的女儿陈美娜，在双方离婚后更有可能跟随谁一起生活呢？

## 随行专栏

父母与亲生子女之间的关系是基于血缘形成的，这种关系并不会因父母离婚而发生任何改变。但父母离婚、不再共同生活这一现实状况，肯定会导致父母二人对子女的抚养方式发生变化。也就是说，从原来的双方共同抚养变为由一方抚养、另一方依据情况支付抚养费的方式。那么，孩子究竟会变为由哪一方来直接抚养呢？

陈美娜于2010年10月出生，母亲吴楠于2011年年底向法院提起离婚诉讼时，她刚刚过完一周岁的生日，即还没有年满两周岁。我国法律明确规定，不满两周岁的子女，在父母离婚后，以随母亲生活为原则。也就是说，在没有特殊情形的条件下，陈美娜应该是由吴楠直接抚养。

法律如此规定，必然是经过对社会现实状况的多方考量的。处于哺乳期内的孩子，绝大多数可能都还未断奶，尤其是采取母乳喂养方式的孩子，更是在短时间内没有办法离开母亲，相较于父亲来说，他们更需要来自母亲的细心照料。而且母亲从怀孕开始，就与孩子密切相处，孩子出生以后，大多数情况下也主要是由母亲负责照顾。所以，在母亲能够满足抚养孩子的各种条件，也愿意亲自抚养孩子的时候，就不应该贸然改变孩子的生活环境。

但是，不满两周岁的子女，离婚后随母亲生活只是原则性规定，而有原则就有例外。如果父亲能给孩子提供更好的生活环境和教育资源，本人或者家里的老人也有充足的时间能够陪伴孩子成长，那么在双方协商一致的情况下，不满两周岁的子女也可以由父亲抚养。甚至我国还有司法解释专门就“母亲不宜抚养不满两周岁的子女”的情形作出了规定，如患有久治不愈的传染性疾病或其他严重疾病、有抚养条件不尽抚养义务或者有其他原因致使子女确实无法随母方生活等，在母亲具有这些情形之一时，即使孩子不满两周岁，那也应该随父亲生活。

## 法律依据

**《民法典》**

**第1084条第3款** 离婚后，不满两周岁的子女，以由母亲直接抚养为原则。已满两周岁的子女，父母双方对抚养问题协议不成的，由人民法院根据双方的具体情况，按照最有利于未成年子女的原则判决。子女已满八周岁的，应当尊重其真实意愿。

**《民法典婚姻家庭编解释一》**

**第44条** 离婚案件涉及未成年子女抚养的，对不满两周岁的子女，按照民法典第一千零八十四条第三款规定的原则处理。母亲有下列情形之一，父亲请求直接抚养的，人民法院应予支持：

（一）患有久治不愈的传染性疾病或者其他严重疾病，子女不宜与其共同生活；

（二）有抚养条件不尽抚养义务，而父亲要求子女随其生活；

（三）因其他原因，子女确不宜随母亲生活。

**第45条** 父母双方协议不满两周岁子女由父亲直接抚养，并对子女健康成长无不利影响的，人民法院应予支持。

## 10. 夫妻离婚后，一方可以要回孩子的抚养权吗？

### 担心孩子的母亲

盈盈和俊伟在结婚第七年的时候，开始矛盾频发，争吵不断，最终也没能逃过“七年之痒”的魔咒。经过半年的离婚诉讼，法院最终判决准许他们二人离婚，考虑到俊伟工作稳定、收入较高、平常父母经常帮着带孩子等原因，五岁的儿子由俊伟负责抚养，盈盈每周可以把儿子接走，带着他玩一天。

刚开始，盈盈觉得不用每天带孩子，生活也挺轻松。但随着时间的推移，盈盈对儿子的思念越来越浓烈，她渐渐觉得一周只能见儿子一天，对自己来说，远远不够。恰逢这时，盈盈从朋友那里听说俊伟找到了新的女朋友，两人已经打算结婚。一听到这个消息，盈盈就更着急了，她想着俊伟有了新的妻子，他们也会有自己的孩子，那时候他们还能对自己的儿子好吗？自己的儿子到时候会不会被弟弟妹妹欺负？于是，越想越无法控制思绪的盈盈，向法院提起了变更抚养关系的诉讼。

那么，心急如焚的盈盈到底能不能要回儿子的抚养权呢？

## 随行专栏

根据我国有关司法解释的规定，离婚后，父母两人可以通过协商，达成一致意见来变更子女的抚养关系。当双方无法达成一致意见或者双方通过诉讼离婚、离婚时对子女的抚养问题是法院通过判决所确认的，一方认为另一方对子女的直接抚养会使子女身心健康受到不利的影响，那么这一方就可以向法院起诉请求变更抚养关系了。通俗地说，就是离婚后如果一方觉得另一方没有足够能力和条件来照顾子女，而且跟离婚时相比，差别较大的话，就可以请求变更子女的抚养关系。

夫妻离婚后，子女一般会归一方监护抚养。而负有监护责任的一方，应该尽最大努力保护子女的各种权益不受侵害，他（她）所作出的决定都应该本着子女利益最大化的理念。当监护人自身的情况已经确实无法让他（她）完成监护职责时，法院就会考虑支持另一方变更子女的抚养关系的请求。

但是，给孩子一个稳定的生活环境也很重要，不能因为父母之间的冲突就轻易改变孩子已经适应的生活模式，因此法院作出是否变更抚养权的判决时会慎之又慎。如果另一方只是因为自己对孩子的思念或者后悔，想要回孩子的抚养权，那还是有一些难度的。在本案中，盈盈需要拿出证据来证明俊伟已经确实不适合再抚养儿子，他的抚养会对儿子的身心健康不利，影响儿子的成长。否则，她可能不会胜诉，除非俊伟主动愿意把孩子交由盈盈抚养。

一般情况下，当与子女共同生活的一方有以下这些情形发生时，法院会支持另一方变更抚养关系的请求：①与子女共同生活的一方因患严重疾病或因伤残无力继续抚养子女的；②与子女共同生活的一方不尽抚养义务或有虐待子女行为，或其与子女共同生活对子女身心健康确有不利影响的；③八周岁以上未成年子女，愿随另一方生活，该方又有抚养能力的；④有其他正当理由需要变更的。

## 法律依据

**《民法典》**

**第1084条第1、2款** 父母与子女间的关系，不因父母离婚而消除。离婚后，子女无论由父或者母直接抚养，仍是父母双方的子女。

离婚后，父母对于子女仍有抚养、教育、保护的权利和义务。

**《民法典婚姻家庭编解释一》**

**第55条** 离婚后，父母一方要求变更子女抚养关系的，或者子女要求增加抚养费的，应当另行提起诉讼。

**第56条** 具有下列情形之一，父母一方要求变更子女抚养关系的，人民法院应予支持：

（一）与子女共同生活的一方因患严重疾病或者因伤残无力继续抚养子女；

（二）与子女共同生活的一方不尽抚养义务或有虐待子女行为，或者其与子女共同生活对子女身心健康确有不利影响；

（三）已满八周岁的子女，愿随另一方生活，该方又有抚养能力；

（四）有其他正当理由需要变更。

**第57条**　父母双方协议变更子女抚养关系的，人民法院应予支持。

## 11. 非婚生子女的生父对其有抚养义务吗？

### 意外降临的生命

江雪因为工作上不太顺心，在某天下班后就找了个酒吧喝闷酒，在江雪已经喝到开始精神恍惚的时候，一个名叫时浩的男士走到江雪身边来搭讪，两人聊得不错，加了微信，之后时浩还把江雪送回了家。在那之后，江雪和时浩还约过几次会，相处得还算可以。但是两人最后一次见面的时候，因为一点小事吵了起来，时浩脱口而出称他和江雪不过是玩玩而已，江雪没必要处处都管着他。听完这句话，江雪一气之下就告诉时浩，以后两人井水不犯河水，没有再联系的必要了。

意外的是，三个月后江雪发现自己居然怀孕了。这个孩子的出现实在是太突然了，江雪根本就没有做好成为一个母亲的准备，跟时浩之间也没有什么感情。所以江雪去了医院，想把这个孩子打掉。做完一番检查以后，医生告诉江雪，由于江雪的身体问题，如果江雪这次决定把孩子打掉，那么江雪以后就可能再也不会怀孕了。经过深思熟虑，江雪最终决定把孩子生下来，她觉得自己一个人应该也能好好抚养孩子长大。

就这样，江雪的女儿出生了。原本江雪确实没打算把这件事儿告诉时浩，但孩子生下来以后，突然增加的大大小小的开支，让一边带孩子一边工作的江雪在经济上变得非常拮据。江雪开始意识到，她一个人可能真的给不了孩子好的生活和学习环境。由此，江雪只好托人打听到时浩的联系方式和家庭住址，带着孩子找到了时浩。见到江雪带着孩子找上门来的时浩，坚决拒绝抚养这个孩子，还说两人不过是一夜情而已。时浩认为现在突然冒出来一个孩子，谁知道孩子是不是他的，他可不想当冤大头帮别人养孩子。

走投无路的江雪能向法院起诉请求时浩承担抚养孩子的责任吗？

**名词解释**

非婚生子女，是相对于婚生子女而言的，是指没有经过我国民政部门办理结婚登记手续来缔结婚姻关系的男女所生的子女，其中包括未婚男女所生的子女及已婚男女与第三者所生的子女。

## 随行专栏

非婚生子女的生父对子女是具有抚养义务的。

我国法律明确规定，非婚生子女与婚生子女具有相同的法律地位，他们不应受到任何不公正的对待及歧视，父母子女间的权利与义务同样适用于非婚生子女，父母双方应该共同承担非婚生子女的抚养义务。亲生父母与子女之间的关系是因生育行为及血缘关系形成的，无论父母是受法律保护的夫妻，还是不为法律所保护的非法两性关系，所生育的子女都会受到法律同等的保护，父母任何一方的抚养责任都是不可推卸的。

如果孩子的生父坚决否认与孩子之间的血缘关系并拒绝承担抚养义务，那么孩子的生母可以抚养纠纷为由向人民法院提起诉讼，请求生父履行抚养义务，但起诉时生母应当提供能够证明生父与孩子具有亲子关系的证据。如果生父在法院审理过程中，仍旧否认亲子关系的存在，则双方均可以向法院申请由专门机构来进行亲子鉴定。在生母提供的证据足以断定孩子和男方具有亲子关系时，即使生父始终拒绝进行亲子鉴定，则也可能会被法院推定亲子关系确实存在。

法院确认亲子关系后，生父就应当对孩子尽抚养义务，具体的抚养方式由法院依据具体情况来进行判决。如果之后他还是拒绝抚养，那么生母就可以申请法院强制执行了。

## 法律依据

**《民法典》**

**第1071条** 非婚生子女享有与婚生子女同等的权利，任何组织或者个人不得加以危害和歧视。

不直接抚养非婚生子女的生父或者生母，应当负担未成年子女或者不能独立生活的成年子女的抚养费。

**第1073条第1款** 对亲子关系有异议且有正当理由的，父或者母可以向人民法院提起诉讼，请求确认或者否认亲子关系。

**《民法典婚姻家庭编解释一》**

**第39条** 父或者母向人民法院起诉请求否认亲子关系，并已提供必要证据予以证明，另一方没有相反证据又拒绝做亲子鉴定的，人民法院可以认定否认亲子关系一方的主张成立。

父或者母以及成年子女起诉请求确认亲子关系，并提供必要证据予以证明，另一方没有相反证据又拒绝做亲子鉴定的，人民法院可以认定确认亲子关系一方的主张成立。

## 12. 离婚后，可以擅自给子女改姓氏吗？

### 非得跟父亲一个姓？

李斌和张红是通过家人介绍相亲走到一起的，张红是家里的独生女，李斌则还有个哥哥。两人一开始的夫妻生活也还算和谐，结婚后两年，张红生了个儿子，两家人都非常开心。但是没想到，自从孩子出生之后，因为照看孩子和家里柴米油盐等一系列琐碎问题，夫妻二人之间的争吵越来越多，感情也渐渐出现了裂痕。

儿子一岁时，争吵越来越激烈，两人逐渐感到身心俱疲。说来也算洒脱，既然无法一起过下去了，两人都觉得好歹夫妻一场，也没什么深仇大恨，不如好聚好散。就这样，李斌和张红协议离婚，并到民政局办理了离婚登记。因为儿子还没断奶，所以李斌就同意由张红来抚养儿子，自己每个月支付1500元人民币的抚养费。

离婚一年后，独自照顾孩子的张红辞去了在大城市的工作，带着儿子回到了老家，和父母一起生活。过了一段时间后，张红的母亲便提出，自家就张红这么一个独生女，既然外孙由自家抚养了，就应该跟自己闺女姓，张红也觉得挺有道理，于是去派出所把儿子的姓氏改成了张。某天李斌从别人那里偶然知道了这件事，他非常生气。但生气归生气，他还可以要求张红把孩子的姓名恢复如初吗？

### 随行专栏

子女可以随父姓，也可以随母姓。法律并没有规定子女一定要跟父亲姓，而且这也是一种错误的传统封建思想。但是，法律也没有赋予父母任何一方可以随意更改子女姓氏的权利。

在子女出生后，父母双方应该平等地通过协商来决定子女是随父亲姓还是随母亲姓，然后再到有关部门办理户口登记。只要父母双方协商一致，而且在不违背社会公序良俗的情况下，法律也不禁止父母决定子女采用其他的姓氏。一旦子女的姓名通过办理户口登记的行为确定下来，那么父母中的任何一方都无权再随意对其进行修改。

依据我国有关规定，对于离婚双方未经协商或协商未达成一致意见而其中一方要求变更子女姓名的，公安机关可以拒绝受理；对一方因向公安机关隐瞒离婚事实，而将子女姓名变更的，若另一方要求恢复子女原姓名且离婚双方协商不成，公安机关应予恢复。

自然人享有姓名权，决定自身姓名的权利属于我们每个人自身，但一个人独立行使姓名决定权的前提条件是其有了独立享有民事权利、承担民事义务的能力，即具备法律意义上的完全民事行为能力。当一个人刚生下来的时候，显然还不具备这个能力，因此未成年人一开始的姓名由共同作为法定代理人的父母一起代为决定，在这个阶段的未成年人想要变更姓名时，也必须得到法定代理人的同意。同时，由于父母在子女姓名的问题上享有平等的权利，所以任何一方想变更子女姓名，都要征得对方的同意。在本案中，张红未经李斌的同意，擅自给儿子改姓氏的行为是不为法律法规所允许的，李斌可以要求恢复。

## 法律依据

**《民法典》**

**第1012条**　自然人享有姓名权，有权依法决定、使用、变更或者许可他人使用自己的姓名，但是不得违背公序良俗。

**第1058条** 夫妻双方平等享有对未成年子女抚养、教育和保护的权利，共同承担对未成年子女抚养、教育和保护的义务。

**《民法典婚姻家庭编解释一》**

**第59条** 父母不得因子女变更姓氏而拒付子女抚养费。父或者母擅自将子女姓氏改为继母或继父姓氏而引起纠纷的，应当责令恢复原姓氏。

**《最高人民法院关于变更子女姓氏问题的复函》（〔81〕法民字第11号）**

辽宁省高级人民法院：

你院〔1981〕民复字2号关于变更子女姓氏纠纷处理问题的来函收悉。

据来文所述，陈森芳（男方）与傅家顺于1979年10月经鞍山市中级人民法院判决离婚。婚生子陈昊彬（当年七岁）判归傅家顺抚养，由陈森芳每月负担抚养费十二元。现因傅家顺变更了陈昊彬的姓名而引起纠纷。

我们基本同意你院意见。傅家顺在离婚后，未征得陈森芳同意，单方面决定将陈昊彬的姓名改变傅伟继，这种做法是不当的。现在陈森芳既不同意给陈昊彬更改姓名，应说服傅家顺恢复儿子原来姓名。但婚姻法第十六条规定“子女可以随父姓，也可以随母姓”。认为子女只能随父姓，不能随母姓的思想是不对的。因此而拒付子女抚养费是违反婚姻法的。如陈森芳坚持拒付抚养费，应按婚姻法第三十五条的规定，予以强制执行。

对上述纠纷，不要作为新案处理，宜通过说服教育息讼，或以下达通知的方式解决。

此复。

**《公安部关于父母离婚后子女姓名变更有关问题的批复》（公治〔2002〕74号）**

安徽省公安厅：

你厅《关于变更姓名问题的请示》（公办〔2002〕65号）收悉。现批复如下：

根据最高人民法院《关于变更子女姓氏问题的复函》（〔81〕法民字第11号）的有关精神，对于离婚双方未经协商或协商未达成一致意见而其中一方要求变更子女姓名的，公安机关可以拒绝受理；对一方因向公安机关隐瞒离婚事实，而取得子女姓名变更的，若另一方要求恢复子女原姓名且离婚双方协商不成，公安机关应予恢复。

二〇〇二年五月二十一日

## 13. 子女可以随母亲的姓吗？

### 姓氏观念的冲突

阿东和小可在大学里的一次社团活动上不期而遇，两人通过社交软件聊了一段时间后，便觉得对方与自己非常三观一致、性格互补，使紧接着就确认了恋爱关系。大学一毕业，阿东和小可迅速领证结婚，两人的感情一直都是恩爱和谐、甜甜蜜蜜的。

潇洒浪漫的二人世界持续了几年后，绝大多数小夫妻都会面临的棘手问题——婆婆妈妈们的“催生紧箍咒”，如期而至。阿东和小可其实对生孩子这件事并没有多么抗拒，两人认为能共同抚育爱的结晶，看着孩子长大成人，何尝不是一种新的人生体验。但考虑到自己和老公都是独生子女，小可便向阿东提出，他们可以生两个孩子，这样两个孩子也能够互相陪伴，不至于像自己小时候那么孤单。两人还商量好到时候一个孩子随小可姓，另一个孩子随阿东姓，在他们看来，这也是向对方表达爱意的方式之一。

但没成想，当阿东把这件事告诉自己的父母后，他们却认为子女就只能随父亲姓，这才是遵循传统，坚决不同意让孩子随小可姓。小可的父母知道这件事后，认为亲家太不近人情，蛮不讲理，自己的女儿要冒着生命危险生儿育女，却连让一个孩子随自己姓都没办法做到，自己就这么一个女儿，不能让她受这种委屈。两家人为此发生了激烈的争吵，争执不下、互不相让，那么子女只能随父亲姓吗？母亲就不能要求子女随自己姓了吗？

## 随行专栏

在中华传统文化中，姓氏是对先祖的崇敬，代表着家族的传承，反映的是中国人对家庭的重视。但同时，姓氏也只是家庭关系的外在表现，真正的传承还是在于血脉。孩子不论随父姓，还是随母姓，骨子里的血始终都浓于水。一个孩子的父亲和母亲，都会为了自己的孩子能够降临到人世间并平安成长，而做出巨大的努力和牺牲，双方扮演的角色同等重要、缺一不可。

依据《民法典》的相关规定，父母双方共同平等享有抚养、教育和保护孩子的权利，给孩子起名的权利当然也包括在内，同时除孩子父母以外的任何人也都不应该影响孩子的父母行使这一权利。只要夫妻双方协商一致，孩子既可以随父姓，也可以随母姓，这也符合《民法典》中“夫妻在婚姻家庭中地位平等”这一基本原则。

2011 年，安徽省长丰县就以提倡性别平等为主题，掀起了一场“姓氏革命”，对“子随母姓”家庭予以一定的奖励。这一政策并不强制要求子女一定要随母姓，只是一种积极的引导措施。项目发起的最终目的就在于，呼吁社会大众摒弃只有男性才能传宗接代、延续祖宗香火的传统思想观念，关注女性的生存环境和健康发展，并逐步调节我国男女性别比例失衡的现实问题。目前，在全社会范围内，“子女只能随父姓”的传统社会观念，已经在潜移默化中得到极大转变，孩子随母姓这一现象已经屡见不鲜。

但是需要注意的是，孩子的姓名一经确定，任何一方都不能未经对方同意而擅自进行更改。父母双方都是未成年的孩子的监护人，一方擅自更改孩子的姓名，在某种意义上来说，是对另一方监护权的侵犯，另一方有权请求法院恢复孩子原来的姓名。

### 法律依据

**《民法典》**

**第 1015 条第 1 款**　自然人应当随父姓或者母姓，但是有下列情形之一的，可以在父姓和母姓之外选取姓氏：

（一）选取其他直系长辈血亲的姓氏；

（二）因由法定扶养人以外的人扶养而选取扶养人姓氏；

（三）有不违背公序良俗的其他正当理由。

**第 1058 条**　夫妻双方平等享有对未成年子女抚养、教育和保护的权利，共同承担对未成年子女抚养、教育和保护的义务。

## 14. 探望权可以中止吗？

### 做父亲也得够格

夏骏跟何晶晶结婚第五年的时候，尝试了各种办法，看了很多医生，才终于生了个儿子。儿子的降生起初让夫妻俩都高兴不已，但紧接着两人养家糊口的压力也逐渐变大，毕竟父母都想给孩子最好的教育和生活环境。因此，两人的工作都开始越来越忙，加班越来越多，但沟通却越来越少。偶尔两人都在家休息时，要么各干各的事，要么没说两三句就会情绪激动地吵起来。时间一长，两人都觉得没必要再纠缠下去了，便办理了协议离婚。

两人协议约定儿子由何晶晶直接抚养，夏骏每月支付抚养费。至于夏骏提出的想探望儿子的事，何晶晶虽然自己和夏骏没了感情，但也不想让儿子彻底没了父亲的陪伴，所以签协议时也答应了夏骏一个月见一次儿子的要求。

之后，何晶晶偶然一次去夏骏那里接回儿子的时候，发现夏骏正在注射毒品，她非常生气，立马打电话报了警。冷静下来后，何晶晶突然想到夏骏当着儿子的面注射毒品，这要是再让他见儿子，万一他注射毒品后产生幻觉伤害了儿子，或者让儿子也沾染上毒品，可就毁了儿子的未来。于是，何晶晶向当地法院提出了中止夏骏行使对儿子的探望权的请求。她的请求会被支持吗？

**名词解释**

探望权，是指父母离婚后，不直接抚养子女的一方，享有依据双方的离婚协议或者人民法院作出的判决，按照一定的时间周期和方式去看望子女的权利。

## 随行专栏

**（1）离婚后，不直接抚养子女的一方享有探望子女的权利。**

即使父母的婚姻关系已经解除，但父母与子女间的关系并不会自然消灭。而探望权存在的宗旨就是保护子女的最佳利益，尽可能地降低父母离婚对未成年子女心理状况造成的影响。因此，法律以规定探望权的形式，来弥补子女可能缺失的与父母间的感情交流。这种权利不论从维护社会稳定还是满足人性对亲情的需求来说，都是有其存在的必要性的。

**（2）父母一方的探望有损子女身心健康时，法院可依法中止探望权的行使，待损害情形消失后再予以恢复。**

既然探望权的存在是以维护子女的利益为出发点的，那么在父母行使这项权利却给子女带来损害时，该权利就应该被中止行使。但如果探望的行为并没有侵害子女利益，那么它也不可以被随意中止。

在法院实际审判中，享有探望权的父母一方有下列情形之一，会给子女的身心健康和生活学习造成严重影响时，探望权就可能被判决中止：①多次不按照协议或者法院判决的地点、方式和时间滥用探望权；②行使探望权时有家庭暴力、虐待、遗弃子女的行为；③在探望过程中对子女有违法犯罪行为的；④道德败坏，或有赌博、吸毒、嫖娼等不良生活方式的；⑤患有严重传染性疾病的；⑥怂恿子女犯罪的；⑦发现子女有不良行为或违法犯罪行为不教育制止的；⑧有借机藏匿子女的企图或行为的。

**（3）哪些人可以向法院申请中止探望权呢?**

未成年子女、直接抚养子女的父母一方及其他对未成年子女负有抚养义务的法定监护人，有权向法院提出中止探望权的请求。法院经审理后，认为需要中止行使探望权的，会依法作出裁定。中止探望的情形消失后，法院也会根据当事人的申请通知其恢复行使探望权。

## 法律依据

***《民法典》***

**第 1086 条** 离婚后，不直接抚养子女的父或者母，有探望子女的权利，另一方有协助的义务。

行使探望权利的方式、时间由当事人协议；协议不成的，由人民法院判决。

父或者母探望子女，不利于子女身心健康的，由人民法院依法中止探望；中止的事由消失后，应当恢复探望。

**《民法典婚姻家庭编解释一》**

**第 66 条** 当事人在履行生效判决、裁定或者调解书的过程中，一方请求中止探望的，人民法院在征询双方当事人意见后，认为需要中止探望的，依法作出裁定；中止探望的情形消失后，人民法院应当根据当事人的请求书面通知其恢复探望。

**第 67 条** 未成年子女、直接抚养子女的父或者母以及其他对未成年子女负担抚养、教育、保护义务的法定监护人，有权向人民法院提出中止探望的请求。

## 15. 离婚后，双方都拒绝抚养孩子怎么办？

### 无辜的孩子

钟祺在妻子洗澡时，帮妻子接听电话，却无意间看到了妻子手机里的未读短信，这才发现妻子背着自己在外面有了男人。从微信聊天记录来看，两人认识时间已经不短了，言语间非常暧昧。钟祺立刻气得发疯，就和妻子发生了激烈的争吵，还差点打了起来。

大吵一架后，两人渐渐冷静下来，钟祺才从妻子口中得知那个男人的情况。那个男人是妻子的高中同学，也是初恋，两个人都考上大学以后，就成了异地恋，而异地恋没坚持多久，便分手了。然后，妻子就在家人的相亲介绍下，认识了钟祺，并和他结了婚。五年前，妻子高中同学聚会时，又见到了那个男人，一番推杯换盏之后，两个人都有点喝多了。散场的时候，初恋提出送妻子回家，于是两人旧情复燃，开始频繁联系和见面。

钟祺听完这一切，当即就提出离婚。但是，关于儿子以后由谁来抚养的问题，两人迟迟无法达成一致。钟祺觉得儿子可能就不是自己的，自己绝不可能给别人养儿子。钟祺的妻子说儿子就是钟祺的，自己离了婚以后，一个人没有能力抚养儿子，也就是说两人都不愿意要儿子。那么，这种情况下，夫妻双方离婚后，孩子的抚养问题该怎么解决呢？

## 随行专栏

大多数情况下，夫妻离婚时，双方都会各自使出各种各样的招式来争夺孩子的抚养权，但有时候有些家庭、有些夫妻会因为各种各样的理由，都不愿意抚养自己的孩子。这就涉及了本篇要讲的离婚双方都不愿意抚养孩子的时候该怎么办的问题。

①如果双方想协议离婚，双方当事人对子女抚养问题无法达成一致，没有对孩子的未来生活做好安排，那么婚姻登记机关将不会为他们办理离婚登记。所以，协议离婚的双方必须就孩子由谁抚养的问题，达成一致，确定一方来直接抚养孩子。

②如果双方通过诉讼来离婚，在离婚诉讼进行期间，法院会先裁定子女暂由夫妻一方抚养。而离婚后，孩子具体由谁抚养、跟着谁生活，应该从有利于孩子健康成长的角度考虑。在这个前提下，夫妻诉讼离婚时仍然可以协商确定孩子抚养权的归属问题。实在协商不成，包括双方都不愿意抚养孩子的情形，就由人民法

院直接进行判决。判决生效后，负有抚养义务的一方仍然拒绝履行抚养义务的，法院可以依法采取强制措施。

在司法实践中，法院一般会首先对这种拒绝抚养子女的当事人进行批评教育，做当事人的思想工作，让他们主动积极履行法定抚养义务。对于不接受批评教育的人，法院会根据保护子女合法权益和有利于子女成长的原则，依法判决孩子归一方抚养，另一方承担必要的生活费和教育费等抚养费用。

总之一句话，不论怎样，自己的孩子，自己必须抚养，而有关确定孩子抚养权归属的最终原则就是有利于孩子的成长。

## 法律依据

**《民法典》**

**第1084条** 父母与子女间的关系，不因父母离婚而消除。离婚后，子女无论由父或者母直接抚养，仍是父母双方的子女。

离婚后，父母对于子女仍有抚养、教育、保护的权利和义务。

离婚后，不满两周岁的子女，以由母亲直接抚养为原则。已满两周岁的子女，父母双方对抚养问题协议不成的，由人民法院根据双方的具体情况，按照最有利于未成年子女的原则判决。子女已满八周岁的，应当尊重其真实意愿。

**《民法典婚姻家庭编解释一》**

**第60条** 在离婚诉讼期间，双方均拒绝抚养子女的，可以先行裁定暂由一方抚养。

**第61条** 对拒不履行或者妨害他人履行生效判决、裁定、调解书中有关子女抚养义务的当事人或者其他人，人民法院可依照民事诉讼法第一百一十一条的规定采取强制措施。

## 16. 婚姻宣布无效或被撤销后，子女该归谁抚养？

### 爱情与伦理

阿朗和兰兰是表兄妹。从小，阿朗就宠爱、保护着兰兰，有人欺负兰兰，阿朗都会第一时间挡在前面。两人渐渐长大，兰兰已经习惯了被阿朗宠着。于是，当阿朗带女朋友回家的时候，兰兰心里莫名地不是滋味。兰兰这才发觉，她喜欢上阿朗了。她对阿朗表明了心意，但没有想到，阿朗对她也不是普通的兄妹之情。

兰兰喜出望外，说道："那我们还等什么？我们去跟爸爸、妈妈、舅舅、舅妈说，我们去登记结婚！"阿朗理智冷静地分析了一下，觉得长辈们一定不会同意，还是先拖一拖，再做打算。

于是，阿朗和兰兰私底下谈起了恋爱，没多久便意外怀了孩子。兰兰怕父母知道，躲起来生下了孩子。她还偷了户口本，和阿朗办了结婚登记。

最终，两家父母知道了这件事情，劝两人离婚，把孩子送到孤儿院，就当这件事从没发生过。可兰兰和阿朗情比金坚，说什么也不愿意离婚。长辈们只好到法院去申请宣告婚姻无效。

此时，兰兰和阿朗的孩子该何去何从呢？

### 随行专栏

婚姻宣布无效或被撤销后，子女该归谁抚养呢？无论是无效婚姻，还是被撤销的婚姻，在财产分割和子女抚养问题上，都与离婚是没有区别的。法院还是会根据双方过错、经济状况、教育状况、陪伴孩子时间长短等因素，来进行财产分割和判决孩子的抚养权。

## 法律依据

**《民法典》**

**第1051条** 有下列情形之一的，婚姻无效：

（一）重婚；

（二）有禁止结婚的亲属关系；

（三）未到法定婚龄。

**第1052条** 因胁迫结婚的，受胁迫的一方可以向人民法院请求撤销婚姻。

请求撤销婚姻的，应当自胁迫行为终止之日起一年内提出。

被非法限制人身自由的当事人请求撤销婚姻的，应当自恢复人身自由之日起一年内提出。

**第1053条** 一方患有重大疾病的，应当在结婚登记前如实告知另一方；不如实告知的，另一方可以向人民法院请求撤销婚姻。

请求撤销婚姻的，应当自知道或者应当知道撤销事由之日起一年内提出。

**第1054条** 无效的或者被撤销的婚姻自始没有法律约束力，当事人不具有夫妻的权利和义务。同居期间所得的财产，由当事人协议处理；协议不成的，由人民法院根据照顾无过错方的原则判决。对重婚导致的无效婚姻的财产处理，不得侵害合法婚姻当事人的财产权益。当事人所生的子女，适用本法关于父母子女的规定。

婚姻无效或者被撤销的，无过错方有权请求损害赔偿。

**《民法典婚姻家庭编解释一》**

**第22条** 被确认无效或者被撤销的婚姻，当事人同居期间所得的财产，除有证据证明为当事人一方所有的以外，按共同共有处理。

## 小贴士

本章重点问题总结如图 2.1。

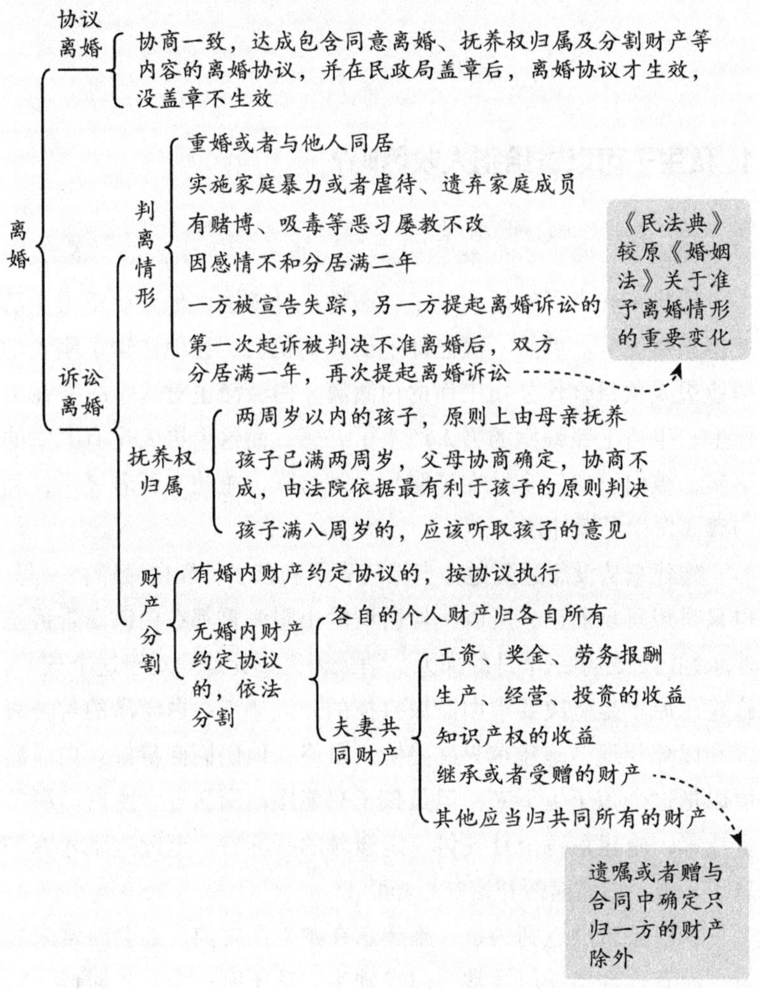


图 2.1　离婚相关问题

# 第三章　子女收养问题

## 1. 私生子可以送给别人收养吗？

### 花言巧语不可信

施建东和妻子结婚八年了，激情早已褪去，他开始觉得生活变得索然无味。偶然一次去外地出差的机会，让他认识了刚大学毕业进入项目合作公司工作的白潇潇。白潇潇也对这个时常在工作上、生活上照顾她的男人产生了好感，而这个男人是有家室的事实，被白潇潇完全抛在了脑后。就这样，施建东背着妻子，和白潇潇发生了婚外情。

施建东从没想过要抛弃自己的妻子和孩子，和白潇潇在一起，也只是想玩玩而已，所以一切所谓的山盟海誓都在白潇潇告诉施建东她已经怀孕三个月的那天，消失得无影无踪。对于这个孩子，施建东原本是坚决要求白潇潇打掉的，但架不住白潇潇的苦苦哀求和以死相逼，施建东只好妥协。最终，他们俩商量好，白潇潇可以把这个孩子生下来，但是孩子只能跟白潇潇姓、由白潇潇负责抚养，施建东每个月支付一定金额的抚养费。至此这事才算平息了下来，白潇潇便开始安心养胎了。

令白潇潇没想到的是，施建东在她生产之前，还会时常来看望，没有表现出任何异常，但在她生完孩子刚一个月的时候，施建东就永远地在她的生活里消失了。电话已经变成空号，之前告诉她的家庭住址里住的也是别人，她再也找不到施建东了。刚毕业没多久的白潇潇根本就没有独立抚养孩子的经济能力，她也不敢让其他亲戚朋友知道这件事。

于是，白潇潇想把孩子送养，她的想法可以实现吗？

## 随行专栏

私生子可以送给别人收养，但是需要满足一定的条件，才能办理合法的收养手续、形成有效的收养关系、进行户口登记，否则可能会构成遗弃罪或拐卖儿童罪。

私生子，一般是指父母在没有取得合法夫妻关系的情况下所生育的孩子，也就是法律上所说的“非婚生子”。非婚生子女与婚生子女受法律同等的保护，不应该受到任何歧视与损害，因此非婚生子女和婚生子女送养都是一样需要满足法定条件的。这些条件大致包括：①子女尚未成年（原《收养法》规定被送养的子女应该不满 14 周岁，而《民法典》中已将不满 14 周岁的限制放宽至全部的未成年人）；②生父母双方都生活困难、没有抚养能力并同意送养；③生父母一方下落不明或查找不到，另一方无力抚养等。

所以，本案中提到的白潇潇和施建东的孩子是可以由白潇潇送给他人收养的，只是需要白潇潇提供法律所规定的一些材料，并和收养人一起到当地民政部门办理收养手续。除了基础的身份证明材料外，还需要提交与当地计划生育部门签订的不违反计划生育规定的协议；有特殊困难无力抚养子女的，还应当提交所在单位或者村委会、居委会出具的送养人有特殊困难的证明；送养本应由父母双方一同送养，但因一方下落不明，只能单方送养的，还应当提交一方下落不明的证明等。关于具体的收养手续，可能各地的民政部门略有不同，建议有需要时先致电咨询。

### 法律依据

**《民法典》**

**第 1093 条** 下列未成年人，可以被收养：

（一）丧失父母的孤儿；

（二）查找不到生父母的未成年人；

（三）生父母有特殊困难无力抚养的子女。

**第 1094 条** 下列个人、组织可以作送养人：

（一）孤儿的监护人；

（二）儿童福利机构；

（三）有特殊困难无力抚养子女的生父母。

**第 1097 条** 生父母送养子女，应当双方共同送养。生父母一方不明或者查找不到的，可以单方送养。

## 2. 母亲死亡，父亲要将孩子给别人收养，外婆可以要求抚养吗？

### 血浓于水

苏强原本有一个幸福美满的小家庭，妻子小萍温柔贤淑，女儿涵涵听话可爱，但就因为几天前的一时疏忽大意，苏强失去了爱人，自己和女儿也差点送了命。

几天前的晚上，苏强开车载着妻子小萍和女儿涵涵去父母家吃饭。出门前小萍叮嘱苏强检查一下家里的电器、煤气是不是都关好了，苏强想着天天都出门也没有什么事，就偷了回懒，没有检查便跟小萍说了声没问题。吃完饭后，苏强带着妻子和女儿去公园散了会儿步，就开车回家了。因为父母让他们带了点家里的土特产回去，下车后小萍就走在前面，苏强则抱着女儿，提着几袋土特产，跟在后面。到了家门口，小萍拿出钥匙打开了房门，一股刺鼻的气味扑鼻而来，苏强也闻到了，顿时感觉不对劲，意识到可能是煤气泄漏了！他还未来得及跟妻子说先不要开灯，妻子的手就已经按在了开灯的按钮上，一瞬间就引发了爆炸。等到苏强睁开眼睛的时候，他发现自己已经躺在医院里，于是赶紧去看小萍和涵涵是不是没事。涵涵倒是没事，只是擦破了点皮，但是小萍因为直接受到爆炸的冲击，还没来得及送到医院抢救，就去世了。

这次的事故让苏强恨极了自己，要是他当时没有偷懒，就不会发生这样的事。于是，他开始成天地喝酒，用酒精麻痹自己，让三岁的女儿顿顿吃的都是外卖，他也想好好照顾女儿，可是他做不到。为了让女儿得到好的照顾，他决定把涵涵送到一个好的家庭去养，否则跟着自己的话，涵涵这一辈子就算是耽误了。正当苏强给涵涵挑选家庭的时候，涵涵的外婆来了，她说："涵涵是我的外孙女，我不放心让别人照顾，涵涵交给我，你自己好自为之吧！"

涵涵的外婆有权这样做吗？

## 随行专栏

涵涵的外婆有权这样做，这是法律赋予她的权利。

《民法典》规定，配偶一方死亡，另一方送养未成年子女的，死亡一方的父母有优先抚养的权利。也就是说，在小萍去世后，如果苏强要把涵涵送到别人家养，涵涵的外婆或者外公可以提出涵涵由他们抚养，并且应当优先满足涵涵外婆或外公的请求。

法律之所以赋予涵涵的外婆这样的权利，是因为考虑到涵涵和外婆之间的亲属关系，这样的亲属关系显然要比其他人更值得信任。

血浓于水，相较于其他与涵涵没有血缘关系的人，涵涵的外婆照顾涵涵肯定更为用心，更能够保护涵涵健康成长，这同时也是对外婆的一种慰藉。

**法律依据**

**《民法典》**

**第1108条** 配偶一方死亡，另一方送养未成年子女的，死亡一方的父母有优先抚养的权利。

## 3. 可以从福利院收养多个孤儿吗？

**爱心的传递**

孙思达来自农村，小的时候家里很穷，爸爸妈妈都只能外出到大城市打工，于是他就跟着年迈的爷爷奶奶生活，变成了一个留守儿童。爸爸妈妈外出打工后，每年就很少回家，他们刚开始每年都会汇一些钱回来，但后来钱汇得越来越少，说是在外打工，钱越来越难挣了。如此一来，原本快上高中的思达，学费和生活费就成了问题，而且爷爷奶奶身体也不好，还需要经常买药。虽然思达内心满是对知识的渴望和想改变命运的倔强，但也只能无奈退学回家。

孙思达在学校的成绩本来名列前茅，所以学校的支教老师在听说这件事后，不想这么一个好苗子就这样被埋没，便通过多方努力为孙思达找到了一位资助人。这个好心人热衷公益，愿意替孙思达支付直至上完大学的费用，孙思达这才能够重返学校。

受到资助的孙思达不负众望，顺利考上了理想的大学，毕业以后找到了合适的工作。皇天不负有心人，孙思达在工作中非常地积极和努力，能力也很好，最终为自己赢得了比较富裕的生活，也有了一个美满的家庭。

由于感受到这个世界的爱意，孙思达在有了足够的经济条件后，就想以自己的能力去回报这个社会，把他从别人那里取得的善意，更多地传递出去。所以，在和妻子商量之后，他们决定在各地的福利院多领养几名孤儿，让他们也过上稳定的生活，教会他们心存善念，以后再向社会传递更大的能量。

那么，收养孤儿有数量的限制吗？孙思达和妻子的想法能否实现呢？

## 随行专栏

满足作为一个收养人所需要具备的基本条件后，只要具有足够的抚养能力，可以在经济上同时保证多名孩子的健康成长，是可以收养多名福利院的孤儿的，因此孙思达和妻子完全可以收养多名孤儿。

一般情况下，对于收养普通的有生父母、身体健康的孩子来说，在 2021 年 1 月 1 日《民法典》实施之前，满足条件的收养人只能收养一个孩子，而在其实施之后，没有子女的收养人可以收养两个孩子，而有子女的收养人可以收养一个孩子。但我国法律自始至终对于收养孤儿、残疾的孩子以及社会福利机构抚养的找不到生父母的孩子这方面，对收养人本身已有子女的数量和可以收养的数量方面都是放宽的，即不受上述数量的限制。

这一条件的放宽是因为有关部门始终秉持“儿童利益优先”原则，希望孤儿、残疾的孩子以及社会福利机构抚养的找不到生父母的孩子能够尽早、尽可能地回归温暖家庭的怀抱，让被收养这件事成为他们成长路上“不幸中的万幸”。

## 法律依据

**《民法典》**

**第 1098 条** 收养人应当同时具备下列条件：

（一）无子女或者只有一名子女；

（二）有抚养、教育和保护被收养人的能力；

（三）未患有在医学上认为不应当收养子女的疾病；

（四）无不利于被收养人健康成长的违法犯罪记录；

（五）年满三十周岁。

**第 1100 条** 无子女的收养人可以收养两名子女；有子女的收养人只能收养一名子女。

收养孤儿、残疾未成年人或者儿童福利机构抚养的查找不到生父母的未成年人，可以不受前款和本法第一千零九十八条第一项规定的限制。

# 4. 单身男性可以收养小女孩吗？

## 寻找家庭

杜宇泽和妻子婚后尝试了很多办法，却一直没能成功要一个孩子。两人都很喜欢小孩，也不想轻易放弃，但即便做了试管婴儿，也很遗憾没能成功。

要孩子的过程给双方的身体和心理造成了双重的折磨，久而久之，两人间的夫妻感情就出现了裂痕。某一天两人又因为一些琐事大吵一架后，妻子便离家出走了，再也没有回到他们共同的家。杜宇泽曾经也想要挽回妻子，但奈何妻子去意已决，他最终没能挽回妻子的心。分居三年后，两人都想放过彼此，于是一起去民政局办理了协议离婚。离婚后，杜宇泽感觉自己对婚姻失去了信心、对爱情失去了兴趣，发誓自己今生不要再结婚了，那一年他 42 岁。

两年后，杜宇泽感觉一个人的生活还是有点孤独，又怕自己将来老无所依，喜欢孩子的他心头生出了领养一个小女孩的想法。那么，他的这个想法可以实现吗？

## 随行专栏

单身人士可以收养异性子女，但是对收养人和被收养人来说，都需要满足一定的条件。

对单身人士本人来说，需要满足年满 30 周岁、没有子女或只有一名子女（原《收养法》规定收养人应无子女，但随着我国计划生育政策的调整等原因，《民法典》中已经修改为可以有一名子女）、有抚养孩子的能力和条件、未患有会影响孩子健康成长的精神病或传染病等疾病。而对被收养的异性小孩来说，需要满足尚未成年，是孤儿或生父母下落不明或生父母无力抚养等条件。另外，未婚人士收养异性的子女除了满足上面这些基础条件外，还存在一条特别规定，那就是收养人与被收养人年龄差在 40 周岁以上，也就是说单身男性想收养小女孩，自身起码要达到 40 周岁。

但如果想收养的是三代以内同辈旁系血亲的子女，如兄弟姐妹的子女和第三代堂、表兄弟姐妹的子女，即侄子女、外甥、外甥女和第四代的堂侄子女、表侄子女、表外甥、表外甥女，就可以不受生父母有特殊困难无力扶养、被收养人未成年和无配偶者收养异性子女年龄必须相差 40 周岁以上等条件的限制。

如果收养孤儿、残疾儿童或社会福利机构抚养的找不到父母的孩子，不受无子女或只有一名子女的限制，但其他条件还是应当满足的。

## 法律依据

**《民法典》**

**第1098条** 收养人应当同时具备下列条件：

（一）无子女或者只有一名子女；

（二）有抚养、教育和保护被收养人的能力；

（三）未患有在医学上认为不应当收养子女的疾病；

（四）无不利于被收养人健康成长的违法犯罪记录；

（五）年满三十周岁。

**第1099条** 收养三代以内旁系同辈血亲的子女，可以不受本法第一千零九十三条第三项、第一千零九十四条第三项和第一千一百零二条规定的限制。

华侨收养三代以内旁系同辈血亲的子女，还可以不受本法第一千零九十八条第一项规定的限制。

**第1102条** 无配偶者收养异性子女的，收养人与被收养人的年龄应当相差四十周岁以上。

# 5. 有子女的继父母可以收养继子女吗？

## 真心照顾孩子的男人

方鸿和现在的妻子任静都是再婚，两人都曾经有过一段不幸的婚姻。方鸿和前妻的儿子鹏鹏在离婚后由前妻抚养，前妻在没有征得方鸿同意的情况下，把鹏鹏带到了国外去学习和生活，从此失去了音讯。任静的前夫婚内沉迷赌博，欠了不少的赌债，在和任静离婚后，为了躲债也跟家人失去了联系。他会偶尔地回来看一眼女儿露露，每次都偷偷摸摸的，生怕被债主发现，因而露露基本上是由任静独自照顾长大的。

方鸿和任静因为一些机缘巧合而相识，有着相似人生经历的两人聊得非常投机。后来两人就经常约着去户外旅游或是带着露露去游乐园玩耍。因为都有过失败的婚姻，所以经过慎重的交往和考虑，两人最终才决定结婚。结婚之后，方鸿考虑到任静前夫的赌博前科和欠下的一屁股债，跟任静提出想收养露露，这样她就和任静前夫没有关系了。方鸿的这个想法可以实现吗？他已经有鹏鹏这个儿子的情况影不影响他收养露露？

## 随行专栏

有子女的继父母可以收养继子女，方鸿在取得任静和其前夫的同意后，完全可以收养露露。继父母收养继子女，是将继父母子女关系转变为养父母子女关系的法律行为，主要是为了避免将来继子女和生父或生母之间因为权利义务关系而产生纠纷。继父母收养继子女之后，继子女与生父或生母间的父母子女关系就会随之消灭。

由于继父母和继子女实际上已经在一起共同生活了，因此与一般收养的条件不同。在征得继子女的生父母同意，并且年满八周岁的未成年继子女本人也表示同意之后（收养不满八周岁的未成年人不需要征得其本人同意），继父母就可以收养继子女，不受法律对收养人条件的诸多限制，即不需要收养人没有子女且年满30周岁，也不要求生父母必须没有抚养能力。

## 法律依据

**《民法典》**

**第1103条** 继父或者继母经继子女的生父母同意，可以收养继子女，并可以不受本法第一千零九十三条第三项、第一千零九十四条第三项、第一千零九十八条和第一千一百条第一款规定的限制。

## 6. 收养人可以给养子女改姓氏吗？

### 恰好的收养

周岩和妻子结婚前就商量好婚后不要孩子，要做丁克族。两人一方面觉得养个孩子成本太高，教育不好的话，烦心事还多；另一方面，要是没有孩子的话，他们过幸福的二人世界也挺好。刚开始没孩子的夫妻俩确实过得很洒脱，一有闲暇时间就到处旅游，想买什么就买什么，也不用想着为孩子的未来存钱这回事。但是慢慢地，在外面看了不少风景的夫妻俩，看到身边朋友们带孩子玩耍的温馨场面，又对这种生活状态心生向往。但是，两人年纪都不小了，妻子这时候再生孩子就属于高龄产妇，从怀孕到生产都会有不少风险。

正好这时，周岩听说老家有一个远房亲戚，家里一心想要儿子，第一胎是个女儿，没想到第二胎又生了个女儿，已经上过户口了，但亲戚家里还想接着生儿子，现在养不起，也不想要这个刚出生的女儿，准备把孩子送养。周岩和妻子一琢磨，决定索性收养这个小女孩，远房亲戚也表示同意。办完收养手续的周岩和妻子，想把孩子迁到自家户口里，顺便再给孩子改个名字，让孩子跟自己姓。周岩的这个想法能实现吗？

### 随行专栏

通常情况下，养父母在收养孩子回来之后，都希望孩子忘掉过去不好的经历，开始崭新的生活，所以会产生给孩子改姓名的想法。只要是办理了正规收养手续而形成收养关系的养父母，就可以给养子女改名换姓。养父母提出书面的姓名变更申请并提交身份证、结婚证（单身无须提供）、户口本、收养登记证以及孩子所在学校的准予变更证明（学龄前不需要提供），就可以到辖区派出所申请和办理姓名变更手续。具体的材料可能各地稍有不同，有需要可向当地派出所进行咨询。我国法律赋予了公民姓名权，因收养关系成立而办理姓名变更手续是正当的理由，派出所一般都会同意办理的。孩子可以随养父姓，也可以随养母姓。

当然，经过各方协商一致的话，孩子也可以保留原本的姓名。

### 法律依据

**《民法典》**

**第 1012 条**　自然人享有姓名权，有权依法决定、使用、变更或者许可他人使用自己的姓名，但是不得违背公序良俗。

**第 1014 条**　任何组织或者个人不得以干涉、盗用、假冒等方式侵害他人的姓名权或者名称权。

**第 1016 条第 1 款**　自然人决定、变更姓名，或者法人、非法人组织决定、变更、转让名称的，应当依法向有关机关办理登记手续，但是法律另有规定的除外。

**第 1112 条**　养子女可以随养父或者养母的姓氏，经当事人协商一致，也可以保留原姓氏。

## 7. 如何办理收养手续？

### 小夫妻的难处

郑军涛与妻子许晓琴结婚六年了，虽然七大姑八大姨天天催生，但他俩还是一直没能有自己的孩子。许晓琴辗转各大医院，也尝试了很多偏方，却都以失败告终，没能如愿。眼看着朋友们的孩子都会打酱油了，两人也开始焦急起来，但对于这件事，着急也是于事无补。许晓琴自己想了这么多办法也没能奏效，所以她开始怀疑问题是出在老公身上。于是，在许晓琴的强烈建议与坚持下，郑军涛才到医院做了检查，检查结果显示郑军涛没有生育能力。这下，两人想生个孩子的愿望彻底破灭，夫妻间的感情也濒临崩溃。

就在这时，两人听说有一个女性朋友未婚先孕后，被男方抛弃，生了一个女婴，长得粉嫩可爱，但女方的长辈们都觉得太丢人，坚决要把孩子遗弃。郑军涛和许晓琴经过反复商量和深思熟虑，决定收养这个孩子。他们该如何办理孩子的收养手续呢？

## 随行专栏

根据我国相关法律的规定，收养人在具备收养条件时，可收养未成年人作为子女，但收养需要在县级以上人民政府的民政部门，办理正规的收养登记手续。未经登记的收养关系不为法律所保护，甚至会导致养子女不能上户口、不能建立学籍档案、对养父母没有赡养义务或不能继承养父母遗产等问题。

收养人需要具备的一些基本条件，前文已经有所介绍。而办理收养手续具体所需要的材料以及所要经过的程序，详细规定在我国民政部于1999年5月25日发布并于2019年3月2日修订的《中国公民收养子女登记办法》当中。需要提交的材料大致包括收养人的户口簿和身份证，收养人所在单位或者村委会、居委会出具的本人婚姻状况和抚养教育被收养人的能力等情况的证明，收养人出具的子女情况声明、身体健康检查证明等，有需要的读者可以自行查询阅读该办法或直接咨询当地民政部门，由于篇幅较长，就不在此赘述。

读者朋友们要特别注意的是，如果收养的是自行捡拾的弃婴或儿童的，还需要提交公安机关出具的报案证明，所以路遇弃婴或儿童时，一定记得要先做报警处理。

除此以外，民政部门还可能会对收养人的收养能力进行评估，具体评估流程及标准规定在《民政部关于印发〈收养评估办法（试行）〉的通知》（民发〔2020〕144号）当中，主要包括收养人的收养动机、年龄、健康状况、道德品行状况、经济及住房条件、婚姻家庭关系、共同生活家庭成员意见、抚育计划等多个方面。全国各地民政部门也会依据当地实际情况出台更为详细的规定，增强了操作性，如青海省民政厅曾出台《青海省收养评估暂行办法》，因此建议有需要的朋友可以去咨询当地民政部门来具体了解。

## 法律依据

**《民法典》**

**第1105条** 收养应当向县级以上人民政府民政部门登记。收养关系自登记之日起成立。

收养查找不到生父母的未成年人的，办理登记的民政部门应当在登记前予以公告。

收养关系当事人愿意签订收养协议的，可以签订收养协议。

收养关系当事人各方或者一方要求办理收养公证的，应当办理收养公证。

县级以上人民政府民政部门应当依法进行收养评估。

**第1106条** 收养关系成立后，公安机关应当按照国家有关规定为被收养人办理户口登记。

**《中国公民收养子女登记办法》**

**第4条** 收养关系当事人应当亲自到收养登记机关办理成立收养关系的登记手续。

夫妻共同收养子女的，应当共同到收养登记机关办理登记手续；一方因故不能亲自前往的，应当书面委托另一方办理登记手续，委托书应当经过村民委员会或者居民委员会证明或者经过公证。

**第5条** 收养人应当向收养登记机关提交收养申请书和下列证件、证明材料：

（一）收养人的居民户口簿和居民身份证；

（二）由收养人所在单位或者村民委员会、居民委员会出具的本人婚姻状况和抚养教育被收养人的能力等情况的证明，以及收养人出具的子女情况声明；

（三）县级以上医疗机构出具的未患有在医学上认为不应当收养子女的疾病的身体健康检查证明。

收养查找不到生父母的弃婴、儿童的，并应当提交收养人经常居住地计划生育部门出具的收养人生育情况证明；其中收养非社会福利机构抚养的查找不到生父母的弃婴、儿童的，收养人还应当提交下列证明材料：

（一）收养人经常居住地计划生育部门出具的收养人无子女的证明；

（二）公安机关出具的捡拾弃婴、儿童报案的证明。

收养继子女的，可以只提交居民户口簿、居民身份证和收养人与被收养人生父或者生母结婚的证明。

对收养人出具的子女情况声明，登记机关可以进行调查核实。

## 8. 在哪些情况下可以解除收养关系?

### 误入歧途的少年

韩锐韬年轻的时候，偶然在路上发现了一个被遗弃的男婴，经过向公安机关报警处理和送医院检查发现没有什么大问题之后，他就和妻子一起收养了这个男婴，办理了收养登记，并给他取名韩宇。

在韩宇上小学之前，韩锐韬和妻子的工作还不是很忙，每天都能抽出时间来陪着韩宇学习、玩耍，那时候韩宇还是个听爸妈话、学习努力的乖小孩。但随着韩宇渐渐长大，韩锐韬的工作越来越繁忙，妻子也被公司调去参与跟进外地的一个项目，一个月才能回家一次，因此夫妻俩每周都会给韩宇不少零花钱，让他自己照顾好自己。

脱离了父母管教的韩宇，开始觉得只有自己一个人的家太过于冷清，便逐渐变得不喜欢一个人待在家里。于是，韩宇在放学后就经常一个人在外面瞎逛、去网吧玩游戏来打发时间，同样不常回家的韩锐韬和妻子并没有发现韩宇的异常。到了韩宇上高中的时候，某一天他又去网吧玩游戏时，认识了一群小混混，渴望朋友陪伴的韩宇很快就跟他们打成了一片，学习成绩也一落千丈，甚至开始逃学。

直至这时，接到学校老师电话的韩锐韬和妻子才知道了儿子的现状，两口子都急忙放下工作回来找儿子。让他们没想到的是，儿子变得脾气暴躁，不仅一言不合就差点跟父亲大打出手，而且坚决不愿意再回到学校去上学。争吵之中，韩锐韬无意中将韩宇是被收养的事实说了出来，听到这件事的韩宇更是瞬间崩溃，离家出走后，便再也没去学校上过学。韩锐韬和妻子几经努力也没能找到韩宇的下落。两年后，也就是韩宇 19 岁的时候，韩锐韬突然接到了来自派出所的电话，称韩宇因为吸毒被抓，希望他能去接受询问。

看到已经变成这个样子的韩宇，韩锐韬夫妻俩也是无计可施，而且韩宇也拒绝承认他们是自己的父母，不愿跟他们回家好好生活。那么，在这种情况下，韩锐韬可以要求解除与韩宇之间的收养关系吗?

## 随行专栏

收养关系一旦经依法登记并成立以后，任何一方都是不能单方将它解除的，但这也并不意味着收养关系一经形成，就再也不能解除。根据我国有关法律的规定，在以下几种情况下，收养关系可以解除。

①养子女成年以后，如果和养父母的关系恶化，并且已经达到没有办法继续一起共同生活的地步，那么双方就可以协议解除收养关系。不能达成一致协议时，双方都可以向法院起诉请求解除收养关系。在本案中，韩锐韬和韩宇之间的情况，就符合这一规定，因此韩锐韬可以向法院起诉请求解除其与韩宇之间的收养关系。

②被收养的孩子成年之前，不得解除收养关系，除非孩子的生父母或者其他送养人与养父母达成一致，可以协议解除收养关系。但如果这个时候，养子女已经年满八周岁，还需要征得孩子的同意，否则收养关系也不能被解除。

③养父母不履行应尽的抚养义务，虐待、遗弃或者以其他方式侵害被收养的孩子的合法权益时，生父母或其他送养人可以要求与养父母达成解除收养关系的协议。养父母如果坚决拒绝达成协议的话，那么送养人就可以向法院起诉请求解除收养关系了。

只要是通过协议方式解除收养关系的，不论是哪种情形，双方都应该一起到当地民政部门办理解除收养关系的手续，否则不会发生解除收养关系的法律效力。

一般情况下，收养关系一经形成，就无法轻易解除，所以笔者建议想送养子女和想收养子女的读者们，都要谨慎对待，三思而后行。

## 法律依据

**《民法典》**

**第1114条**　收养人在被收养人成年以前，不得解除收养关系，但是收养人、送养人双方协议解除的除外。养子女八周岁以上的，应当征得本人同意。

收养人不履行抚养义务，有虐待、遗弃等侵害未成年养子女合法权益行为的，送养人有权要求解除养父母与养子女间的收养关系。送养人、收养人不能达成解除收养关系协议的，可以向人民法院提起诉讼。

**第1115条**　养父母与成年养子女关系恶化、无法共同生活的，可以协议解除收养关系。不能达成协议的，可以向人民法院提起诉讼。

**第1116条**　当事人协议解除收养关系的，应当到民政部门办理解除收养关系登记。

**《中国公民收养子女登记办法》**

**第9条**　收养关系当事人协议解除收养关系的，应当持居民户口簿、居民身份证、收养登记证和解除收养关系的书面协议，共同到被收养人常住户口所在地的收养登记机关办理解除收养关系登记。

**第10条**　收养登记机关收到解除收养关系登记申请书及有关材料后，应当自次日起30日内进行审查；对符合收养法规定的，为当事人办理解除收养关系的登记，收回收养登记证，发给解除收养关系证明。

## 9. 解除收养关系后，养父母可以要求抚养费补偿吗？

### 缘分终有尽头

小龙是赵大爷和老伴儿周大妈年轻时收养的孩子。当时周大妈参加社区举办的一个活动，到福利院看望小朋友，陪他们过儿童节。其他的小朋友们都在一起玩得很开心，只有小龙一个人孤零零地躲在角落里，看着有点可怜。那会儿赵大爷和周大妈的女儿正在外地上大学，一年见不到几次面，家里没了孩子的欢声笑语，两口子正不习惯呢。于是，周大妈和赵大爷经过商量，就决定收养小龙，把他带回家好好抚养。办完收养手续之后，小龙就被领回了家，赵大爷两口子对小龙视如己出，三个人生活得平静而幸福。

转眼间五年过去了，有一天，福利院打来了电话，说是小龙的亲生父亲找到了福利院。那个自称小龙爸爸的男人称当年带着孩子出门，自己一不小心没看住，就和孩子走散了，这些年一直没放弃找孩子。孩子妈妈为了找到孩子，四处奔波，现在都病倒了。历经千辛万苦，他们终于找到了福利院，看到小龙的照片后，确定了小龙就是他们的孩子。听到这里，赵大爷同意了让那个男人见小龙一面，再去做个亲子鉴定，如果鉴定出小龙确实是他的儿子，那么他们两口子愿意解除收养关系，让小龙回到亲生父母的身边。

很快，鉴定结果出来了，结果显示小龙确实是那个男人的孩子。所以，赵大爷、周大妈就和小龙的亲生父母一起去办理了解除收养关系的手续。收养关系是解除了，但是赵大爷和周大妈照顾了小龙这么多年，他们有没有权利要求小龙的亲生父母对他们进行适当的补偿呢？

## 随行专栏

如果没有养父母虐待、遗弃孩子的情况出现，而孩子的生父母要求解除收养关系，让孩子回到他们身边的，那么生父母就需要对养父母的抚养支出进行适当的补偿。所以，于情于法，小龙的亲生父母都应该适当地给予赵大爷夫妻俩一些补偿。

而对于养父母与成年养子女经协议或判决解除收养关系的情况来说，他们之间就不仅仅是补偿抚养费的问题了。这里还存在一个收养关系解除后，经养父母抚养的成年养子女，对缺乏劳动能力又缺乏生活来源的养父母，应当给付生活费的问题。也就是说，这种情况下，成年养子女对曾经的养父母是具有一定的赡养义务的。

至于收养关系解除后，养父母可不可以要求成年养子女补偿收养期间为养子女支出的生活费和教育费等抚养费用，则要看双方解除收养关系的原因是不是成年养子女虐待、遗弃养父母。如果是，那养父母就可以要求补偿；如果不是，那养父母之前所付出的抚养费是不可以要求补偿的。因为从收养关系成立之日起，养父母和孩子间的权利义务关系就与父母和亲生孩子的权利关系义务关系是相同的，作为父母对孩子进行金钱与感情上的付出是理应承担的责任与义务。如果没有特殊情况发生，要求补偿显得违背情理。

## 法律依据

**《民法典》**

**第1118条** 收养关系解除后，经养父母抚养的成年养子女，对缺乏劳动能力又缺乏生活来源的养父母，应当给付生活费。因养子女成年后虐待、遗弃养父母而解除收养关系的，养父母可以要求养子女补偿收养期间支出的抚养费。

生父母要求解除收养关系的，养父母可以要求生父母适当补偿收养期间支出的抚养费；但是，因养父母虐待、遗弃养子女而解除收养关系的除外。

# 第四章　老人晚年有哪些保障

## 1. 子女能以放弃继承遗产为由不赡养父母吗？

### 躲父母不躲遗产

刘大爷和老伴儿一共有三个孩子，两儿一女。早年间，刘大爷的老伴儿因为患了癌症而去世，刘大爷一个人便辛苦地把三个子女拉扯长大。现在，三个子女都已经有了自己的小家。某天，刘大爷突发脑出血，经过医生的努力抢救和治疗、几个儿女的轮流照顾，刘大爷总算捡回一条命来。因为年轻时经常锻炼，所以刘大爷的身体恢复得还不错。但出院以后，原本生龙活虎的刘大爷，行动没有以前那么自如了，需要有人时刻在身边照顾。于是，为了安排好刘大爷的日常生活问题，能让他安享晚年，刘大爷的三个子女就聚在一起商量赡养父亲的问题。

最后，兄妹三人协商一致，达成了如下协议：父亲此后由大哥一个人负责贴身照料，医疗费和营养费等费用先以父亲的养老金支付，不够的部分由大哥承担，待父亲去世后，父亲名下的一套房屋和其他财产都由大哥一人继承，其他儿女不必照料父亲，同时放弃继承父亲的全部遗产。协议签订后，刘大哥按照协议的约定履行了照料父亲的义务，直至刘大爷离开人世。但是，让刘大哥没想到的是，父亲去世后，他的弟弟妹妹向法院提起了诉讼，主张他们兄妹三人在父亲生前签订的协议无效，他们二人此前也尽了赡养义务，应该将父亲的遗产进行平均分割。

那么，他们兄妹三人达成的协议有效吗？没尽赡养义务的二人能分得遗产吗？

## 随行专栏

首先，我们需要明确的是，子女不可以通过放弃继承父母遗产来免除对父母进行赡养的义务。

子女对父母的赡养和扶助既是我们中华民族自古以来的优良传统，也是法律强制规定的义务。而子女对父母遗产的继承，则是一种权利，并且当父母去世时，这种权利才会产生，才可以选择行使或者放弃自己的继承权。根据我国法律的规定，父母在世时，继承都还没有开始，又何谈放弃一说？因此，子女事先作出声明或者达成协议放弃遗产继承，都必然是不具有法律效力的。赡养义务和继承权不是同一个法律关系，也并不对等。无论任何原因，都不能成为子女拒绝承担赡养义务的理由，除非子女确实没有赡养父母的能力。

此外，我国法律也有明确规定，尽了主要赡养义务的继承人在分配遗产时，可以多分；有赡养能力却不尽赡养义务的继承人，应该少分甚至不分。所以，没尽赡养义务的子女，自然会少分或者不分遗产，也无须其作出任何声明。

本案中，刘大哥和弟弟妹妹达成的协议确实是没有分割遗产的效力，刘大爷的遗产还是需要按照法定继承的原则来进行分割。但是，刘大哥对父亲尽了主要的赡养义务，而他的弟弟妹妹在父亲出院后没有再照顾过父亲，所以刘大哥在分割遗产时会适当多分，而另外两个人会按照规定少分或者不分。

## 法律依据

**《民法典》**

**第 1067 条第 2 款**　成年子女不履行赡养义务的，缺乏劳动能力或者生活困难的父母，有要求成年子女给付赡养费的权利。

**第 1070 条** 父母和子女有相互继承遗产的权利。

**第 1124 条第 1 款** 继承开始后，继承人放弃继承的，应当在遗产处理前，以书面形式作出放弃继承的表示；没有表示的，视为接受继承。

**第 1130 条第 3、4 款** 对被继承人尽了主要扶养义务或者与被继承人共同生活的继承人，分配遗产时，可以多分。

有扶养能力和有扶养条件的继承人，不尽扶养义务的，分配遗产时，应当不分或者少分。

**《老年人权益保障法》**

**第 19 条第 1、2 款** 赡养人不得以放弃继承权或者其他理由，拒绝履行赡养义务。

赡养人不履行赡养义务，老年人有要求赡养人付给赡养费等权利。

**《民法典继承编解释一》**

**第 32 条** 继承人因放弃继承权，致其不能履行法定义务的，放弃继承权的行为无效。

## 2. 子女可以不赡养再婚的父母吗？

### “黄昏”就不能再恋吗?

杨阿姨是在 35 岁的时候跟丈夫协议离婚的，两人的女儿小薇跟着杨阿姨一起生活。离婚后的杨阿姨不想让小薇面对“新爸爸”，也害怕“新爸爸”会对女儿不好，给女儿的心理造成影响。所以杨阿姨一直没有再婚，而是独自一人拉扯女儿长大，照顾女儿的生活和学习。

直至小薇成家立业，杨阿姨的生活节奏才慢了下来，真正有了属于自己的时间。年轻时热爱文艺活动的杨阿姨，在机缘巧合之下，加入了当地老年大学成立的舞蹈团，每天和团里的朋友们练练舞、唠唠家常，日子过得也算轻松愉悦。

时间久了，杨阿姨就和团里经常做她舞伴的郑叔叔产生了感情。郑叔叔的妻子在五年前因为一场车祸意外去世，没了老伴儿后，郑叔叔才到舞蹈团里跳舞来打发时间。就这样，两个没人陪伴的人，互相做了伴。平常除了团里的活动，两人还会一起出门逛逛街、逛逛公园，郑叔叔帮杨阿姨拍拍照片、杨阿姨帮郑叔叔缝补一下衣服。刚开始，小薇也并没有对妈妈跟别人走得近这件事表现得很抗拒，杨阿姨也就放心大胆地和郑叔叔交往了。

两年以后，杨阿姨和郑叔叔准备结婚。但没想到小薇对杨阿姨想再婚这件事表示了强烈的反对，甚至说只要杨阿姨和郑叔叔结婚，她就再也不管杨阿姨了，不会再给杨阿姨生活费，也不会回家去看她。

杨阿姨实在没想到小薇会对自己找老伴儿这事这么反对，但她也放不下跟郑叔叔之间的感情。那么，在法律上，小薇能以杨阿姨要再婚为理由拒绝履行赡养义务吗？

## 随行专栏

杨阿姨的女儿小薇对杨阿姨的赡养义务不会因任何理由而免除，除非小薇生活困难，确实没有赡养能力。除此之外，子女不可以不赡养自己的父母。我国公民拥有婚姻自由的权利，父母离婚后选择再婚只是对其自身的婚姻状况做出改变，对父母与子女间的关系不会产生任何影响。

父母再婚，尤其是步入老年阶段的父母再婚，往往会面对来自社会和子女的各种不理解，甚至有的子女会以断绝关系相威胁，这种行为从法律上来看是站不住脚的。子女应当尊重父母离婚后选择配偶的自由，毕竟子女成年后会有自己的工作和家庭，不能时常陪伴在父母身边，他们也很容易感到孤独。尤其是步入老年阶段的父母，身边很需要有人可以互相照料。子女不能因为自己的观念，就阻止父母再婚，也不能因为父母再婚，就拒绝履行赡养父母的法定义务。

根据我国有关法律的规定，没有劳动能力或者生活困难的父母可以先请求不履行赡养义务的子女所在单位、村（居）委会、人民调解委员会等有关组织进行调解，也可以直接向人民法院提起诉讼请求子女支付赡养费，并且还可以申请法院在判决作出之前先予执行。此外，如果暴力干涉他人婚姻自由或者拒绝承担赡养义务，情节严重构成犯罪时，还有可能被依法追究刑事责任。

当然了，已经成年的小薇与郑叔叔这个继父之间并不会形成抚养关系，所以不必对他进行赡养，小薇对此也大可放心。

## 法律依据

**《老年人权益保障法》**

**第 21 条** 老年人的婚姻自由受法律保护。子女或者其他亲属不得干涉老年人离婚、再婚及婚后的生活。

赡养人的赡养义务不因老年人的婚姻关系变化而消除。

**第 75 条** 老年人与家庭成员因赡养、扶养或者住房、财产等发生纠纷，可以申请人民调解委员会或者其他有关组织进行调解，也可以直接向人民法院提起诉讼。

人民调解委员会或者其他有关组织调解前款纠纷时，应当通过说服、疏导等方式化解矛盾和纠纷；对有过错的家庭成员，应当给予批评教育。

人民法院对老年人追索赡养费或者扶养费的申请，可以依法裁定先予执行。

**第 76 条** 干涉老年人婚姻自由，对老年人负有赡养义务、扶养义务而拒绝赡养、扶养，虐待老年人或者对老年人实施家庭暴力的，由有关单位给予批评教育；构成违反治安管理行为的，依法给予治安管理处罚；构成犯罪的，依法追究刑事责任。

**《民法典》**

**第 1067 条第 2 款** 成年子女不履行赡养义务的，缺乏劳动能力或者生活困难的父母，有要求成年子女给付赡养费的权利。

**第 1069 条** 子女应当尊重父母的婚姻权利，不得干涉父母离婚、再婚以及婚后的生活。子女对父母的赡养义务，不因父母的婚姻关系变化而终止。

## 3. 子女强迫年迈父母住危房违法吗？

### 被辜负的爱

张老汉和老伴儿在 40 年前来到北京，并在这里安家落户。当年的房价并没有像如今这么高，两人攒钱在西二环买了一套两居室，现在这套房子的市场价已经过千万，对现在的人来说，根本是个天文数字，于是二老的儿子小张一直惦记着这套房子，想把房子卖掉。两个老人觉得，就这么一个儿子，等他们撒手人寰，遗产不都是他的吗，何必非得现在就要把房子卖掉？况且北京的房子，说不准什么时候就要拆迁，现在卖掉，不管怎么说，都不合适。

2020年年初，由于新冠肺炎疫情的原因，小张工作的单位已经整整六个月都没有发工资了，小张苦于经济压迫，就跑来逼二老卖房子。老人家不同意，就对他们又打又骂。

张老汉说："那卖了房子，我们住哪啊？"

小张说："老家不是还有房子吗？回老家去吧！"

张老汉哀求道："老家那个房子，已经100多年了，那还能住吗？"

小张说："有什么不能住的？不愿意住，你们就去睡大街吧！"

二老只好含泪回到老家，搬回了老房子。

老家多年不见的老邻居前来探望，纷纷问道："你们不是都在北京定居了吗，怎么突然就回来啦？"

二老只好把情况告诉了大伙儿。

李老头跟张老汉说："你儿子的行为是犯法的，怎么不去告他啊？"

张老汉问："这可以告吗？那我儿子会被抓起来吗？"

张老汉真的可以去法院起诉儿子吗？

## 随行专栏

可以。

成年子女对父母有赡养扶助义务，这是规定在我国《宪法》里的法定义务，除非子女没有赡养能力，否则其他任何情况下，都不能免除。

子女应当妥善安排老人的住房，强迫年迈的父母住在危房中明显是违法行为。

法律虽然没有明确规定不履行赡养扶助义务的后果，但是法院可以判决强制要求履行赡养义务。如果判决生效后还拒不履行，则可能会构成拒不执行判决、裁定罪，最高会判处七年有期徒刑，并处罚金。

## 法律依据

**《老年人权益保障法》**

**第16条** 赡养人应当妥善安排老年人的住房，不得强迫老年人居住或者迁居条件低劣的房屋。

老年人自有的或者承租的住房，子女或者其他亲属不得侵占，不得擅自改变产权关系或者租赁关系。

老年人自有的住房，赡养人有维修的义务。

**《刑法》**

**第313条第1款** 对人民法院的判决、裁定有能力执行而拒不执行，情节严重的，处三年以下有期徒刑、拘役或者罚金；情节特别严重的，处三年以上七年以下有期徒刑，并处罚金。

# 4. 子女对未尽抚养义务的父母有赡养义务吗？

## 不尽父责，却求子孝

自打小斌懂事起，就很少见到爸爸，大概只有逢年过节时，他的爸爸才会回来看看。听妈妈说，爸爸忙着在大城市打工，给家里赚钱，家里吃喝用度都是爸爸挣回来的。妈妈还告诉小斌，爸爸一个人在外面打工养家，生活得挺不容易，所以那时候小斌还是对爸爸很崇拜的，觉得爸爸就是他和妈妈的超级英雄。但渐渐地，爸爸回家看小斌的次数越来越少，妈妈甚至会在晚上偷偷在屋里哭。

后来，小斌听邻居阿姨说，他的爸爸在外面有人了，不要小斌和妈妈了。刚开始，小斌并不相信这些闲言碎语，但让他没想到的是，有一天爸爸回来后，和妈妈大吵一架并拉着妈妈去民政局办理了离婚。没有一丝犹豫和停留的爸爸，在和妈妈离婚后，就立刻又去了外地，然后跟所有人失去联系，再也没有关心、照顾过小斌，也没有再给过小斌任何抚养费。从此，小斌的世界里就没有了爸爸这个角色。

没了爸爸的小斌，跟着妈妈和外公外婆长大，他们把他养得很好，小斌自己也很争气，考上了还不错的大学。大学毕业以后，小斌进了一家规模很大的公司上班，工资福利待遇都还可以。但是，小斌和妈妈原本平静的生活，却被突然又出现的爸爸给搅乱了。小斌爸爸说，他现在一个人无依无靠，还得了糖尿病，要定期注射胰岛素，体力大不如前，没办法挣钱养活他自己了，要求小斌每个月给他出医药费和生活费，要是小斌不答应，他就赖着不走了。

那么小斌爸爸的要求合法吗？小斌可以拒绝赡养爸爸吗？

## 随行专栏

“孝”是中华民族的优良传统，因此现代立法也秉持着这一理念，规定了子女对父母的法定赡养义务，以及子女不得以放弃继承权或者其他理由来拒绝履行赡养义务。也就是说，子女对父母的赡养应当是不附加任何条件的。当成年子女不履行赡养义务时，无劳动能力或生活困难的父母，有要求子女给付赡养费的权利。从众多的法院判决结果来看，法院目前对未尽抚养义务的父母要求子女赡养的主张一般都是无条件支持，除非子女确实没有经济能力或者父母曾经对子女有严重的犯罪行为。

但笔者认为，这种一律支持的做法，极大可能会助长某些父母不积极履行抚养子女的义务这一社会不正之风，从而让法律失去权威。如果父母在子女年幼时，具有抚养能力却恶意拒绝履行抚养义务，有的甚至抛弃家庭、一走了之，那么法律应该对这种行为进行惩罚，毕竟人不能只享受权利而不承担义务。“尊老”与“爱幼”之间应当是并列关系，法律还是应该以实现公平正义为内核。

在《民法典》侵权责任编中，当受害人对损害结果的发生具有过错时，就可以减轻加害人的责任，那么这种“权责相当”的原则是否也能够应用到家庭关系的立法中，规定对未尽抚养义务的父母适当减轻或者免除子女的赡养义务呢？这一问题，尚需学界人士的进一步研究与考量。

## 法律依据

**《民法典》**

**第1067条** 父母不履行抚养义务的，未成年子女或者不能独立生活的成年子女，有要求父母给付抚养费的权利。

成年子女不履行赡养义务的，缺乏劳动能力或者生活困难的父母，有要求成年子女给付赡养费的权利。

**《老年人权益保障法》**

**第14条第1款** 赡养人应当履行对老年人经济上供养、生活上照料和精神上慰藉的义务，照顾老年人的特殊需要。

**第19条第1、2款** 赡养人不得以放弃继承权或者其他理由，拒绝履行赡养义务。

赡养人不履行赡养义务，老年人有要求赡养人付给赡养费等权利。

## 5. 子女长期不探望老人违法吗？

### 记得常回家看看

老丁和老伴儿英子结婚以后，生养了一儿一女，凑成了一个“好”字，家庭可谓和睦幸福。两个子女很争气，长大后都在各自的领域小有成就，实在是羡煞旁人。其中，大儿子大学毕业工作几年之后，决定自己创业，起初正好赶上对外贸易快速发展的浪潮，再加上眼光独到、出手果断，很快就从白手起家干成颇具规模的大公司。近几年，因为和国外有项目合作，大儿子带着妻子和孩子便一起定居国外。小女儿学习优秀，喜欢搞科研，一直读到了博士，还经常出国访学，并最后决定留在外地的一所大学任教，而且在那里认识了现在的丈夫，把家安在了外地。

原本一家人的日子都过得红红火火，但随着老两口相继都到了该退休的年龄，不用再早出晚归去上班，两人渐渐感觉特别寂寞，不仅每天都没什么事干，身边还都没有孩子陪着。大儿子带着儿媳和孙子都在国外，一年也回不了一次国。小女儿在外地生活，每天忙着搞科研，也很少回家。两个孩子虽然每个月都定时给二老生活费，但是偶尔通个电话，都是匆匆几句就挂断了，一聊到回家看看，就是“忙”“没时间”。老丁虽然想孩子，但也是毫无办法。

一天，老丁在小区院子里和其他老头儿、老太太聊天的时候，听别人说现在法律规定子女必须经常回家看望父母，否则就是违法的。那么，法律真的有这种规定吗？建不建议父母采取这种手段来强制子女回家呢？

### 随行专栏

自从2012年《老年人权益保障法》修订后，“常回家看看”

这一原本仅停留在道德要求层面的倡议，就被首次写入了法律之中，并具有一定的强制性。自此以后，如果子女长时间不回家对老人进行探望的话，可能会因违法而被家中父母告上法庭。

现在一部分老人靠退休金和政府的各种补贴，就能在物质上基本满足自己的需要。相比之下，老年人对精神关怀的迫切需要开始日益增加，因此在这种背景下，才有了这次对于法律的修订。但与此同时，新增的“与老年人分开居住的家庭成员，应当经常看望或者问候老年人”这一规定，引发了执行领域的操作争议。比如，一个突出问题是“经常看望”如何来进行定义？有的老人并不希望儿女的探望过于频繁，影响了自己的正常生活，但有的老人希望最好可以和子女共同生活。另外，探望义务的履行由谁来监管和证明？某个部门还是街道办事处、居（村）委会？这些难题都需要立法者的进一步研究与细化，以增强规定的可操作性。

通常情况下，子女不经常回家看望父母的原因主要有以下几种：①子女在生活、工作的某些方面与父母产生严重分歧，见面就吵架，所以子女产生了躲着父母的想法或者出于报复心理而拒绝回家；②工作忙碌，除了法定节假日，没有多余的休息时间，但定居的地点与父母家有一定距离，路上花费较多，经济压力也大；③父母已经八九十岁高龄，子女也都已经六七十岁，子女也到了需要自己的子女看望和赡养的年龄，再要求他们去看望和照顾父母的难度比较大。每个家庭的现实情况大有不同，所以在探望问题的具体实施上需要区别对待。

广大父母和子女之间可以互相多进行情感上的沟通交流，把彼此内心的想法告诉对方、了解对方，而不应该只是单纯寄希望于一纸判决。法院的强制制裁可能会适得其反，导致家庭关系彻底破裂。所以目前在司法审判中，法官更倾向于采取一些比较柔和的手段进行劝解。况且现在科技这么发达，各种社交软件广泛应用，就算没法经常回家，时不时跟父母通通电话、打打视频，父母也一定会很高兴。

## 法律依据

**《老年人权益保障法》**

**第18条**　家庭成员应当关心老年人的精神需求，不得忽视、冷落老年人。

与老年人分开居住的家庭成员，应当经常看望或者问候老年人。

用人单位应当按照国家有关规定保障赡养人探亲休假的权利。

# 6. 如父母去世，（外）孙子女对（外）祖父母是否有赡养义务？

## 能力与责任

晓晨原本家庭幸福美满，家中长辈都对他非常疼爱，晓晨自己也是个听话的乖孩子。但是，天有不测风云，晓晨10岁那年，他的爸爸妈妈在外出办事的路上意外出了严重的车祸，抢救无效，双双去世。这对晓晨的爷爷奶奶来说，简直是晴天霹雳，晚年丧子之痛险些让他们也撒手人寰。但想到还有年幼的孙子无人照料，两位老人只能强忍悲伤，带着儿子留下的唯一希望好好地活下去。

爷爷奶奶一起省吃俭用，供晓晨上完了大学。毕业后，晓晨留在外地生活，找到了一份收入还算可以的工作，晓晨的爷爷奶奶也终于能松一口气了。而晓晨的姑姑也到了退休的年纪，每个月都有固定的退休金收入，她的一双儿女也都很有出息、很孝顺，每隔一段时间都会给她一些零花钱用于日常开销。

但是，爷爷奶奶还没享几天清福，年事已高的爷爷就因患食管癌晚期而在和病魔的斗争中，没能坚持到最后。爷爷去世以后，奶奶一个人的生活就成了大问题。晓晨的姑姑认为晓晨从小就没了父母，是爷爷奶奶把他拉扯长大、供他上学的，现在晓晨有了工作，该到孝敬奶奶的时候了，奶奶的日常照料应该由晓晨负责。而晓晨认为自己刚参加工作，每月收入也没有多高，养活自己还有问题，要照顾奶奶怕是力不从心。

那么，晓晨对自己的奶奶有法定的赡养义务吗？

## 随行专栏

父母去世后，如果祖父母、外祖父母需要被赡养，却再没有其他子女或者其他子女都没有能力赡养，并且孙子女、外孙子女具有足够的负担能力时，孙子女、外孙子女才对祖父母、外祖父母承担法定赡养义务。否则，只要老人还有其他子女可以履行赡养义务的，孙子女、外孙子女就无须承担赡养义务。

根据我国法律的规定和约定俗成的道德伦理规范，子女对父母的赡养应该是排在第一顺位的，而当排在第一顺位的子女都无法赡养老人的时候，才需要排在第二顺位的孙子女、外孙子女顶上。但从道德角度出发，我们也鼓励孙子女、外孙子女在有能力的情况下，对祖父母、外祖父母时常关心、照顾，给予精神上的慰藉和经济上的支持同样重要。

晓晨的姑姑每月有退休金收入，儿女还会时常给零用钱，并不存在无法履行赡养义务的经济困难。在这种情况下，应该由姑姑承担赡养自己母亲的责任，作为孙子的晓晨可以免除赡养奶奶的法定义务。但毕竟是爷爷奶奶辛苦抚养晓晨长大的，晓晨对奶奶也应该尽孝，在能力范围内给予奶奶关怀。

## 法律依据

**《民法典》**

**第1074条** 有负担能力的祖父母、外祖父母，对于父母已经死亡或者父母无力抚养的未成年孙子女、外孙子女，有抚养的义务。

有负担能力的孙子女、外孙子女，对于子女已经死亡或者子女无力赡养的祖父母、外祖父母，有赡养的义务。

# 7. 养子女对其生父母有赡养义务吗?

## 养父母与生父母

苏哲想要一个二胎，妻子也很愿意，但最终因意外流产没能顺利地生下孩子。于是，夫妻俩决定到当地的福利院领养一个孤儿，把他当作自己的孩子抚养长大。两人来到福利院后，就被院子里一个正在跟小狗玩耍的小男孩吸引了。那个小男孩看起来聪明伶俐、活泼开朗，很符合苏哲夫妻俩的预期。于是，没有多犹豫，两人当天就开始着手办理收养手续，收养了那个小男孩，并取名苏毅。

苏毅12岁那年，一个女人找上门来，自称是苏毅的亲生母亲。她告诉苏哲，自己的儿子两岁时，在小区门口被人给悄悄抱走了。这些年为了找到儿子，她一直东奔西走，多方打听才确认孩子被苏哲收养了。经过亲子鉴定，苏毅果然是那个女人的儿子。但苏哲一家和苏毅经过这么多年的相处，早就成了一家人，苏毅说什么也不愿意回到这个突然出现的亲生母亲身边，解除收养关系这事只好作罢。之后，苏毅的生母偶尔也会在不影响苏哲一家生活的前提下，来看望苏毅一次。

那么，成年后的苏毅对他的生母具有赡养义务吗？

## 随行专栏

没有与养父母解除收养关系的养子女，或者解除收养关系后不愿意与生父母恢复父母子女关系的成年养子女，是不需要对生父母尽赡养义务的。苏毅与苏哲夫妻间的收养关系没有解除，他还是养父母的子女，无须对生母尽法定的赡养义务。如果出于自愿，苏毅愿意赡养亲生母亲，那法律也是不禁止的。

收养是我们国家所实施的一项制度，是为了被那些丧失父母的孤儿、找不到生父母的弃婴和儿童以及生父母确实有特殊困难无力抚养的孩子，也能够像绝大多数普通家庭一样，在父母关怀下，健康地成长。因此，为了保护处于弱势地位的养子女，我国有关法律规定，符合收养条件及收养程序而被收养的子女，法律地位与婚生子女平等。

合法的收养关系形成以后，养子女与养父母及养父母的近亲属之间就会形成一种拟制的血亲关系，权利义务关系也适用法律关于子女与父母及其他近亲属的关系。同时，养子女与生父母及其他近亲属间的权利义务关系消除。也就是说，收养关系成立后，养子女与生父母及其他近亲属之间就没有任何权利义务关系了。

收养关系一经形成，一般不得随意解除，即便解除也是有一定的条件和程序的。当未成年养子女的生父母和养父母协商一致解除了收养关系，并且未成年养子女回到生父母身边时，或者成年养子女与养父母解除收养关系后，愿意恢复与生父母间的关系时，他们与生父母间的权利义务关系便会恢复，成年子女就需要对生父母进行赡养了。

## 法律依据

**《民法典》**

**第1111条第2款** 养子女与生父母以及其他近亲属间的权利义务关系，因收养关系的成立而消除。

**第1117条** 收养关系解除后，养子女与养父母以及其他近亲属间的权利义务关系即行消除，与生父母以及其他近亲属间的权利义务关系自行恢复。但是，成年养子女与生父母以及其他近亲属间的权利义务关系是否恢复，可以协商确定。

## 【扩展阅读】

## 成年姐姐对未成年弟弟有扶养义务吗?

### 父母双亡的幼童何去何从

十几年来，小琳一直是家中的独生女，直到有一年暑假回家，她才得知父母因为二孩政策的出台决定再要一个孩子，给她添个弟弟或者妹妹。对于父母的决定，小琳没有反对，表示自己也能接受有个弟弟或者妹妹。

于是第二年，小琳家里便迎来了一个新生命——弟弟小虎。伴随着小虎的降生，家里也增添了许多许久未有过的童趣。转眼间三年就过去了，小虎正是活蹦乱跳的年纪，小琳的父母打算趁这一年的暑假，组织一次全家自驾游，带小虎和小琳出去见见不一样的风景。为此，暑假来临之际，小琳一家做好了充足的准备，如预期一样开始了自驾游，品尝了各地不同的特色美食，领略了不一样的风景。半个月后，小琳一家总算玩够了，便决定踏上回家的路程。途中，小琳父亲的单位突然打电话来说有急事需要小琳的父亲处理，希望小琳的父亲能尽早赶回单位。

听到这个消息，本来就急性子的小琳父亲，便迫切地想要赶回去，于是他不顾身体上的疲惫，坐在驾驶位上一开就是七八个小时。小琳和母亲都担心极了，劝他不要着急，稍微休息休息。他却摆摆手，表示都开了这么多年车了，不会出什么事的。小琳和母亲也就不好再多说什么。然而，小琳的父亲万万没有想到，正是因为自己坚持疲劳驾驶，给自己和家人造成了一场可怕的车祸。因为这场车祸，小琳的母亲当场去世，小琳的父亲伤势太重，在医院抢救无效也去世了，只剩下小琳和弟弟小虎两个人相依为命。

失去父母的小琳抱着只有三岁的弟弟小虎，告诉自己只能面对现实，替父母照顾好弟弟。从伦理道德层面上看，小琳愿意照顾弟弟自然是没问题的，那小琳在法律上是不是也有义务照顾弟弟小虎呢？

## 随行专栏

一般来说，抚养子女属于父母的义务，不应由哥哥或者姐姐承担起扶养弟弟或妹妹的责任。但如果在父母已经去世的前提下，情况就有所不同了，未成年的弟弟或者妹妹是没有独立生存能力的，因此《民法典》规定有负担能力的兄、姐，对于父母已经死亡或父母无力抚养的未成年的弟、妹，有扶养的义务。

也就是说，对于未成年的弟弟小虎，小琳如果有能力进行扶养，则在法律上，她是有义务扶养弟弟小虎的。

笔者认为，法律之所以如此规定，一方面，是为了避免失去父母的未成年小孩无人照顾，让他们得以健康地成长；另一方面，也考虑到不能盲目地要求兄、姐承担扶养弟弟妹妹的责任，还得看有没有负担能力，否则这样的法律便是强人所难了。

那小虎被小琳扶养长大后，是不是也应该在小琳年老需要人照顾的时候照顾一二呢？没错，还真是这样，法律保障小虎在小琳的照顾下成长，同时为了公平起见，也要求小虎在小琳以后缺乏劳动能力、没有生活来源的时候，承担起扶养小琳的责任。

### 法律依据

**《民法典》**

**第1075条** 有负担能力的兄、姐，对于父母已经死亡或者父母无力抚养的未成年弟、妹，有扶养的义务。

由兄、姐扶养长大的有负担能力的弟、妹，对于缺乏劳动能力又缺乏生活来源的兄、姐，有扶养的义务。

## 8. 养子女或继父母抚养的继子女，对养父母或继父母有赡养义务吗？

### 善良的夫妇

蒋志飞和第一任妻子结婚后，因妻子身体较差，经过各种努力，也一直没能生育自己的子女。某一天，蒋志飞和朋友在野外游玩时，不经意间听到草丛中传来婴儿的啼哭声，蒋志飞循声而去，果然找到了一个躺在襁褓里的男婴，旁边放着一个袋子，装着些奶粉。袋子里还有一张字条，大意是一个未婚先孕的妈妈无力照顾自己的孩子，只能将他放在这里，希望有好心人能收养他。蒋志飞见状急忙把男婴送到了医院，经过医生的一番检查，男婴身体一切正常，非常健康。蒋志飞和妻子都觉得这是天意，他们应该把这个孩子留下来，当作自己的孩子抚养，陪伴他成长。于是，夫妻二人一起办理了收养手续，给男婴取名“蒋旭阳”，希望他未来能像太阳一样发光发热。

蒋旭阳 10 岁时，蒋志飞的妻子病情恶化，离开了人世，蒋志飞开始独自一人带着孩子生活。五年后，蒋志飞邂逅了自己的第二任妻子。他的第二任妻子在与前夫离婚后，独自带着只有三岁的女儿小敏生活。她与蒋志飞有着很多相同的兴趣爱好，两个同样独立坚强的人就这样走到了一起。他们结婚后，蒋志飞对小敏也是视如己出，不仅供她上学，生活上也非常照顾，蒋旭阳和小敏这两个孩子也相处得很好。

蒋志飞这一生并没有自己的亲生儿女，他的晚年会无人负责照料吗？蒋旭阳和小敏是否都对他有赡养义务呢？

**名词解释**

形成了扶养关系的继子女，是指未成年子女的父亲或母亲再婚后的配偶，与未成年子女长期一同居住，并对其进行经济上的供养（如支付生活费、教育费等）和生活学习上的照料。一般来说，判断继子女与继父母是否存在扶养关系，会从是否共同居住、扶养时间的长期性、经济与精神扶养的客观存在、家庭身份的融合性等方面综合考虑。

## 随行专栏

养子女或者受继父母抚养教育的继子女，对养父母或继父母是有法定的赡养义务的。所以无论是蒋旭阳这个养子，还是小敏这个继女，都从小受到蒋志飞的抚养和教育，他们与蒋志飞之间的关系，在法律上来说，是和亲生子女相同的。他们在成年后都应该对蒋志飞尽赡养义务，蒋志飞晚年并不会无人照料。

赡养义务是子女对父母应尽的义务，这里的“子女”不仅是指具有血缘关系的亲生子女，还包括形成了收养关系的养子女和形成了扶养关系的继子女。形成收养关系的养子女和养父母之间、形成扶养关系的继子女和继父母之间的权利义务，与亲生子女和亲生父母间的权利义务是相同的，也同样受法律保护。

因此，养子女、形成扶养关系的继子女对养父母、继父母所应该履行的赡养义务与亲生子女所应履行的赡养义务是同等的，他们不能以自己与养父母、继父母关系恶化或者还有生父母要赡养为由来拒绝履行这一赡养义务。养子女、继子女不赡养养父母、继父母的行为，不论是从道德角度，还是从法律角度来看，都是不被允许的。

### 法律依据

**《民法典》**

**第 1072 条** 继父母与继子女间，不得虐待或者歧视。

继父或者继母和受其抚养教育的继子女间的权利义务关系，适用本法关于父母子女关系的规定。

**第 1111 条第 1 款** 自收养关系成立之日起，养父母与养子女间的权利义务关系，适用本法关于父母子女关系的规定；养子女与养父母的近亲属间的权利义务关系，适用本法关于子女与父母的近亲属关系的规定。

## 9. 丧偶儿媳（女婿）对公婆（岳父母）是否有赡养义务？

### 家庭的重担

阳子悦的丈夫张毅是一名办案刑警。结婚前阳子悦就知道丈夫的工作十分危险，有时甚至还要面临生命威胁。当他们还处在热恋期的时候，阳子悦就曾经试探过张毅的想法，跟他提出要不要考虑换份工作。但是，这个提议被张毅果断地拒绝了。他觉得当一名打击违法犯罪的人民警察是他终身热爱并愿意为之付出生命的事业，这个想法绝不会动摇，成为他的妻子就必须接受这件事情。所以，从决定跟张毅结婚那天起，阳子悦就已经做好了某天会突然失去丈夫的心理准备。

虽说知道那一天可能会到来，但阳子悦没想到那天会来得那么快。在一次抓捕涉嫌故意杀人的两名持枪犯罪嫌疑人的行动中，张毅在抓捕时不幸被歹徒用枪击中，经紧急送医抢救无效而去世。张毅最终真的为他所坚持的信念付出了生命，而那时张毅才刚过完40岁的生日。整个世界仿佛都已经崩塌，阳子悦无奈艰难地接受了这个事实，但毕竟逝者已逝，活着的人还得努力活着。

那么，阳子悦除了要抚养她和张毅的孩子以外，还需要承担赡养张毅尚且在世的父母的义务吗？也就是说，成年子女有赡养父母的义务，那么儿媳、女婿是否也有法定的赡养义务呢？

## 随行专栏

一般来说，儿媳、女婿对公婆或岳父母是没有法定的赡养义务的，这甚至与她或他的配偶有没有去世无关。

在我国，赡养人的范围只包括老年人的婚生子女、非婚生子女、经过合法登记的养子女、形成了扶养关系的继子女以及有负担能力的孙子女、外孙子女等，其中并不包括儿媳和女婿。儿媳、女婿所承担的仅仅是协助老年人的子女履行赡养义务的责任。当儿子、女儿去世以后，儿媳、女婿与公婆、岳父母之间因婚姻关系存续而维系的姻亲关系消灭，这时连先前的协助义务都会随之消灭，更不必说赡养义务了。

但从道德的层面来说，丧偶儿媳或女婿在自己的能力范围内，出于自愿，可以对公婆或岳父母进行照顾，并且我国法律也通过一些条文规定来鼓励这类行为。这种鼓励主要体现为丧偶儿媳、女婿原本并不是公婆、岳父母的法定继承人，但只要其对公婆、岳父母尽了主要赡养义务，其就可以作为第一顺序继承人继承公婆或者岳父母的遗产，他（她）的子女也可以依法进行代位继承。

那么，如何认定丧偶儿媳、丧偶女婿“尽了主要赡养义务”呢？根据相关司法解释的规定，需要他或她向岳父母或公婆提供主要经济来源，或者在劳务等方面给予主要扶助。具体表现在长期性地提供经济上的供养、日常的生活照料、精神陪伴、疾病看护等各个方面。有限的帮助、偶尔一次的探望是称不上“尽了主要赡养义务”的。

## 法律依据

**《民法典》**

**第1129条** 丧偶儿媳对公婆，丧偶女婿对岳父母，尽了主要赡养义务的，作为第一顺序继承人。

**《老年人权益保障法》**

**第14条第2、3款** 赡养人是指老年人的子女以及其他依法负有赡养义务的人。

赡养人的配偶应当协助赡养人履行赡养义务。

**《民法典继承编解释一》**

**第18条** 丧偶儿媳对公婆、丧偶女婿对岳父母，无论其是否再婚，依照民法典第一千一百二十九条规定作为第一顺序继承人时，不影响其子女代位继承。

**第19条** 对被继承人生活提供了主要经济来源，或者在劳务等方面给予了主要扶助的，应当认定其尽了主要赡养义务或主要扶养义务。

## 10. 老人可以给自己设定意定监护人吗?

### 退伍英雄的晚年

孙老汉是一个退伍军人，立下过赫赫战功。老伴儿去世早，留下了五个儿子，都要靠孙老汉一个人抚养。本以为多子多孙多福气，好不容易把孩子们养大了，孙老汉也该享享福了。但没想到，五个孩子都变着花样地想把孙老汉的房子和存款骗走。上个月，小儿子执意要将他的房子卖掉，去填补自己生意的亏空，孙老汉不同意，就被打倒在地。这样一来，孙老汉决心给自己另设监护人。可是，连亲儿子都靠不住，还能指望谁呢？在选谁做自己的监护人这个问题上，孙老汉犯了难。

当年在战场上，孙老汉有一个感情极好的战友，叫罗槟。孙老汉曾经为罗槟挡了一枪，救了罗槟一命，自己却也因此失去了半条腿。如此深厚的恩情，罗槟一家一直都记在心里。如今，孙老汉孤身一人，行动又不方便，恰巧两家住得也不远，罗槟和女儿罗文文就时常来看望孙老汉，看看他缺什么东西，有没有什么能帮忙的。哪怕是罗槟去世之后，罗文文还会时常过来。

这天，孙老汉刚被小儿子殴打，实在走投无路，便向罗文文开了口，询问她能不能做自己的意定监护人。没想到，罗文文一口答应，还说："孙叔，您当年可是救了我爸的命啊！您是我们全家的大恩人，您就是我亲爹！现在没人照顾您，我当然得照顾了！"一番话把孙老汉感动得热泪盈眶，两人第二天就去办理了意定监护公证，罗文文成了孙老汉的意定监护人。

**名词解释**

对于法定监护，我们很熟悉，比如未成年人的法定监护人是父母；限制民事行为能力人，比如精神病人，法定监护人一般是配偶，没有配偶的话，可以是父母、子女。

而意定监护是指具备完全民事行为能力的老年人，可以在近亲属或者其他与自己关系密切、愿意承担监护责任的个人、组织中协商确定自己的监护人。监护人在老年人丧失或者部分丧失民事行为能力时，依法承担监护责任。

通俗地说，意定监护的意思就是如果法定监护人对你不好，不尽监护义务，或者是没有法定监护人，就可以与身边信得过的人签订一份意定监护协议，在你需要人来监护的时候，由他来担任你的监护人。

完全民事行为能力人是指18周岁以上，且能够完全辨认自己行为的人。也就是说，满了18周岁，精神状况正常，就是完全民事行为能力人。而16周岁以上，以自己的劳动收入作为主要生活来源的，也可视为完全民事行为能力人。

限制民事行为能力人是指8周岁以上，不满18周岁的未成年人，以及不能完全辨认自己行为的成年人。

无民事行为能力人是指不满8周岁的未成年人，或者完全不能辨认自己行为的成年人。

## 随行专栏

**（1）监护的分类有哪些？**

其实，我国的监护种类还真不少，大致可以分为五种。

①法定监护。这是我们最熟悉的一种，顾名思义，就是法律

直接规定的监护。法定监护分为未成年人的监护和限制民事行为能力人、无民事行为能力人的监护。

关于未成年人的监护。一般来说，父母是未成年人当然的监护人。但是如果没有父母，或者父母没有监护能力，比如父母本身就是无民事行为能力人，那么就按照以下顺序来确定：1）祖父母、外祖父母；2）兄、姐；3）其他愿意担任监护人的个人或组织，但是须经未成年人住所地的居委会、村委会或者民政部门同意。

限制民事行为能力人、无民事行为能力人的监护，一般顺序为：1）配偶；2）父母、子女；3）其他近亲属；4）其他愿意担任监护人的个人或组织，但是须经被监护人住所地的居委会、村委会或者民政部门同意。

②指定监护。所有法定的有监护资格的人，比如未成年人的爷爷、奶奶、姥姥、姥爷之间，或者成年人的父母和子女之间，对监护权有争议，都想要或者都不想要，这个时候可以由特定单位来指定由谁监护。

③协议监护。在对监护权有争议的情况下，如果大家可以协议确定由谁来监护，那就不需要单位来指定了，这样就变成了协议监护。

④遗嘱监护。这是指父母去世之前，在遗嘱中指定在自己去世后由谁监护。

应注意的是，只有父母，才可以通过遗嘱来指定监护人。

⑤意定监护。简单来说，就是想让谁监护完全取决于自己的想法。趁着自己还是完全民事行为能力人时，选一个顺眼、靠谱的人，和他签订意定监护协议，并且去公证，等到自己有一天变成无民事行为能力人或者限制民事行为能力人的时候，他就可以理所应当地成为自己的监护人了。

也就是说，意定监护只能发生在完全民事行为能力人身上。

**（2）老人可以给自己设定意定监护人吗?**

2015年《老年人权益保障法》修正后，首次为年满60周岁的老人规定了意定监护制度。后来，2017年原《民法总则》把这一概念的适用人群扩大到了全部完全民事行为能力人。

完全民事行为能力人需要满足两个标准：①年满18周岁；②精神状况正常。老人的年龄当然符合要求，因此只要老人的精神状况正常，当然可以给自己设定意定监护人。

## 法律依据

**《老年人权益保障法》**

**第26条** 具备完全民事行为能力的老年人，可以在近亲属或者其他与自己关系密切、愿意承担监护责任的个人、组织中协商确定自己的监护人。监护人在老年人丧失或者部分丧失民事行为能力时，依法承担监护责任。

老年人未事先确定监护人的，其丧失或者部分丧失民事行为能力时，依照有关法律的规定确定监护人。

**《民法典》**

**第27条** 父母是未成年子女的监护人。

未成年人的父母已经死亡或者没有监护能力的，由下列有监护能力的人按顺序担任监护人：

（一）祖父母、外祖父母；

（二）兄、姐；

（三）其他愿意担任监护人的个人或者组织，但是须经未成年人住所地的居民委员会、村民委员会或者民政部门同意。

**第28条** 无民事行为能力或者限制民事行为能力的成年人，由下列有监护能力的人按顺序担任监护人：

（一）配偶；

（二）父母、子女；

（三）其他近亲属；

（四）其他愿意担任监护人的个人或者组织，但是须经被监护人住所地的居民委员会、村民委员会或者民政部门同意。

**第 29 条** 被监护人的父母担任监护人的，可以通过遗嘱指定监护人。

**第 30 条** 依法具有监护资格的人之间可以协议确定监护人。协议确定监护人应当尊重被监护人的真实意愿。

**第 31 条** 对监护人的确定有争议的，由被监护人住所地的居民委员会、村民委员会或者民政部门指定监护人，有关当事人对指定不服的，可以向人民法院申请指定监护人；有关当事人也可以直接向人民法院申请指定监护人。

居民委员会、村民委员会、民政部门或者人民法院应当尊重被监护人的真实意愿，按照最有利于被监护人的原则在依法具有监护资格的人中指定监护人。

依据本条第一款规定指定监护人前，被监护人的人身权利、财产权利以及其他合法权益处于无人保护状态的，由被监护人住所地的居民委员会、村民委员会、法律规定的有关组织或者民政部门担任临时监护人。

监护人被指定后，不得擅自变更；擅自变更的，不免除被指定的监护人的责任。

**第 32 条** 没有依法具有监护资格的人的，监护人由民政部门担任，也可以由具备履行监护职责条件的被监护人住所地的居民委员会、村民委员会担任。

**第 33 条** 具有完全民事行为能力的成年人，可以与其近亲属、其他愿意担任监护人的个人或者组织事先协商，以书面形式确定自己的监护人，在自己丧失或者部分丧失民事行为能力时，由该监护人履行监护职责。

## 11. 老人与一名子女签订赡养协议后，其余子女可以不赡养老人吗？

### 父不慈，子可不孝否

周富贵是个电工，受父母的影响，重男轻女的思想根深蒂固。他在跟妻子王淑芬生下女儿周漂亮和周美丽后，对两个女儿并不关心，平时也没有好好照顾。后来，周富贵终于在47岁的时候有了小儿子周俊俊，本来就一心想要个儿子，现在又老来得子，周富贵简直是要把小儿子捧在手心里养。

周富贵退休没几年，妻子王淑芬就身染重病去世了。去世前，她嘱咐两个女儿要好好赡养自己的父亲，而两个女儿虽然心里不愿意，但也只能答应。妻子去世了，周富贵的偏爱愈发得明显，他经常以生活费不够为由向两个女儿要钱，实际上却是为了给自己的小儿子花销。后来这件事被两个女儿发现，两人碍于亲情就没有戳穿，只能由着父亲这样做。父亲一向这么偏心，两个女儿也已经麻木了。

今年周富贵明显地感觉到自己的身体大不如前。为了自己那扶不上墙的小儿子，周富贵决定与小儿子偷偷签订一份赡养协议，约定小儿子每月向其支付800元人民币的赡养费并直至其去世，在其去世后由小儿子继承其在市里的一套房产。周富贵还叮嘱小儿子不能把这件事张扬出去，尤其是不能让周美丽和周漂亮知道这件事。小儿子表面上点头称是，但心里没把父亲的话当回事。一天，在家庭聚会中，小儿子喝多后，在和大姐、二姐吹嘘的时候，就说漏了这件事。听后，两个女儿当场就和父亲吵了起来，埋怨这么多年父亲对她们不管不顾，看在去世的母亲的份上，她们不仅好好地照顾父亲，还要帮助不争气的弟弟，而父亲却仍旧要把自己的财产全部偷偷给弟弟，这样的付出和回报，让她们觉得实在太不公平。寒了心的两姐妹决定跟父亲断绝父女关系，不再赡养父亲。

这下周富贵发了愁，该怎么办好呢?

## 随行专栏

其实周富贵不用发愁，无论周漂亮和周美丽两姐妹怎么断绝父女关系，都需要履行她们对周富贵的赡养义务。因为这是法律规定子女应尽的义务，就算周富贵再偏心小儿子，把所有遗产都给了小儿子，她们还是要履行赡养义务。

如果她们不履行赡养义务，就要承担支付赡养费的民事责任；如果她们拒不赡养的行为严重的话，可能会构成遗弃罪，到时候可能还要被追究刑事责任。

乍一看要求子女必须尽赡养义务的法律规定，似乎有些不合理，但其实并不是这样。

一方面，法律规定子女要对父母尽赡养义务的同时，也要求父母要将子女抚养成人，让他们接受教育。周富贵虽然没有对两个女儿非常用心地照料，但将她们俩抚养长大是一个无法否认的事实，因此两个女儿应当尽赡养义务。

另一方面，周富贵把自己全部的财产都给了小儿子，常人看来是不公平，但这是周富贵处置自己财产的权利，谁也不能干涉。如果因为没能继承父母的遗产就可以拒绝赡养父母，那父母如果没有留下遗产或者将全部遗产都做了慈善捐赠，是不是子女就不需要赡养父母了？显然这样也是不对的。

所以，赡养父母是子女必须尽的义务，也是中华民族传统美德对我们的要求。

## 法律依据

**《民法典》**

**第 26 条** 父母对未成年子女负有抚养、教育和保护的义务。

成年子女对父母负有赡养、扶助和保护的义务。

**第 1067 条** 父母不履行抚养义务的，未成年子女或者不能独立生活的成年子女，有要求父母给付抚养费的权利。

成年子女不履行赡养义务的，缺乏劳动能力或者生活困难的父母，有要求成年子女给付赡养费的权利。

# 12. 遗赠扶养协议可随时解除吗？

## 养老还有妙招

孙大爷今年 69 岁，老伴儿几年前先一步去世了，膝下也没有子女。由于年事已高，孙大爷自己做起很多事情来都很吃力，就产生了能不能找个人照顾自己的想法。经常跟孙大爷一起下象棋的王大爷，在听到孙大爷的这个想法后，就跟孙大爷提议可以找个愿意照顾他的人并签份协议，这样把事情写在纸面上，省得空口无凭，也有保障。孙大爷听完，觉得这还真是个不错的主意，便就想到了平时跟自己关系还不错的侄子小孙，认为他是比较合适的人选。

这个周末正好小孙来看望孙大爷，孙大爷就和小孙说了这件事，小孙表示接受。于是，孙大爷和小孙在居委会的见证下签订了一份遗赠扶养协议，双方约定：孙大爷的生活照料及后事料理由小孙负责，孙大爷名下的房子及存款在孙大爷去世后全部赠与小孙。几年下来，孙大爷和小孙相处得还比较融洽，小孙也是把孙大爷当成自己的父亲一样照顾。要是故事一直这样发展下去，也不会出什么问题，孙大爷有人侍奉终老，小孙也能获得孙大爷留下的财产。

可谁也没想到，这半路杀出个李阿姨。李阿姨是孙大爷在公园散步时认识的，两人相见恨晚。孙大爷又产生了和李阿姨重新组建家庭的想法，并想着如果能再有个家庭，就用不着小孙来照顾他了，于是就跑去和小孙商量解除遗赠扶养协议。果不其然，小孙死活也不肯同意，还跟孙大爷说："我也照顾您六七年了，跟照顾亲爸爸一样，现在您要跟我解除协议，这不是卸磨杀驴、过河拆桥嘛！"

那孙大爷到底能不能解除和小孙签订的遗赠扶养协议呢？

## 随行专栏

《民法典》规定，自然人可以与继承人以外的组织或个人签订遗赠扶养协议。按照协议，该组织或者个人承担该公民生养死葬的义务，享有受遗赠的权利。也就是说，签了遗赠扶养协议，扶养人不仅要照料好被扶养人，还要负责处理好被扶养人的身后事，这样在被扶养人去世后，可以获得协议中约定好要赠与的财产。

这是双方协商一致达成的一个有条件的协议，通过协议确定了双方的权利义务，因此孙大爷不能随意解除。不过如果孙大爷坚持解除协议，拒绝小孙的照顾，导致协议履行不下去，那么此时强扭的瓜也不甜，协议还是得解除。但为了保证公平，孙大爷需要偿还小孙为了照顾他而支出的供养费用。

签订遗赠扶养协议，目的是使那些没有人照顾的孤寡老人以及无独立生活能力的老人的生活得到保障。

要使遗赠扶养协议实际发挥作用，确定好遗赠扶养协议的内容就显得尤为重要。在订立协议时，应该尽可能明确具体地写出遗赠扶养双方各自的权利义务，遗赠内容应写明遗赠财产的名称、数量、处所，并提供有效的证明文件，根据实际需要设定违约条款，避免双方出现任意违约的情形，这样日后也不容易产生争议。

### 法律依据

**《民法典》**

**第1158条**　自然人可以与继承人以外的组织或者个人签订遗赠扶养协议。按照协议，该组织或者个人承担该自然人生养死葬的义务，享有受遗赠的权利。

**《民法典继承编解释一》**

**第40条**　继承人以外的组织或者个人与自然人签订遗赠扶养协议后，无正当理由不履行，导致协议解除的，不能享有受遗赠的权利，其支付的供养费用一般不予补偿；遗赠人无正当理由不履行，导致协议解除的，则应当偿还继承人以外的组织或者个人已支付的供养费用。

## 13. 被虐待、遗弃的老年人如何保护自己的合法权益？

### 辛苦换来冷漠

老李坐在公园的长椅上，又开始琢磨今天应该去哪儿解决晚饭，明明有两个女儿和一个儿子，但却好像找不着一个吃饭的地儿。

老李的爱人去世很早，在三个孩子没多大的时候，就因为癌症去世了，一直是老李一个人辛辛苦苦地把三个孩子拉扯长大。老李既当爹又当妈，没日没夜地工作，省吃俭用，赚来的钱都用在三个孩子的生活费和学习支出上了。三个孩子也算争气，都学有所成，找了不错的工作，各自组成了自己的小家庭，过上了还算富裕的生活。

按理来说，老李的三个子女都算有出息，他吃了大半辈子的苦，应该算是熬出头，到了该享福的时候了。然而，情况截然相反，老李毕竟是一个老年人，跟年轻人的生活习惯都不太一样，还没在女儿和儿子家里住上几天，儿女们就开始嫌弃他。大女儿把老李推给二女儿，二女儿又把老李推给小儿子，小儿子又把老李推给大女儿，三人推来推去，没有一个人肯让老李住在自己家里。这不，老李没地儿去，只能坐在公园的长椅上，晚饭也不知道去哪儿吃。自己的子女都容不下自己，自己还能去哪里呢？自己也没买房，所有的收入全都用来抚养三个孩子了，半点积蓄也没有。

老李越想越难过，眼看就要天黑了，自己也不能在外头过夜啊？想想自己的东西还在小儿子家，还是回小儿子家吧。然而，出乎老李意料的是，刚走到小儿子家门口，他的行李就已经被放在了门口，敲门也没人应，打电话给两个女儿，也没有一个接电话。

于是，老李拖着自己的行李，无处可去。他含辛茹苦地养大三个孩子，难道就只能遭受这样的待遇吗？

## 随行专栏

古语有云，“百善孝为先”，孝道是中华民族沿袭至今的传统美德，对于维系家庭关系和社会稳定一直发挥着重要的作用。老李辛辛苦苦地养大三个子女，怎么都不应该沦落到无人照料的地步。中华民族的传统美德不允许这样的事情发生，我国的法律也不会坐视不管。

依据法律规定，老李首先可以去居（村）委会或子女所在的单位，请他们出面对自己的子女进行劝诫，并居中调解；这样不奏效的话，老李还可以把三个子女起诉到法院，要求他们向自己支付赡养费，法院也会结合实际情况作出判决，这样三个子女必须按照判决书的内容向老李支付赡养费。

上述是相对温和的做法。如果老李的子女长期不照顾老李，也不给老李生活费，把老李赶出家门，导致老李流离失所或者生存困难，他们的行为将很大程度上构成遗弃罪；如果他们还经常虐待老李，给老李造成伤害或老李因此患上较严重的疾病，老李可以向人民法院提起自诉，追究他们的刑事责任。

父母给子女以生命，又将子女养育成人，赡养年迈的父母是子女本应做的事。正因如此，我们国家也通过立法的形式把赡养父母明确规定为子女在法律上应尽的义务，避免年迈的老人陷入老无所依的困境，以法律保障老年人的合法权益。拒绝赡养或者虐待年迈的父母，就应承担民事责任乃至刑事责任。

## 法律依据

**《民法典》**

**第 1042 条第 3 款** 禁止家庭暴力。禁止家庭成员间的虐待和遗弃。

**第 1067 条** 父母不履行抚养义务的，未成年子女或者不能独立生活的成年子女，有要求父母给付抚养费的权利。

成年子女不履行赡养义务的，缺乏劳动能力或者生活困难的父母，有要求成年子女给付赡养费的权利。

《刑法》

**第 260 条** 虐待家庭成员，情节恶劣的，处二年以下有期徒刑、拘役或者管制。

犯前款罪，致使被害人重伤、死亡的，处二年以上七年以下有期徒刑。

第一款罪，告诉的才处理，但被害人没有能力告诉，或者因受到强制、威吓无法告诉的除外。

**第 261 条** 对于年老、年幼、患病或者其他没有独立生活能力的人，负有扶养义务而拒绝扶养，情节恶劣的，处五年以下有期徒刑、拘役或者管制。

## 14. 老人可以强制要求子女与其共同居住吗？

### 年迈父亲的偏执

刘犟是一个78岁的老头子，和老伴儿感情十分要好，算起来，两人结婚都已经50多年了。到了古稀之年，这个走路都颤颤巍巍的年纪，他们俩出门散步还都是手牵手，一直形影不离。刘老头和老伴儿生了一个儿子和一个女儿，儿子叫刘灿，女儿叫刘靓，一家四口向来是和和睦睦，生活美满，一直以来都是社区里的模范家庭。

可就在去年，老伴儿因为胃癌去世后，刘老头的性格就发生了巨大的变化。本来待人和善的他变得暴躁易怒，总是对子女发脾气，摔家里的锅碗瓢盆，又或者突然抱着子女们大哭一场。两兄妹知道父亲是因为失去母亲才变成了这样，便没有跟父亲生气，每次都是把父亲家里的东西都收拾好，并且安抚父亲一番才回自己家。可令两兄妹没想到的是，父亲越来越能折腾了，之前两人每周都会来看望父亲一次，也就是说，每隔三天，儿子或者女儿就会来看望一次。但是，刘老头说这样不行，刘灿和刘靓两兄妹每个人每周至少要看望他三次，两兄妹想了想还是同意了。

结果没过两个月，刘老头又说不行，说是要和儿子、女儿住在一起，让刘灿和刘靓两兄妹一起出钱买个大别墅，这样他们就能生活在一起，也好照顾他。可是刘灿和刘靓两兄妹都各自有了自己的家庭，这么多人根本没办法住在一起，也不现实。

两兄妹便和父亲商量，看父亲能否轮流到自己家住。刘老头听完十分生气，认为儿子和女儿不孝，就把他们告上了法庭，说刘灿和刘靓两兄妹不给他养老。

法官了解清楚事情后，才知道其实并不是子女真的不尽孝。

于是，就对刘老头进行了劝解和教育，告诉刘老头，刘灿和刘靓两兄妹已经很有孝心了，对他的要求几乎是有求必应。法律只是规定了子女应该赡养老人，并没有说赡养老人就意味着一定要和老人共同居住在一起。就算刘老头坚持要跟子女住在一起，法院也没办法支持他的请求。

## 随行专栏

刘老头的种种行为其实都是他需要家人陪伴的表现，不过再怎么需要家人陪伴，也不能强求子女和自己共同居住，毕竟子女也会有自己的家庭。子女有条件的，可以与父母共同居住，这样照顾起来会方便许多；条件不允许的，子女应该多回家看望和问候老人。因为，对于老人来说，他们需要的不仅是物质上的满足，更多的是精神上的陪伴。

## 法律依据

**《民法典》**

**第26条**　父母对未成年子女负有抚养、教育和保护的义务。

成年子女对父母负有赡养、扶助和保护的义务。

**第1067条** 父母不履行抚养义务的，未成年子女或者不能独立生活的成年子女，有要求父母给付抚养费的权利。

成年子女不履行赡养义务的，缺乏劳动能力或者生活困难的父母，有要求成年子女给付赡养费的权利。

**《老年人权益保障法》**

**第18条** 家庭成员应当关心老年人的精神需求，不得忽视、冷落老年人。

与老年人分开居住的家庭成员，应当经常看望或者问候老年人。

用人单位应当按照国家有关规定保障赡养人探亲休假的权利。

03

# 第三编

# 应了解的继承法律常识

# 第一章 法定继承两问

## 1. 法定继承的继承人必须均分遗产吗?

### 不一样的子女

曹老太和丈夫结婚后，育有两子一女。早年间，丈夫因为意外事故去世，此后曹老太就一直跟大儿子共同生活。小女儿有时间也会带点东西来看望母亲，而二儿子因为和曹老太的一些矛盾，到现在已有近10年时间没来看望过曹老太了，不论哪个亲戚朋友劝都没有用。

一天夜里，曹老太因突发性脑出血，一觉不醒，直至第二天一早，大儿子去叫老母亲起床时才发现异样，便急忙把母亲送往医院抢救。但因为耽误了最佳抢救时间，曹老太在没留下只言片语和遗嘱的情况下，就匆匆离开了人世。所以，三个儿女在办完母亲的葬礼后没多久，就为了母亲死后留下的遗产如何进行分配的问题，吵得不可开交。他们各说各的道理，根本没有办法达成一个解决方案。

最终大儿子向法院提起了法定继承的诉讼，以与母亲长期共同生活为由，要求多分财产。那么，曹老太大儿子的诉讼请求会得到支持吗？遗产必须在各位继承人之间平均分配吗？

### 随行专栏

曹老太的大儿子常年与母亲生活在一起，照顾她的衣食起居，按照法律规定可以多分得遗产。而曹老太的二儿子，不论是在经济上还是精神上，都明显具有照顾母亲的能力，但是多年来对母亲不闻不问，没有尽到应尽的赡养义务，在分配遗产时，应当少分或者不分。

一方面，原则上同一顺序的各位继承人，继承遗产的份额应该是平均分配、没有明显差距的。也就是说，当处于同一顺序的全部法定继承人，在本人的生活水平、劳动能力及平日对被继承人所尽的扶养义务等各个方面，状况基本相同或相近时，那么他们取得的遗产就应该是均分的。另一方面，在某些特殊情况下，法定继承人的继承份额可以不均等，根据有关法律和司法解释的规定，这些特殊情况主要包括以下几种。

①对生活有特殊困难又缺乏劳动能力的继承人，在分配遗产时，应给予适当照顾。

符合这一情况的继承人，必须同时存在生活有特殊困难和缺乏劳动能力这两个情形，才可以在遗产分配时，在均分之外获得适当的照顾。需要注意的是，这里所说的“生活有特殊困难”，指的是这位继承人无法维持正常的生活水平，甚至达不到最低生活保障，而不是和其他继承人相比，生活质量不好。所谓“适当”是指，分得的遗产能满足其基本的生活需求。如果被继承人遗留下的遗产比较多，平均分配就已经能够足额保障他的生活，那就没有必要再给予额外的照顾了。

②对被继承人尽了主要赡养义务或者与被继承人共同生活的继承人，在分配遗产时，可以多分。

不论是按常理来说，还是按照法律中享有权利与承担义务相统一的原则来说，对家庭生活付出较多的继承人，都应该是可以多分配到一些遗产的。从有关司法解释来看，尽了主要赡养义务是指对被继承人的生活提供了主要经济来源，或在劳务方面给予了主要扶助。而跟被继承人住在一起的继承人，通常会比其他人对被继承人照顾得更多一些，所以可以多分遗产，但也不是必然多分。如果住在一起却不照顾被继承人的话，不仅不能多分，还可能少分。

③有扶养能力和扶养条件的继承人，不尽扶养义务的，在分配遗产时，应该不分或少分。

要适用这一规定，一是需要满足被继承人在经济上或生活上有困难，需要他人来扶助；二是继承人有负担能力，却不扶养被继承人。如果被继承人不需要被扶助，或者继承人没有负担能力，则都不适用此规定。

④经继承人之间协商一致，也可以不均等分配。

同一顺序的各个法定继承人之间，如果经过协商达成一致意见，对被继承人的遗产也可以不平均分配，这是继承人按照自己的意愿行使继承权的表现，法律并不会禁止。

## 法律依据

**《民法典》**

**第 1130 条** 同一顺序继承人继承遗产的份额，一般应当均等。

对生活有特殊困难又缺乏劳动能力的继承人，分配遗产时，应当予以照顾。

对被继承人尽了主要扶养义务或者与被继承人共同生活的继承人，分配遗产时，可以多分。

有扶养能力和有扶养条件的继承人，不尽扶养义务的，分配遗产时，应当不分或者少分。

继承人协商同意的，也可以不均等。

**《民法典继承编解释一》**

**第 16 条** 代位继承人缺乏劳动能力又没有生活来源，或者对被继承人尽过主要赡养义务的，分配遗产时，可以多分。

**第 22 条** 继承人有扶养能力和扶养条件，愿意尽扶养义务，但被继承人因有固定收入和劳动能力，明确表示不要求其扶养的，分配遗产时，一般不应因此而影响其继承份额。

**第 23 条** 有扶养能力和扶养条件的继承人虽然与被继承人共同生活，但对需要扶养的被继承人不尽扶养义务，分配遗产时，可以少分或者不分。

## 2. 对被继承人尽了主要赡养义务的丧偶儿媳（女婿）可以成为法定继承人吗?

### 善有善报

珍珍的丈夫大勇去年出车祸去世了，珍珍独自抚养刚满一周岁的儿子。白天带着孩子打工，晚上还要帮别人做手工活儿。大勇是家里的独子，就这么突然走后，家里二老都无法接受，终日以泪洗面。

大勇还有一个大姐，但由于父母从小重男轻女，大姐心里一直都记恨着。现在大勇不在了，大姐本应承担起照顾老人的责任，可自从大勇去世，大姐就未露过面，电话也不接，微信也不回，摆明了是不想照顾老人。

珍珍看到这个情况，心想：大勇的父母就是我的父母，大勇不在了，我不来照顾，谁来照顾呢？于是，珍珍毅然决然地承担起照顾老人的重任，从每天打一份工增加至三份，晚上回去，边做手工活儿，边照顾老人的吃喝拉撒。

十几年后，公公婆婆相继去世。在这十几年间，大姐都从未露过面。老人一去世，大姐倒是出来争遗产了。大姐说："我爸妈就我和弟弟两个孩子，现在弟弟去世了，遗产就都是我一个人的。"

真的是这样吗？

## 随行专栏

珍珍对公婆悉心照顾了十几年，最后没有任何回报，就算不从法律上讲，仅从情理上讲，也有点不太公平吧。

一般来说，儿媳对公婆是没有继承权的，所以珍珍应当是没有资格取得公婆遗产的。

但法律有规定，丧偶儿媳对公婆尽了主要赡养义务的，应当作为第一顺序继承人来继承遗产。珍珍照顾公婆十几年，尽了主要赡养义务，因此珍珍可以作为第一顺序继承人，和大姐一同分割公婆的遗产。

## 法律依据

**《民法典》**

**第 1129 条** 丧偶儿媳对公婆，丧偶女婿对岳父母，尽了主要赡养义务的，作为第一顺序继承人。

# 第二章　不容忽视的遗嘱问题

## 1. 婚前协议中约定一方去世后财产分配的内容属于遗嘱吗？

### 是财产约定协议，还是遗嘱？

张健和杨月两个人都是再婚。张健和前妻有个女儿，跟着张健生活。在婚前，张健和杨月名下都各自有一套房产，两人为此签订了一份婚前协议，把双方的婚前财产状况和婚后财产归谁的问题进行了明确约定，以免之后家人之间因此发生纠纷和冲突。两人签订的婚前协议主要内容包括：①张健和杨月结婚之后一起居住在杨月名下的房屋中；②张健名下的房屋暂时由张健的女儿居住，直至其结婚成家；③张健和杨月谁先去世，那么他或她名下的房屋归还没去世的一方所有，双方的其他存款或对外投资等财产归张健的女儿所有。

10 年之后的某一天，张健突发交通事故，被醉酒驾驶车辆的某司机撞伤，并且该司机还肇事逃逸，致使张健没有得到及时的治疗。发生事故之后，张健晕倒在路边，被路人发现后才送到了医院，最终因医治无效而去世。一家人给张健操办完葬礼之后，张健的女儿就以继承纠纷为由把杨月起诉到了法院，请求继承张健名下的房产。

那么，张健和杨月在婚前签署的协议中关于遗产分配的内容属不属于遗嘱呢？这个案子应该按法定继承还是按遗嘱继承来处理呢？

## 随行专栏

婚前协议中关于一方或双方去世后财产分配的内容，如果满足某一种遗嘱的法定构成要件，在内容和形式上被认定为有效，那么从性质上讲，这一部分内容就属于遗嘱，协议人可以通过这种方式来处理自己的婚前个人财产或婚后的夫妻共同财产中属于自己所有的部分。

属于遗嘱内容的婚前协议条款，在形式上需要以遗嘱的法定形式订立，即在订立时找两位与遗产没有利害关系的人来进行见证，或事后将协议进行公证等。但遗嘱内容的条款是否有效，都不会影响婚前协议中其他条款的生效。另外，一般情况下，在婚前协议中加入关于去世后财产分配内容的条款属于协议双方作出的共同遗嘱，而根据我国有关规定，双方坚持办理共同遗嘱的，还应当明确遗嘱变更、撤销及生效的条件。也就是说，在婚前协议中加入的遗嘱内容必须清晰明确地表述财产的具体归属和处理方式，不能粗略地一笔带过。如果张健和杨月签订的婚前协议满足上述这些条件的话，那么它就是遗嘱，本案应该按照遗嘱继承来进行处理，即张健的女儿对她父亲名下的房产没有继承的权利。

另外，虽然双方订立了婚前协议，但往后的实际生活中如果有和协议内容冲突的行为发生，那么就会被视为变更了协议内容。毕竟遗嘱是一种单方法律行为，被继承人自己随时都可以对其进行更改。如果一方之后另行订立了其他有效的遗嘱，那么婚前协议中的遗嘱内容也会失效。

## 法律依据

**《遗嘱公证细则》**

**第 2 条** 遗嘱是遗嘱人生前在法律允许的范围内，按照法律规定的方式处分其个人财产或者处理其他事务，并在其死亡时发生效力的单方法律行为。

**第 15 条** 两个以上的遗嘱人申请办理共同遗嘱公证的，公证处应当引导他们分别设立遗嘱。

遗嘱人坚持申请办理共同遗嘱公证的，共同遗嘱中应当明确遗嘱变更、撤销及生效的条件。

## 2. 遗嘱未保留未成年继承人的遗产份额，该遗嘱有效吗？

### 父子的矛盾

今年 12 岁的小刘刚上初中，他的母亲因为患癌症走得早，只剩下小刘和父亲老刘一起生活。原本活泼开朗、学习积极的小刘在母亲走后一蹶不振，沉迷上了网络游戏，不仅逃学早退，有时候还从家里偷偷拿钱进行网络充值。不管老刘和班主任老师怎么苦口婆心地教育，小刘还是屡教不改。最后小刘还嫌老刘和老师太啰唆，干脆辍学离家出走，开始跟着一帮社会上的朋友瞎混。因为经常小偷小摸和打架斗殴，小刘成了派出所的常客。为此，老刘气得血压都高了，说要跟小刘断绝父子关系，让小刘再也别回家。

没想到此后，小刘真的再也没回家，甚至在老刘因突发心脏病而住院治疗的时候，也没有回家看一眼老刘。这一切彻底让老刘对儿子失去了希望，于是便早早立下了遗嘱。老刘的遗嘱表示，自己死后留下的全部遗产都由常年照顾自己的哥哥继承，不给小刘留下一分钱遗产。两年后，老刘病逝，刚满 15 岁的小刘得知按照父亲的遗嘱，自己一分钱都得不到时，便诉至法院，请求法院宣告自己已过世的父亲在生前所立的遗嘱无效，父亲的遗产应该由自己来继承。

那么，小刘的诉请有法律依据吗，他的请求会不会得到法院的支持?

## 随行专栏

遗嘱中没有给未成年的法定继承人保留必要的遗产份额，这意味着该遗嘱将会部分无效。也就是说，老刘的遗嘱因为没有给年仅 15 岁的小刘保留必要的份额，是部分无效的，但是小刘也无权继承父亲的全部遗产。老刘的遗产应该在给小刘保留能够让他生活到年满 18 周岁并可以自行取得生活来源之时的必要份额后，将剩下的部分按照遗嘱中的内容，安排由老刘的哥哥继承。

在我国，只要是立遗嘱人自己作出了真实的意思表示并符合法定条件，遗嘱就可以成立，即我们订立遗嘱是完全自由的。但是这个自由也不绝对，有一定的限制，如遗嘱要为缺乏劳动能力又没有生活来源的继承人，保留可以支撑其生活的遗产份额，剩余的部分，才可以参照遗嘱确定的分配原则处理，否则遗嘱将会部分无效。

该规定的出现，实际上是为了保护未成年人的利益，让未成年人可以健康地成长。对于未成年的法定继承人，法律是禁止被继承人以遗嘱的方式来剥夺其全部继承权的，除非未成年人存在法定丧失继承权的情形。

## 法律依据

**《民法典》**

**第 1141 条** 遗嘱应当为缺乏劳动能力又没有生活来源的继承人保留必要的遗产份额。

**《民法典继承编解释一》**

**第 25 条** 遗嘱人未保留缺乏劳动能力又没有生活来源的继承人的遗产份额，遗产处理时，应当为该继承人留下必要的遗产，所剩余的部分，才可参照遗嘱确定的分配原则处理。

继承人是否缺乏劳动能力又没有生活来源，应当按遗嘱生效时该继承人的具体情况确定。

## 3. 把所有财产都给情人的遗嘱有效吗?

### 男人的选择

蒋芳芳与吴彬彬在 20 年前结婚，婚后两人生活一直很和睦。直至 2014 年，吴彬彬突然像变了一个人，对蒋芳芳不闻不问，甚至经常借故朝蒋芳芳发脾气。原来吴彬彬在外面认识了一个女孩，叫张英英。张英英漂亮、热情、可爱，吴彬彬被她深深地吸引了，越来越不能自拔。2015 年之后，两人索性在外租房，开始了同居生活。

但天有不测风云，在 2016 年，吴彬彬被查出患有直肠癌。患病期间，张英英不离不弃，一直在病床前照顾吴彬彬。而与此同时，妻子蒋芳芳也一直对吴彬彬进行照顾，并为其出资治疗。

可是没想到，吴彬彬的心思还是全在张英英身上。2019 年，吴彬彬感到自己去日无多，竟在遗嘱中表明，愿意将夫妻共同财产中属于自己的那部分全部遗赠给张英英，列明了共同财产清单，并进行了公证。

之后不久，吴彬彬病逝。张英英想要依照遗嘱分割遗产，遭到蒋芳芳拒绝。于是张英英将蒋芳芳告上了法庭，请求确认遗嘱有效，并依照遗嘱分割遗产。

**名词解释**

遗赠，是指公民可以通过立遗嘱，将其遗产赠予国家、集体或者法定继承人以外的人。

## 随行专栏

### （1）把所有财产都给情人的遗嘱有效吗?

本案是一起非常典型的“情妇遗赠案”。

遗嘱体现的是死者对自己遗产的自由处分权，换句话说，我自己的财产，我想给谁就给谁。但是，如果是要赠与“情妇”，是不是会违背社会公序良俗，遭到大众的唾弃？是否会导致遗嘱无效？如果导致了遗嘱无效，公证是否可以改变这种无效的状况呢?

关于这个问题，目前实践中存在两种观点。

一种观点认为，遗嘱无效。虽然死者生前可以任意处分自己的遗产，但是遗赠作为一种民事法律行为，还是要受到民法基本原则的制约。而民法基本原则，是要求不得违背公序良俗的。遗产赠予情妇，这明显违背公序良俗。

另一种观点则认为，遗嘱有效。死者作为自己遗产的所有权人，有权对自己的财产进行任何处分，自然也有权将个人财产以遗赠方式赠与他人。根据《民法典》继承编的规定，我国实行遗嘱自由原则，其主要目的就是充分保护公民对自己合法拥有的财产的自由支配权。因而，基于对遗赠人处分权的尊重，应当按照其真实意愿来处分其生前所有的遗产。

以上两种观点，笔者更同意第一种观点，这也是当前的主流观点，同时也是本案中法院采取的裁判观点。

**（2）无效遗嘱经过公证，能变成有效的吗？**

公证行为只是对遗嘱的真实性予以肯定，而对其有效性是不予审查的。

根据《遗嘱公证细则》的规定，公证处只需审核公证人身份的真实性、意思表示是否真实、是否违背公序良俗等事项，便应当出具公证书。因此，这种情况下，无效遗嘱并不会因为公证而变得有效。

## 法律依据

**《民法典》**

**第8条** 民事主体从事民事活动，不得违反法律，不得违背公序良俗。

**第1041条第2款** 实行婚姻自由、一夫一妻、男女平等的婚姻制度。

**第1043条第2款** 夫妻应当互相忠实，互相尊重，互相关爱；家庭成员应当敬老爱幼，互相帮助，维护平等、和睦、文明的婚姻家庭关系。

**《遗嘱公证细则》**

**第17条** 对于符合下列条件的，公证处应当出具公证书：

（一）遗嘱人身份属实，具有完全民事行为能力；

（二）遗嘱人意思表示真实；

（三）遗嘱人证明或者保证所处分的财产是其个人财产；

（四）遗嘱内容不违反法律规定和社会公共利益，内容完备，文字表述准确，签名、制作日期齐全；

（五）办证程序符合规定。

不符合前款规定条件的，应当拒绝公证。

## 4. 共同经营企业的合伙人可以作为遗嘱见证人吗?

### 表面合法的遗嘱

王老汉有一儿一女，分别是王虎和王梅。年轻的时候，王老汉下海经商，小有成就，在北京买了一处200多平方米的住宅和一个临街的门面房。2010年，王老汉被确诊为肝癌晚期后，开始入院接受治疗。但入院后的王老汉病情并没有好转，甚至有加重的趋势。王虎看到父亲病重，就对父亲将来死后的遗产动起了心思。

这一天，趁着轮到自己在医院照看父亲，王虎便叫来了和自己一起合伙开饭店的张君和李霄到医院来做遗嘱见证。由张君代笔书写了一份主要内容为王老汉愿意在自己去世后，把所有的财产都给儿子王虎一人继承的遗嘱。写完遗嘱后，张君和李霄作为遗嘱见证人在遗嘱上签了字，立遗嘱人的地方由王老汉摁了手印。

2011年6月，王老汉去世。王虎和王梅一起处理完父亲的后事之后，王虎拿出了王老汉的这份遗嘱，要求王梅跟他一起去房屋管理局办房子的过户登记。王梅看到遗嘱后又惊又气。这份遗嘱有效吗？王梅真的一点遗产都分不到了吗？

### 随行专栏

王虎所拿的这份遗嘱，从效力上来看，是一个无效遗嘱。王老汉留下的遗产应该依据法定继承的原则，由王虎和王梅来共同继承。原因就在于，张君和李霄是与继承人王虎长期一起经营饭店的合伙人，与王虎之间存在利害关系，不可以作为遗嘱见证人见证遗嘱的形成。

根据《民法典》的规定，代书遗嘱、打印遗嘱、录音录像遗嘱、口头遗嘱都应当有至少两个以上的见证人在场见证，被继承人立下的遗嘱才会是一个有法律效力的遗嘱。也就是说，见证人的存在会直接影响遗嘱的效力。所以，为了保证在场的见证人真的见证到了立遗嘱人当时真实的意思和想法，法律就对遗嘱见证人的资格作出了一些主要的限制规定。

一是继承人和受遗赠人本人不能同时是遗嘱见证人，他们可能会为了自己的利益歪曲立遗嘱人的意思。二是见证人应该和继承人、受遗赠的人没有利害关系，即遗产给谁都与他无关，他也不会偏袒某人。继承人和受遗赠人的配偶、父母子女、兄弟姐妹、祖父母、外祖父母，还有债权人、债务人、共同经营的合伙人等一般都被看作是有利害关系的，因而不能做见证人。三是见证人必须是完全民事行为能力人，也就是对事物有足够的认知和判断能力。未成年人、精神病人等作为无民事行为能力人或限制民事行为能力人，就不能成为遗嘱的见证人。其中，第三点最为重要。

## 法律依据

**《民法典》**

**第1140条** 下列人员不能作为遗嘱见证人：

（一）无民事行为能力人、限制民事行为能力人以及其他不具有见证能力的人；

（二）继承人、受遗赠人；

（三）与继承人、受遗赠人有利害关系的人。

**《民法典继承编解释一》**

**第24条** 继承人、受遗赠人的债权人、债务人，共同经营的合伙人，也应当视为与继承人、受遗赠人有利害关系，不能作为遗嘱的见证人。

## 5. 订立多份遗嘱，以哪份为准？

### 犹豫的张老汉

张老汉独自一人抚养三个儿女长大，如今已经70多岁了。三个孩子一个比一个有出息，大儿子经营一家科技公司，生意做得有声有色；二儿子从名牌大学毕业后，成了一名程序员，收入也非常不错；张老汉最疼爱的小女儿，现在是当地有名的钢琴家，每天演出、剪彩、出席活动，可别提多忙活了。操劳了一辈子的张老汉，本以为总算是能享享清福了。

但好景不长，张老汉突发心脏病入院治疗。三个儿女也都在病床前轮流照顾着，可是张老汉的身体状况还是一天比一天糟糕。一次抢救中，医生说张老汉可能撑不过晚上了，三个儿女在病床前哭成一片。张老汉也知道自己可能没有多少时间了，就在病床前交代了后事，表示把自己名下的房产留给最疼爱的小女儿，剩余存款两个儿子一人一半。

但没料到，张老汉竟然奇迹般地撑过了当晚，而且病情也已经稳定下来，可以出院了。三个儿女只顾着高兴，谁也没再提张老汉遗言的事。

2020年年初，新冠肺炎疫情暴发，大儿子的公司赶上了口罩制造风潮的尾巴，花重金购入了六台口罩机，但等到公司生产出口罩后，国内的口罩市场已经是供大于求的状态，口罩只能低价售出，口罩机的投入全都打了水漂，公司资金周转不过来，最终宣告破产。本来最有出息的儿子，一夜之间变得穷困潦倒。张老汉看在眼里，痛在心里。于是，张老汉又立下遗嘱，表示把自己名下的房产和大部分存款都留给大儿子，只给二儿子和小女儿留了极少的一部分存款。张老汉还听说，遗嘱要去公证才有效，所以还去公证处进行了公证。

张老汉的晚年生活，可真是一波未平一波又起。刚立好遗嘱，把大部分财产留给了大儿子，二儿子又被确诊为胃癌晚期。张老汉仔细一想，大儿子只是公司破产，大不了东山再起，但二儿子可能连命都要没了。张老汉又拿起笔来立下了遗嘱，将大部分遗产都给二儿子。可还没来得及去公证，张老汉就突发心脏病去世了。

那么，三个儿女的分歧就来了，到底应该以哪份遗嘱为准呢？

## 随行专栏

本案中，张老汉一共立了三份遗嘱：在病床前立下的口头遗嘱、公证遗嘱、最后的自书遗嘱。

依照《民法典》的规定，无论有没有公证，都以最后立的遗嘱为准。

具体到本案中，应该以最后一份遗嘱为准，将大部分遗产留给生病的二儿子。

## 法律依据

**《民法典》**

**第 1134 条** 自书遗嘱由遗嘱人亲笔书写，签名，注明年、月、日。

**第 1135 条** 代书遗嘱应当有两个以上见证人在场见证，由其中一人代书，并由遗嘱人、代书人和其他见证人签名，注明年、月、日。

**第 1138 条** 遗嘱人在危急情况下，可以立口头遗嘱。口头遗嘱应当有两个以上见证人在场见证。危急情况消除后，遗嘱人能够以书面或者录音录像形式立遗嘱的，所立的口头遗嘱无效。

**第 1139 条** 公证遗嘱由遗嘱人经公证机构办理。

**第 1140 条** 下列人员不能作为遗嘱见证人：

（一）无民事行为能力人、限制民事行为能力人以及其他不具有见证能力的人；

（二）继承人、受遗赠人；

（三）与继承人、受遗赠人有利害关系的人。

**第1142条第3款** 立有数份遗嘱，内容相抵触的，以最后的遗嘱为准。

## 6. 老年人可以与养老院签订遗赠扶养协议吗？

### 一个美丽的梦

阮老太15岁的时候，在天桥下卖花，邂逅了一位士兵。她不知道他的名字，但记得他的微笑，他的举手投足，甚至他离去的背影。她和他没有太多的交流，但她始终相信，有缘的人总会再次相逢，冥冥之中，他们一定会再次相遇。

阮老太为了能再遇见他，拼了命地成为上海最知名的女记者，每天出现在报纸上、杂志上。她总盼望着，如果有一天士兵在报纸上看到自己，就一定会来找她。心里装着这么一个美丽的梦，阮老太一生未嫁。

如今，80多年过去了，阮老太已经年近百岁，住在一家养老院里。阮老太一生未嫁，无儿无女。当初也是知名女记者，一辈子积累了一笔不小的财富。

这种情况下，阮老太可以与养老院签订遗赠扶养协议吗？

### 随行专栏

法律上并没有对签订遗赠扶养协议的主体进行限制，只要你信得过，可以与任何组织或者个人签订，所以养老院当然也可以。

关于订立遗赠扶养协议，有以下两点需要注意。

①遗赠扶养协议只能与法定继承人以外的人签订。遗赠扶养协议，顾名思义，是遗赠人和扶养人签订的。而法定继承人不能归类为扶养人，法定继承人的扶养或赡养义务都是法定义务，不以任何条件为前提，也不能通过协议免除。

②遗赠扶养协议具有最优先性。当同时存在遗嘱、遗赠、法定继承时，先依照遗赠扶养协议办理。所以，在订立遗赠扶养协议时，一定要慎重。

## 法律依据

**《民法典》**

**第 1123 条**　继承开始后，按照法定继承办理；有遗嘱的，按照遗嘱继承或者遗赠办理；有遗赠扶养协议的，按照协议办理。

**第 1158 条**　自然人可以与继承人以外的组织或者个人签订遗赠扶养协议。按照协议，该组织或者个人承担该自然人生养死葬的义务，享有受遗赠的权利。

**《老年人权益保障法》**

**第 36 条**　老年人可以与集体经济组织、基层群众性自治组织、养老机构等组织或者个人签订遗赠扶养协议或者其他扶助协议。

负有扶养义务的组织或者个人按照遗赠扶养协议，承担该老年人生养死葬的义务，享有受遗赠的权利。

# 7. 遗嘱与遗赠扶养协议冲突时怎么办?

## 谁是真的孝顺

张老太已经 70 多岁，老伴儿早在 10 年前就已经去世了。本以为养儿防老，可没想到，张老太唯一的儿子建刚，从小不学无术、打架斗殴，读完初中后就不再继续上学了。家里人托关系给他找了份工作，他也不好好做，天天和几个小混混待在一起，后来还染上了赌博的恶习。张老太觉得，不能由着儿子的性子胡来，赌博这个瘾，是无论如何都要戒掉的。所以张老太不再给钱，可谁知建刚一气之下，竟然离家出走，至今已经两年过去了，仍然不知去向。

住在隔壁的邻居小娟，看张老太一个人无依无靠，挺可怜的，便时常照顾张老太。在张老太生病的时候，小娟也是第一时间跑来照顾。张老太想到，老伴儿 10 年前就已经去世了，儿子又不知去向，于是就和小娟签了遗赠扶养协议，约定小娟承担自己生养死葬的义务，去世后将自己名下的房产赠与小娟。

后来，张老太一去世，建刚就不知道从哪儿冒出来了。听说张老太把遗产给了邻居小娟，建刚很不乐意，便将小娟告上了法庭，并且拿出了张老太 10 年前在病危时写下的遗嘱，遗嘱上写明将名下的存款和房产全部给儿子建刚。这下小娟突然不知所措了，自己手里的遗赠扶养协议还有效吗?

**名词解释**

遗赠扶养协议，是指遗赠人和扶养人之间签订协议，约定扶养人来承担遗赠人生养死葬的义务，遗赠人死亡后，把自己的遗产的部分或全部赠与扶养人。

## 随行专栏

当既有遗嘱又有遗赠扶养协议时，如果两者互不冲突，那就各执行各的。如果两者有冲突，则遗赠扶养协议优先于遗嘱，冲突的部分以遗赠扶养协议为准。

本案中，张老太先立了遗嘱，后又签订了遗赠扶养协议。遗嘱表明，将房子和存款都留给儿子，但协议却约定，将房子给小娟。可以看出，两者的冲突在于房子，关于存款部分并没有冲突。因此，存款毫无争议，是归建刚所有。至于房子，则以遗赠扶养协议为准，归小娟所有。

### 法律依据

**《民法典》**

**第 1123 条** 继承开始后，按照法定继承办理；有遗嘱的，按照遗嘱继承或者遗赠办理；有遗赠扶养协议的，按照协议办理。

**第 1158 条** 自然人可以与继承人以外的组织或者个人签订遗赠扶养协议。按照协议，该组织或者个人承担该自然人生养死葬的义务，享有受遗赠的权利。

**《民法典继承编解释一》**

**第 3 条** 被继承人生前与他人订有遗赠扶养协议，同时又立有遗嘱的，继承开始后，如果遗赠扶养协议与遗嘱没有抵触，遗产分别按协议和遗嘱处理；如果有抵触，按协议处理，与协议抵触的遗嘱全部或者部分无效。

## 8. 已经办理公证的遗嘱能撤销吗?

### 突然的醒悟

老张结过两次婚，有一个女儿和一个儿子，是先后和两个老婆生的。由于和第一任老婆的感情不太好，所以老张也就不喜欢她生下的大女儿，一直都偏爱小儿子。

早在八年前，老张身体还很健壮的时候，他就早早做好准备，在遗嘱中把自己名下唯一的房产留给了小儿子，还去做了遗嘱公证。结果上个月，老张不小心摔了一跤，摔断了腿。儿子远在上海工作，是同城的女儿一直在尽心尽力地照顾自己。老张非常感动，突然意识到这么多年对她们母女实在是太疏忽了。况且儿子早就在上海定了居，也很少回家来看望自己，看样子是指望不上了。

于是老张想要修改遗嘱，把房子留给身边的大女儿。可是已经公证过的遗嘱，还可以想修改就修改吗?

## 随行专栏

遗嘱的根本目的和意义，是保障死者对自己个人财产的处分权，体现了死者的个人意志。所以，在有遗嘱的情况下，遗嘱继承要优先于法定继承。

简单来说，自己立的遗嘱，当然想修改就可以修改，想怎么改就怎么改。但大家可能困惑的是，公证过的遗嘱，感觉上好像要更加正式一些，还可以修改吗?

答案是当然可以。改还是可以改的，只不过改起来可能会麻烦一些。

在《民法典》生效之后，取消了公证遗嘱的最优先性。因此，其他各种形式的遗嘱都可以变更公证遗嘱。无论一共有多少份遗嘱，也不管是公证遗嘱还是其他形式的遗嘱，都以最后所立的遗嘱为准。

当然，如果不是想要变更，只是单纯地想要撤销的话，则需要通过向公证处申请办理撤销原遗嘱的声明公证才可以实现。

## 法律依据

**《民法典》**

**第 1142 条**　遗嘱人可以撤回、变更自己所立的遗嘱。

立遗嘱后，遗嘱人实施与遗嘱内容相反的民事法律行为的，视为对遗嘱相关内容的撤回。

立有数份遗嘱，内容相抵触的，以最后的遗嘱为准。

**《遗嘱公证细则》**

**第22条** 公证遗嘱生效前，非经遗嘱人申请并履行公证程序，不得撤销或者变更公证遗嘱。

遗嘱人申请撤销或者变更公证遗嘱的程序适用本规定。

# 第三章　继承权知多少

## 1. 未成年人该如何行使继承权？

### 万贯家财的归属

白总是某知名企业董事长，可谓家财万贯，家中只有一个女儿白婉，备受疼爱。然而，白婉在生下儿子小顾不久后，就患病而死，所以白总现在只有一个后代，那就是年仅 14 岁的小顾。白总还有几个不争气的弟弟，一直等着他死后继承他的遗产。白总早就看穿了他们的心思，便提前就写好了遗嘱，将财产全部留给小顾，并将遗嘱交给他信任的张律师。

在母亲白婉去世后，小顾一直和父亲生活在某市。这天他突然得到消息，知道外公快不行了，着急见他。于是，他赶紧买了去外公所在城市的机票。下了飞机，坐上白家来接他的车后，小顾简直心急如焚，无奈交通一点也不通畅，花了大半天时间才到外公家。到家后，他发现外公已经离世了，顿感十分痛苦，而这时白总的弟弟们却开始争吵起分财产的事，还对小顾说："你还小，你的那部分就由我们来替你保管吧。"

小顾有些发愣，不知道为什么自己的外公刚去世就有人立刻要分遗产，刚想开口说点什么，一直待在角落里的张律师终于开口了："小顾少爷的那份还用不着你们操心，更何况你们那份有没有还是另一回事。"说话的同时，张律师从公文包里拿出了白总生前给他的遗嘱的复印件。白总的弟弟们看完后，气急败坏地说道：

“难不成小顾那份还要由他自己管不成？他那么小，难道不会乱花？还是由我们这些长辈替他保管最为稳妥。”

小顾到底该怎么行使自己的继承权呢？

## 随行专栏

小顾现在 14 周岁，属于限制民事行为能力人。

一般来说，限制民事行为能力人实施民事法律行为，如买个学习机，要经过其法定代理人代理或者经其法定代理人同意、追认，才会发生法律效力。不过，对于小顾来说，继承白总留下的巨额遗产只有益处，而没有坏处，这种行为在法律上称为“纯获利益”，是可以由小顾独立实施的。也就是说，小顾可以直接表示自己要继承外公白总的遗产。

## 法律依据

**《民法典》**

**第 19 条** 八周岁以上的未成年人为限制民事行为能力人，实施民事法律行为由其法定代理人代理或者经其法定代理人同意、追认；但是，可以独立实施纯获利益的民事法律行为或者与其年龄、智力相适应的民事法律行为。

**第 20 条** 不满八周岁的未成年人为无民事行为能力人，由其法定代理人代理实施民事法律行为。

**第 27 条** 父母是未成年子女的监护人。

未成年人的父母已经死亡或者没有监护能力的，由下列有监护能力的人按顺序担任监护人：

（一）祖父母、外祖父母；

（二）兄、姐；

（三）其他愿意担任监护人的个人或者组织，但是须经未成年人住所地的居民委员会、村民委员会或者民政部门同意。

## 2. 胎儿有继承权吗?

### 天有不测风云

王超军和妻子、儿子一家三口，生活在贵州的一个贫困小村庄里。全家靠种地为生，日复一日的生活，几乎看不到任何希望。王超军觉得，反正生活已经不能再糟了，不如出去拼一把，万一有转机呢。于是，他萌生了想去深圳打工的想法。他告诉妻子，他一定会让全家过上好日子的，妻子也支持了丈夫的决定。

第二天，王超军便坐上了开往深圳的火车，这一去就是10年。从刚开始的打工仔，到后来自己做了老板，王超军的日子虽然越来越好了，但和妻子的感情却越来越淡了。原来，10年的两地分居，王超军的心早就不在妻子身上了。大城市莺歌燕舞、灯红酒绿，王超军作为一个企业老板，身边根本不缺年轻漂亮的姑娘。王超军认为实在无法和妻子继续生活，便与妻子办理了离婚手续，儿子归妻子抚养。没过多久，王超军就和比他小20岁的兰兰结了婚。

兰兰很快有了身孕，王超军非常高兴。兰兰虽然长得漂亮，但性格却刁蛮任性。刚开始王超军觉得新鲜，可时间一长，就开始厌烦了。于是，王超军想劝兰兰打掉孩子，然后甩掉她。正当不知道怎么开口的时候，王超军被确诊为肺癌晚期，可能活不过三个月了。王超军回想这一生，觉得最对不起的就是家里的前妻和儿子，于是他立下遗嘱，把遗产都给了前妻和儿子，兰兰和肚子里的孩子一分钱也没有。

王超军死后，兰兰将王超军的前妻和儿子告上了法庭，要求重新分割遗产，即使自己什么也得不到，也应该为胎儿保留必要份额。王超军的儿子认为，遗嘱继承优先于法定继承，为胎儿保留必要份额的原则，应当只适用于法定继承，而不适用于遗嘱继承。

那么胎儿到底有没有继承权呢?

## 随行专栏

**（1）什么时候采取遗嘱继承？什么时候采取法定继承？**

在我国法律上，遗嘱继承优先于法定继承。如果死者生前立了遗嘱，那么就按照遗嘱的内容来分割遗产，这就是遗嘱继承。但如果是意外去世，还没有来得及立遗嘱，那么就依照法律规定的继承顺序来分割遗产，这就是法定继承。

简单来说，有遗嘱的采取遗嘱继承，没有遗嘱的采取法定继承。

**（2）什么是“遗嘱继承优先于法定继承”？**

按照法律规定的继承人的顺序，第一顺序继承人为配偶、父母、子女，依照人数平分。比如，死者有爸爸、妈妈、妻子、孩子，那就把遗产平均分成四份，每人一份。如果有特殊需要照顾的人，可以适当多分。

但是假设死者和妻子关系不好，不想给妻子，或者是不想给父母或者孩子，可以通过立遗嘱，在遗嘱里写明要把遗产只给谁。在死者立有遗嘱的情况下，就不按法定继承来分割了，遗嘱怎么写，就怎么分。甚至死者可能不想把遗产给任何一个法定继承人，就想给对自己恩重如山的救命恩人，也是可以通过立遗嘱实现的。但是如果是要给情妇或者存在其他违背公序良俗的情况，则遗嘱可能会被判定为无效。①

**（3）胎儿有继承权吗？**

根据法律规定，胎儿是有继承权的。分割遗产时，应当为胎儿保留必要份额。如果胎儿出生时是死体的，份额不再保留，按照法定继承处理。

---

① 详见第三编第二章3.把所有财产都给情人的遗嘱有效吗？

**（4）为胎儿保留必要份额只适用于法定继承吗?**

为胎儿保留必要份额，是法律规定的处理遗产的制度。所以不管是法定继承，还是遗嘱继承，都应当适用。

本案中，虽然王超军立了遗嘱，但也必须遵守法律规定的为胎儿保留必要份额的原则，兰兰肚子里的孩子是应当享有必要份额的。

根据前述第（2）问，兰兰虽然是王超军的合法妻子，但是王超军在遗嘱里面，并没有分给兰兰遗产。法律规定应给胎儿留必要份额，但没有规定要给妻子留必要份额，因此既然遗嘱里没有写，兰兰就得不到遗产了。

## 法律依据

**《民法典》**

**第1123条** 继承开始后，按照法定继承办理；有遗嘱的，按照遗嘱继承或者遗赠办理；有遗赠扶养协议的，按照协议办理。

**第1127条** 遗产按照下列顺序继承：

（一）第一顺序：配偶、子女、父母；

（二）第二顺序：兄弟姐妹、祖父母、外祖父母。

继承开始后，由第一顺序继承人继承，第二顺序继承人不继承；没有第一顺序继承人继承的，由第二顺序继承人继承。

本编所称子女，包括婚生子女、非婚生子女、养子女和有扶养关系的继子女。

本编所称父母，包括生父母、养父母和有扶养关系的继父母。

本编所称兄弟姐妹，包括同父母的兄弟姐妹、同父异母或者同母异父的兄弟姐妹、养兄弟姐妹、有扶养关系的继兄弟姐妹。

**第1130条** 同一顺序继承人继承遗产的份额，一般应当均等。

对生活有特殊困难又缺乏劳动能力的继承人，分配遗产时，应当予以照顾。

对被继承人尽了主要扶养义务或者与被继承人共同生活的继承人，分配遗产时，可以多分。

有扶养能力和有扶养条件的继承人，不尽扶养义务的，分配遗产时，应当不分或者少分。

继承人协商同意的，也可以不均等。

**第 1155 条** 遗产分割时，应当保留胎儿的继承份额。胎儿娩出时是死体的，保留的份额按照法定继承办理。

## 3. 伪造遗嘱的继承人还有继承权吗?

### 胆大的女儿

李老头有三个孩子，大女儿、二女儿和小儿子。二女儿在外地工作，只是逢年过节给老人转些钱。小儿子自幼患有小儿麻痹症，生活不能自理。大女儿留在老人身边，既要照顾李老头，又要照顾患有小儿麻痹症的弟弟。

这天，李老头觉得精神头不太好，想早点上床休息。谁知这一睡，就再也没醒过来。因为老人走得急，所以没有留下任何遗嘱。大女儿担心，自己尽心尽力照顾了老人这么多年，比二女儿付出得不知道多多少倍，小儿子就更不要说了，他自己还需要别人照顾，更是连一天都没有照顾过老父亲。现在老人没有留下遗嘱，大女儿一想到万一将来要和弟弟、妹妹平均分配遗产，那能甘心吗?

于是，大女儿想到了伪造遗嘱。大女儿曾经当过几年的书法老师，对各种字体颇有研究，于是她仿照老人的字迹，伪造了一份自书遗嘱，并签上了老人的名字。

小儿子一看，遗嘱的内容把全部遗产都留给了大女儿，便觉得事情不太对。毕竟李老头从小最疼爱的就是小儿子，况且小儿子还没有生活自理能力，李老头怎么可能把遗产都给了大女儿呢？万般无奈之下，他只好向法院提起诉讼。经过司法鉴定，确认了这份遗嘱是伪造的。

那么伪造遗嘱的大女儿，还有继承权吗？

## 随行专栏

根据《民法典》的规定，伪造遗嘱，情节严重的，会丧失继承权。所以，究竟怎么才算“情节严重”，就显得非常重要了。

根据相关司法解释的规定，侵害了缺乏劳动能力又无生活来源的继承人的利益，并造成其生活困难的，应当认定其行为“情节严重”。

本案中，大女儿伪造遗嘱将全部遗产都留给了自己，侵害了小儿子的利益。而小儿子又患有小儿麻痹症，应当认定为缺乏劳动能力又无生活来源的继承人，因此大女儿伪造遗嘱的行为侵犯了他的利益，应当是丧失继承权的。

但是，如果大女儿只是伪造了遗嘱，并没有侵害缺乏劳动能力又无生活来源的继承人的利益，一般会认定伪造的遗嘱无效，依照法定继承来分割遗产。而大女儿也并不会丧失继承权。

## 法律规定

**《民法典》**

**第 1125 条** 继承人有下列行为之一的，丧失继承权：

（一）故意杀害被继承人；

（二）为争夺遗产而杀害其他继承人；

（三）遗弃被继承人，或者虐待被继承人情节严重；

（四）伪造、篡改、隐匿或者销毁遗嘱，情节严重；

（五）以欺诈、胁迫手段迫使或者妨碍被继承人设立、变更或者撤回遗嘱，情节严重。

继承人有前款第三项至第五项行为，确有悔改表现，被继承人表示宽恕或者事后在遗嘱中将其列为继承人的，该继承人不丧失继承权。

受遗赠人有本条第一款规定行为的，丧失受遗赠权。

**《民法典继承编解释一》**

**第9条** 继承人伪造、篡改、隐匿或者销毁遗嘱，侵害了缺乏劳动能力又无生活来源的继承人的利益，并造成其生活困难的，应当认定为民法典第一千一百二十五条第一款第四项规定的“情节严重”。

## 4.“私生子”可以继承生父遗产吗?

### 神秘的父亲

20年前，潘恒就和原配妻子刘露离婚了，两人的孩子潘岳阳也留给了刘露抚养。潘恒去年开始和张黎同居生活在一起，但潘恒在上一段婚姻当中备受伤害，早已不再相信婚姻，所以其始终不愿意和张黎领取结婚证。同居期间，两人生育一子，名叫潘亦阳。今年七月，潘恒因急性脑出血去世。因为实在走得太急，潘恒没有留下任何遗嘱。潘恒去世后，潘岳阳找到了张黎，要求分割潘恒的遗产。张黎心里觉得很不是滋味，明明都离婚这么多年了，而且他们也从来没有关心过潘恒，为什么还来分遗产。可潘岳阳却对张黎说，潘亦阳是私生子，无权继承遗产。

那么在法律上，潘亦阳究竟有没有权利继承生父潘恒的遗产呢？

## 随行专栏

潘亦阳这种情况，在法律上被称为“非婚生子女”。非婚生子女虽然是没有合法婚姻关系的男女所生，但在法律地位上，不应受到任何不公正的对待和歧视。非婚生子女与婚生子女在我国都是被同等对待的，享有同等权利。当然，在继承权上也并不例外，非婚生子女一样享有继承权，所继承的份额与婚生子女也没有什么不同。

因此，本案中，潘亦阳作为潘恒的非婚生子女，自然有权继承潘恒的遗产。

## 法律依据

**《民法典》**

**第1127条** 遗产按照下列顺序继承：

（一）第一顺序：配偶、子女、父母；

（二）第二顺序：兄弟姐妹、祖父母、外祖父母。

继承开始后，由第一顺序继承人继承，第二顺序继承人不继承；没有第一顺序继承人继承的，由第二顺序继承人继承。

本编所称子女，包括婚生子女、非婚生子女、养子女和有扶养关系的继子女。

本编所称父母，包括生父母、养父母和有扶养关系的继父母。

本编所称兄弟姐妹，包括同父母的兄弟姐妹、同父异母或者同母异父的兄弟姐妹、养兄弟姐妹、有扶养关系的继兄弟姐妹。

## 5. 通过人工授精所生的子女可以享有继承权吗？

### 我的出生方式不一样

李元和张雅在毕业后就都到大城市工作了，由于一直忙于工作，尽管父母催得紧，两人都没在找对象这件事上多花什么心思。现在想结婚了，两人都不知道该怎么安排。经过熟人介绍，李元和张雅就约着见了个面，吃了顿饭。初次见面，李元和张雅对彼此的印象感觉都还不错，后来又吃了几次饭，相处了一段时间，两人就这样自然而然地结婚了。

两人婚后的生活也称得上幸福美满，并没有像一开始担心的那样出现各种状况，双方都很满意。但唯一美中不足的可能就是结婚一年了，张雅还没怀孕。开始他们还不觉得有什么，可是又过了一年，他们还是没能有个孩子。这个时候他们开始猜测是不是自身在生育方面存在什么障碍。于是，经过一番商量，他们决定去医院进行检查。检查后，医生告知，他们的身体状况在生育方面确实存在某种障碍，只有通过人工授精的方式，才有希望拥有属于自己的孩子。思考几天后，李元夫妇决定接受人工授精手术。经两人同意后，医生根据他们的实际身体状况，进行了同质授精。手术很成功，张雅因此也顺利怀孕，生下了一个大胖小子聪聪。

按理说有了聪聪，李元夫妇一家的生活应该会更加幸福。但事实却正好相反，李元和张雅没过几年就离婚了。聪聪跟随张雅生活，李元定期支付抚养费，有空的时候也会带聪聪出去玩。转眼间，聪聪从小孩变成了大人，李元也成了一个老头儿。李元的身体不太好，因病去世后留下了一些存款和一套房子。正当聪聪要继承的时候，李元的再婚配偶却说聪聪是通过人工授精所生的子女，不能继承李元的遗产。

听到这个消息，聪聪心里也有些没谱，自己是不是真的无权继承父亲的遗产呢?

**名词解释**

同质授精，是指夫妻双方的精卵细胞用人工方法授精而生育子女，夫妻与所生子女具有血缘关系。

异质授精，是指用第三人提供的精子对妻子进行人工授精，妻子所生的子女与丈夫没有血缘关系。

## 随行专栏

李元的再婚配偶的说法是错误的，聪聪是合法继承人，有权继承父亲的遗产。

对于怎么看待人工授精所生子女的法律地位，最高人民法院专门在司法解释中规定，在夫妻关系存续期间，双方一致同意进行人工授精，所生子女应当视为夫妻双方的婚生子女，父母子女之间的权利义务关系适用有关规定。

聪聪是李元和张雅一致决定接受人工授精手术所生下的子女，因此聪聪应该视为李元夫妇的婚生子女，自然能够继承父亲留下的遗产。

聪聪是李元夫妇接受同质授精手术生下的孩子，如果换成异质授精手术，聪聪还能继承父亲的遗产吗？这个时候会有两种情形。

第一种情形：要是接受异质授精手术是李元和张雅共同做出的决定，也就是说，李元也同意进行异质授精手术，那么即便聪聪和李元没有任何血缘关系，也应该将聪聪认定为婚生子。在法律上，聪聪享有婚生子女的一切权利，有权继承父亲李元留下的遗产。

第二种情形：张雅没经过李元的同意，私自接受了异质授精手术，李元知道后也一直不接受聪聪，那么聪聪在血缘和法律两个层面都不能与李元形成父子关系，此时的他是无权继承李元的遗产的。

**法律依据**

**《最高人民法院关于发布第十批指导性案例的通知》**

指导案例50号李某、郭某阳诉郭某和、童某某继承纠纷案中的裁判要点指出，夫妻关系存续期间，双方一致同意利用他人的精子进行人工授精并使女方受孕后，男方反悔，而女方坚持生出该子女的，不论该子女是否在夫妻关系存续期间出生，都应视为双方的婚生子女。

## 6. 被判刑的人还有继承权吗？

**品行与遗产**

老张有张鹏和张龙两个儿子。大儿子张鹏是个规矩人，而小儿子张龙，每天和一群狐朋狗友混在一起做些小偷小摸的勾当，并没有正经工作。张龙虽然才25岁，却已经因犯盗窃罪两次入狱了。现在第二次刑期还没满，人还没出来。老张每天在家里坐立不安，一会儿说“等他出来一定要打死他”，一会儿又说“将来一点遗产都不留给他”。

后来，还没等到张龙出来，老张就因为积怨成疾，病逝了。等张龙出来之后，发现大哥张鹏独占了老爷子全部的遗产，于是去找大哥理论。没想到大哥跟他说：“你都蹲过两次监狱了，简直是罪大恶极！你还有什么资格要遗产？而且，你还不知道吧？爸早说过了，遗产一点都不留给你！”张龙一气之下将大哥告上了法庭。

张龙难道真的因为坐过牢，就没有资格继承遗产了吗？

## 随行专栏

**（1）被判刑的人是否有继承权？**

无论是被判过刑的人，还是正在服刑的人，都不会丧失继承权。

但如果涉及《民法典》第1125条中规定的会丧失继承权的情形，包括：故意杀害被继承人；为争夺遗产而杀害其他继承人；遗弃被继承人，或者虐待被继承人情节严重；伪造、篡改、隐匿或者销毁遗嘱，情节严重；以欺诈、胁迫手段迫使或者妨碍被继承人设立、变更或者撤回遗嘱，情节严重。如果是因为上述行为被判刑，会丧失继承权。

但丧失继承权的原因是实施了上述行为，而不是因为被判了刑。

**（2）本案中父亲的气话“将来一点遗产都不给他”，可以当作遗嘱吗？**

遗嘱是需要具备严格的构成要件的，往往需要当事人白纸黑字写下来，还要有亲笔签名、摁手印。即使是最草率的录音遗嘱，也需要两个以上没有利害关系的见证人在场见证。

而父亲的一句气话，且不说有没有见证人在场，是不是父亲内心真实的意思表示都很难说，因此当然不能作为正式的遗嘱来使用。

## 法律依据

**《民法典》**

**第1125条**　继承人有下列行为之一的，丧失继承权：

（一）故意杀害被继承人；

（二）为争夺遗产而杀害其他继承人；

（三）遗弃被继承人，或者虐待被继承人情节严重；

（四）伪造、篡改、隐匿或者销毁遗嘱，情节严重；

（五）以欺诈、胁迫手段迫使或者妨碍被继承人设立、变更或者撤回遗嘱，情节严重。

继承人有前款第三项至第五项行为，确有悔改表现，被继承人表示宽恕或者事后在遗嘱中将其列为继承人的，该继承人不丧失继承权。

受遗赠人有本条第一款规定行为的，丧失受遗赠权。

## 【扩展阅读】

## 儿子盗窃年迈父亲的财物构成犯罪吗？

### 爱是良药，溺爱则结苦果

老王年近50岁，和老伴儿只生了一个儿子王大。王大现在已经上完大学，在外地找了一份不错的工作。可能是觉得孤单，老王每次看到亲戚家有好几个子女的时候，心底就会不自觉地产生一些羡慕的情绪。老伴儿也察觉到了老王的情绪，于是跟老王商量着要不再生一个。可老王又认为年纪大了，现在再生一个不太合适。

这回老王开始纠结了，一边羡慕别人子女多，一边又觉得这个岁数再生一个不太合适。老伴儿实在看不下去了，就动员家里的亲戚们给老王做思想工作，有说子女多一点也能减轻子女们赡养老人的负担；也有说独生子女毕竟是一个人，多生一个的话，子女之间也能互相有个照应。王大也表示同意父亲再生一个孩子，于是好说歹说，老王总算被说服了。一开始，老王还担心自己这个岁数再要一个孩子会比较困难，但幸运的是，很快老伴儿就怀上了，并顺利地生下了一个大胖小子——小王。

老来再得子，上面还有个哥哥王大，小王的生活该多好过，就不用多说了。王大还好，偶尔还会教育小王，而老王夫妇就差把这孩子宠上天了。所以小王从小就爱惹事，性格很是乖张跋扈，零花钱不够用了，就直接从家里放钱的抽屉拿，为此王大没少教训他。奈何老王夫妇总护着他，每次都是不了了之。

转眼老王已是古稀之年，小王也已经20岁了。小王并不像老王当初预想的那样，可以分担家庭责任，反而是一直加重家庭的压力。小王成天和自己的朋友出去吃吃喝喝，没钱就朝老王要，这次他又朝老王要钱，老王拒绝了他。第二天，老王发现家里少了五万元钱，好在王大为了照顾两位老人在家里装了监控，王大过来后查看了监控，发现竟然是小王偷走了这五万元钱，他立刻给小王打电话，告诉小王赶紧把钱拿回来，他这样做已经算违法犯罪了！

小王却不以为然地说："我拿家里的钱怎么还违法犯罪了，你少唬我！"

事情真的像小王想的这样吗？

## 随行专栏

小王的想法是错误的！

其实不止小王会这样想，生活中很多人都会认为拿家里的钱不会跟违法犯罪扯上关系。家里的钱，不就应该家里人用吗？这话听起来好像有点道理，可实际不是这么回事。就拿小王从家里拿的这五万元钱来说，这五万元很明显不是小王赚的，而是老王夫妇的积蓄，在法律层面属于老王夫妇的财产。作为一个成年人，小王四肢健全，完全可以独立养活自己，除非老王夫妇愿意给他钱，不然小王肯定没有权利拿老王夫妇的钱，这钱跟小王没有半点关系。

小王没有经过老王夫妇的同意，擅自将家里的五万元拿走，侵犯了老王夫妇的财产权益，于老王夫妇而言，其实是可以报警处理的。在司法实践中，考虑到家里成员之间的关系，要是老王夫妇原谅了小王，小王的行为一般不会被认定为犯罪，但如果老王夫妇要给小王一个教训，坚持要追究他的刑事责任，那么小王的行为就构成盗窃罪，应承担相应的刑事责任。

小王的行为让人感到气愤不已，但我们冷静下来仔细想想，造成这样的结果是小王一个人的问题吗？是不是也有老王夫妇的一份“功劳”？

老王夫妇老来再得子，对幼子十分宠爱，甚至可以说是溺爱，一直纵容着小王，在小王犯错后也不加以教导，而是任其为之，这也是导致小王性格存在缺陷乃至如今犯下大错的重要原因。

在此我们希望所有的父母无论是早得子还是晚得子，都应该注意对孩子的教育和引导，毕竟对孩子过度的溺爱往往不利于孩子的成长。在家里犯错还能得到家人的原谅，在外面犯错可就没这么简单了，轻则赔钱，重则要承担刑事责任，这样的代价是任何一个家庭都无法承受的。

## 法律依据

**《老年人权益保障法》**

**第22条第1款** 老年人对个人的财产，依法享有占有、使用、收益和处分的权利，子女或者其他亲属不得干涉，不得以窃取、骗取、强行索取等方式侵犯老年人的财产权益。

**第77条** 家庭成员盗窃、诈骗、抢夺、侵占、勒索、故意损毁老年人财物，构成违反治安管理行为的，依法给予治安管理处罚；构成犯罪的，依法追究刑事责任。

**《刑法》**

**第264条** 盗窃公私财物，数额较大的，或者多次盗窃、入户盗窃、携带凶器盗窃、扒窃的，处三年以下有期徒刑、拘役或者管制，并处或者单处罚金；数额巨大或者有其他严重情节的，处三年以上十年以下有期徒刑，并处罚金；数额特别巨大或者有其他特别严重情节的，处十年以上有期徒刑或者无期徒刑，并处罚金或者没收财产。

**《最高人民法院、最高人民检察院关于办理盗窃刑事案件适用法律若干问题的解释》**

**第1条** 盗窃公私财物价值一千元至三千元以上、三万元至十万元以上、三十万元至五十万元以上的，应当分别认定为刑法第二百六十四条规定的“数额较大”“数额巨大”“数额特别巨大”。

**第8条** 偷拿家庭成员或者近亲属的财物，获得谅解的，一般可不认为是犯罪；追究刑事责任的，应当酌情从宽。

## 7. 遗弃被继承人后悔过并得到其原谅，还有继承权吗？

### 放弃亲情，倒向利益

方大爷年轻时自愿参军入伍，被组织分配到了新疆，在新疆认识了妻子并生育了一儿一女。当兵期间，方大爷参加了1998年特大洪水的抗洪任务，当时因为在洪水里泡得太久，腿部的伤口发生了感染，便从此落下残疾。退伍之后回乡，村里为了照顾退伍军人方大爷及其妻儿，经过审批流程，给方大爷分配了一块宅基地。方大爷和妻子就在亲戚朋友的帮助下，把房子盖了起来，这时一家老小才算有了安稳住处。

一家人的生活自此还算和气美满，一儿一女也都成了家。2015年，方大爷的妻子因病去世，儿子、儿媳和方大爷一起住，虽然偶尔会因为日常琐事拌嘴，但也没什么大矛盾。女儿跟女婿一起住在别处，有空也会回来看望方大爷。但这一切都在家里遇上拆迁时，发生了变化。2019年，方大爷家所在的村子要进行棚户区拆迁改造。原本这是一件值得高兴的事，但方大爷的儿子、儿媳为了多拿拆迁补偿利益，就动起了歪心思。

他们在方大爷还没同意搬出老房子的时候，偷偷跟拆迁公司签了协议，趁方大爷不在家，把其所有东西都扔出了家门，并把房子交给了拆迁公司，领走了所有拆迁款。此后，就给方大爷在荒郊野岭找了一间院里长满了杂草的平房，让他去住。方大爷当然是拒绝的，但他儿子放狠话让他爱住不住，并且从那时开始就再也没照顾过方大爷，连其生病住院都没来看一眼，只有女儿在照顾父亲。

方大爷儿子的这种行为会不会丧失对方大爷遗产的继承权？继承权丧失的结果还有机会逆转吗？

## 随行专栏

方大爷儿子的这种行为，属于将身患残疾、丧失部分劳动能力并且需要人照顾的父亲进行遗弃的行为。有这种行为的继承人是会丧失对被继承人遗产的继承权的。也就是说，方大爷的儿子在方大爷去世以后，是不能继承方大爷的任何遗产的。只有他事后真诚地向方大爷悔过，并取得方大爷的原谅和宽恕，他的继承权才不会丧失。

大家可能会产生一个疑问：子女难道还会丧失继承权，继承不了父母的遗产？是的，在特定的几种情形下，原本有继承权的继承人是会丧失继承权而无法继承遗产的。下面笔者就依据《民法典》和其他有关规定，来逐个说明具体都有哪些情形。

一是故意杀害被继承人，二是为争夺遗产而杀害其他继承人。这两种杀害他人的行为，导致的后果将是继承权的永久、绝对丧失，也就是说，这一结果是无法逆转的。即便他并没有成功杀死被继承人或其他继承人，又或者对方事后主动原谅了他的杀害行为，也不能改变。如果曾经被试图杀害的被继承人，在原谅了继承人之后，通过立遗嘱的方式指定其继承财产，那这份遗嘱中的相应内容也是必然无效的。

三是遗弃或者虐待被继承人，情节严重。在被继承人因年老体弱或多病而丧失了劳动能力、生活困难或因伤残导致行动不便，需要人供养、照顾和关怀的情况下，原本负有法定扶养义务的人，具有负担能力却拒绝扶养被继承人，这是所谓的“遗弃”。经常以打骂、捆绑、禁闭、吃不饱穿不暖、有病不给治疗、强迫过度体力劳动等方式，对共同生活的家庭成员进行肉体和精神上的长期摧残、折磨，即所谓的“虐待”。而虐待的情节是否严重，在司法实践中，主要从实施虐待行为的时间、手段、后果和社会影响等方面来进行认定。同时，遗弃、虐待被继承人，情节恶劣的，也有可能会构成刑事犯罪。但不论实施遗弃、虐待行为的继承人有没有被刑事处罚，都不影响他丧失继承权。

四是伪造、篡改、隐匿或者销毁遗嘱，情节严重。这里的情节严重主要是指伪造、篡改、隐匿、销毁遗嘱的行为，侵害了没有劳动能力又没有生活来源的继承人原本可以取得的遗产份额，并且这种行为导致了该继承人生活陷入困难。

五是以欺诈、胁迫手段迫使或者妨碍被继承人设立、变更或者撤回遗嘱，情节严重。原《继承法》只是规定受胁迫、欺骗所订立的遗嘱是无效的，而遗嘱无效之后，使用欺诈、胁迫手段的继承人，还是可以通过法定继承的方式来继承遗产。所以在《民法典》中，为了对有这种行为的继承人进行惩戒，增加了妨害被继承人遗嘱自由且情节严重的继承人，将丧失继承权的规定。

但是，这后三类行为所造成的丧失继承权的结果，还是有逆转的可能的。如果有这些行为的继承人，在事后的确有真诚悔过的表现，得到了被继承人的宽恕或者被继承人事后又在遗嘱中把他指定为继承人的，他的继承权就不会丧失。

## 法律依据

**《民法典》**

**第1125条第1、2款** 继承人有下列行为之一的，丧失继承权：

（一）故意杀害被继承人；

（二）为争夺遗产而杀害其他继承人；

（三）遗弃被继承人，或者虐待被继承人情节严重；

（四）伪造、篡改、隐匿或者销毁遗嘱，情节严重；

（五）以欺诈、胁迫手段迫使或者妨碍被继承人设立、变更或者撤回遗嘱，情节严重。

继承人有前款第三项至第五项行为，确有悔改表现，被继承人表示宽恕或者事后在遗嘱中将其列为继承人的，该继承人不丧失继承权。

**《民法典继承编解释一》**

**第5条** 在遗产继承中，继承人之间因是否丧失继承权发生纠纷，向人民法院提起诉讼的，由人民法院依据民法典第一千一百二十五条的规定，判决确认其是否丧失继承权。

**第6条** 继承人是否符合民法典第一千一百二十五条第一款第三项规定的“虐待被继承人情节严重”，可以从实施虐待行为的时间、手段、后果和社会影响等方面认定。

虐待被继承人情节严重的，不论是否追究刑事责任，均可确认其丧失继承权。

**第7条** 继承人故意杀害被继承人的，不论是既遂还是未遂，均应当确认其丧失继承权。

**第8条** 继承人有民法典第一千一百二十五条第一款第一项或者第二项所列之行为，而被继承人以遗嘱将遗产指定由该继承人继承的，可以确认遗嘱无效，并确认该继承人丧失继承权。

**第9条** 继承人伪造、篡改、隐匿或者销毁遗嘱，侵害了缺乏劳动能力又无生活来源的继承人的利益，并造成其生活困难的，应当认定为民法典第一千一百二十五条第一款第四项规定的“情节严重”。

## 8. 养子女可以继承生父母遗产吗?

### 多年后的团聚

小爱四岁和父母旅游的时候，在公园里走散了，之后被丁氏夫妇发现。由于当时的通信水平比较落后，再加上小爱的父母不是本地人，所以丁氏夫妇去公安局也没有查到关于其父母的相关信息。于是，他们看小爱长得那么可爱，就收养了小爱。

转眼间20年过去了，小爱也长大了。一天，小爱的亲生父亲终于找到了失散多年的小爱。原来，小爱的亲生父母在遗失了孩子之后，非常伤心，一直各处打听，从未放弃寻找小爱。时光飞逝，三四年过去了，小爱迟迟没有下落，小爱的母亲伤心过度，身体越来越弱，没几年就去世了。现在，小爱的亲生父亲已经是癌症晚期，在弥留之际，只希望小爱能够在病床前照顾自己。然而，小爱对亲生父亲完全没有记忆，本不想答应，可丁氏夫妇劝小爱，毕竟是亲生父亲，血肉之情是无法割舍的。于是，小爱在病床前照顾亲生父亲，直至其去世。

小爱的亲生父亲去世后，其哥哥和姐姐冒出来也想要分割遗产。小爱觉得，自己是亲生女儿，是第一顺序继承人，失散多年的情况也是个意外，并不是自己能做得了主的；况且在父亲临终之际，是自己一直在病床前照顾着，父亲去世后的葬礼钱也都是自己出的，自己理应有资格继承亲生父亲的遗产。

所以，小爱对亲生父亲的遗产到底有没有继承权呢？

## 随行专栏

从收养关系成立之日起，养子女与生父母之间的关系就已经消灭了，不再是法律上的父母子女关系。所以说，一般情况下，养子女是无权继承生父母的遗产的。

但是有原则就有例外，以下三种情况，养子女可以继承或部分继承生父母的遗产：

①生父母立了遗嘱，表示要把遗产给子女；

②养子女对生父母承担了较多赡养义务；

③养子女没有劳动能力又没有生活来源。

本案中，小爱已经和丁氏夫妇形成了收养关系，按理说，其与亲生父母的关系已经消灭，是没有继承权的。但是，考虑到小爱在自己的生父去世前尽了赡养义务，并且出资为生父办了葬礼，因此是可以适当分得遗产的。

**法律依据**

**《民法典》**

**第1111条** 自收养关系成立之日起，养父母与养子女间的权利义务关系，适用本法关于父母子女关系的规定；养子女与养父母的近亲属间的权利义务关系，适用本法关于子女与父母的近亲属关系的规定。

养子女与生父母以及其他近亲属间的权利义务关系，因收养关系的成立而消除。

**第1131条** 对继承人以外的依靠被继承人扶养的人，或者继承人以外的对被继承人扶养较多的人，可以分给适当的遗产。

## 9. 养子女可以继承养父母的遗产吗？

**真正的家人**

刘俊伟和杨小玉是一对感情很好的小夫妻，亲朋好友都非常羡慕。但两人已经结婚好几年了，却始终没有孩子。后来去医院检查才知道，因为刘俊伟有长期吸烟的恶习，导致精子活跃度偏低，而且情况很严重，短期内几乎没有生育的可能。于是，两人经过商量，领养了杨小玉老家的侄女，取名丽珊，并办理了收养登记。但是，由于丽珊亲生父母的请求，丽珊仍然随亲生父亲的姓，并没有改姓刘。

虽然和自己不同姓，但是刘俊伟夫妇一直很疼爱丽珊，当作自己亲生的一样对待。很多年过去了，丽珊渐渐长大。她虽然知道自己的身世，但丝毫没有影响她对养父母的孝顺，一家人的生活和和美美，非常幸福。可是，世事难料，在一次车祸中，刘俊伟和杨小玉双双遇难。意外来得太突然，两人去世前，谁也没有留下遗嘱，只能按照法定继承来分割遗产。

丽珊觉得，自己理所应当是第一顺序继承人。但是没想到，刘俊伟的三个妹妹和一个哥哥都纷纷出来争遗产。他们认为丽珊不是刘俊伟的亲生骨肉，而且也没有改姓刘，就不是刘家的人，没有资格继承遗产。

谁都知道他们心中的小算盘，如果丽珊不能继承，那就没有第一顺序继承人了，遗产自然就落到了第二顺序继承人。但是，这小算盘真的能成功吗？养子女真的没有权利继承养父母的遗产吗？

## 随行专栏

**（1）养子女和亲生子女有什么区别？**

养子女一旦经过合法手续，成立了收养关系，就与亲生子女在法律上没有区别了。与亲生子女一样，养子女也享有继承权，负有赡养父母的义务，并与家里其他亲戚形成了亲属关系。父母也一样，对养子女有抚养教育的义务。只要收养关系不解除，双方的关系一直和亲生父母子女的关系一样。

**（2）养子女可以继承养父母的遗产吗？**

既然养子女的法律地位与亲生子女没有区别，那么养子女理应也有权继承养父母的遗产。

**（3）养子女必须跟养父母姓吗？**

我国法律从伦理道德的角度出发，并没有强制养子女改姓氏。虽然被送养给别人，但与生父母的血缘关系是永远都断不了的。因此，养子女要不要改姓氏，采取自愿原则。如果自愿的话，可以随养父或养母的姓氏；如果双方协商一致，也可以保留原姓氏。

## 法律依据

**《民法典》**

**第 1105 条第 1 款**　收养应当向县级以上人民政府民政部门登记。收养关系自登记之日起成立。

**第 1111 条**　自收养关系成立之日起，养父母与养子女间的权利义务关系，适用本法关于父母子女关系的规定；养子女与养父母的近亲属间的权利义务关系，适用本法关于子女与父母的近亲属关系的规定。

养子女与生父母以及其他近亲属间的权利义务关系，因收养关系的成立而消除。

**第 1112 条**　养子女可以随养父或者养母的姓氏，经当事人协商一致，也可以保留原姓氏。

# 10. 继子女可以同时继承继父母的财产和生父母的财产吗?

## 贪心的长辈们

小唯的爸爸是个部门经理，只想过安稳踏实的生活。但小唯的妈妈是个生意人，每天为了生意奔波，天南地北到处飞，一年到头也在家待不了几天。因为两人的生活观念完全不同，所以小唯七岁的时候，两人就离婚了。因为妈妈一直都很忙，也没怎么照顾陪伴小唯，所以妈妈没有争到小唯的抚养权，小唯被判给了爸爸。后来，爸爸和一个护士阿姨再婚了，护士阿姨还带了一个儿子，叫阿星。阿姨对小唯视如己出，小唯和阿姨的关系处得很好，一家人和和美美，过得很幸福。

后来，小唯长大了，父母也老了，爸爸和护士阿姨相继生病去世，小唯和阿星分割了两人的遗产。没过几年，小唯的亲生妈妈也去世了。妈妈这么多年也没有再婚，一直都在苦心经营事业，如今财富已经积累成天文数字了。这人一旦富了，身边的人谁能不眼红？所以当小唯想去继承妈妈遗产的时候，妈妈的兄弟姐妹都蹦出来了，说小唯已经判给爸爸，和妈妈就没有关系了，况且小唯都继承了继母那边的遗产，还要来继承亲生母亲这边的遗产，是不是有点太贪心了？

真的是这样吗？继承了继父母的遗产就不能再继承生父母的遗产了吗？

## 随行专栏

**（1）继子女可以继承继父母的遗产吗？**

继父母与继子女的关系有两种：一种是形成抚养关系的，另一种是没有形成抚养关系的。没有形成抚养关系的继父母子女关系，只是一种姻亲关系，相互之间没有继承权。而继父母子女之间一旦形成了抚养关系，则在法律上与亲生父母子女关系就没有什么不同了，自然是享有继承权的，包括亲生父母子女之间的抚养、赡养义务等，也都是要承担的。

**（2）继子女可以继承生父母的遗产吗？**

子女与亲生父母之间的关系，是一种血亲关系，是基于事实而产生的。父母生育子女，是无法改变的事实。因此，没有任何方式可以断绝亲生父母子女之间的关系。现实中可能有很多人，一生气就签订协议断绝关系，但这样的协议在法律上是无效的。因为在法律上，亲生父母子女的关系是断不了的。

但是，有一种例外情况，子女在未成年时被送给他人收养，已经成为别人的养子女，此时其与亲生父母之间的关系自动消灭。

除此之外，没有任何一种情况可以断绝亲生父母子女之间的关系。

**（3）继子女可以同时继承继父母和生父母的财产吗？**

前面已经提到，除收养以外，没有任何方式可以断绝亲生父母子女之间的关系。既然亲生父母与子女的关系无法断绝，那么即使子女已经有了继父母，也并不影响他继承生父母的遗产。因此，继子女可以同时继承继父母和生父母的遗产。

只不过如果生父母已经再婚，有了形成抚养关系的继子女，那么该继子女也是可以继承遗产的，亲生子女需要与他们一同分割遗产。

比如，小唯的妈妈再婚了，有了一个继子叫小强，并且共同生活，形成了抚养关系，则小唯需要和小强一起来分割妈妈的遗产。

## 法律依据

**《民法典》**

**第1072条**　继父母与继子女间，不得虐待或者歧视。

继父或者继母和受其抚养教育的继子女间的权利义务关系，适用本法关于父母子女关系的规定。

**第1127条**　遗产按照下列顺序继承：

（一）第一顺序：配偶、子女、父母；

（二）第二顺序：兄弟姐妹、祖父母、外祖父母。

继承开始后，由第一顺序继承人继承，第二顺序继承人不继承；没有第一顺序继承人继承的，由第二顺序继承人继承。

本编所称子女，包括婚生子女、非婚生子女、养子女和有扶养关系的继子女。

本编所称父母，包括生父母、养父母和有扶养关系的继父母。

本编所称兄弟姐妹，包括同父母的兄弟姐妹、同父异母或者同母异父的兄弟姐妹、养兄弟姐妹、有扶养关系的继兄弟姐妹。

**《民法典继承编解释一》**

**第11条** 继子女继承了继父母遗产的，不影响其继承生父母的遗产。

继父母继承了继子女遗产的，不影响其继承生子女的遗产。

## 11. 继父与生母离婚后，继子女还可以继承继父的遗产吗？

### 不罢休的母亲

小张的母亲阿兰在小张三岁的时候就和小张的父亲离婚了。后来阿兰带着小张嫁给了一位作家严弘。严弘也带了一个与前妻生的女儿小梦，四个人在一起生活，严弘和阿兰一同抚养小张和小梦。

大概是因为阿兰和严弘都不是初婚，又没有共同的孩子，所以两人感情格外脆弱，可能吵两句嘴都能吵散了。果真没过几年，阿兰就和严弘离了婚。离婚时双方约定，各自的子女由各自抚养，抚养费自理。此后，阿兰和严弘都没有再婚。

又过了几年，严弘去世了。小梦作为严弘的亲生女儿，自认为可以继承严弘全部的遗产。可是阿兰硬要小张也去争夺遗产，说继子女有权继承继父母遗产。

继父与生母离婚后，继子女还可以继承继父的遗产吗？

## 随行专栏

**（1）继父母子女关系与亲生父母子女关系在继承上有何不同？**

继父母子女关系，要分为两种，即形成了扶养关系的与没有形成扶养关系的。

如果继父母与继子女共同生活在一起，继父母对继子女进行了抚养教育，则视为形成了扶养关系。形成扶养关系的继父母子女关系，在继父母婚姻关系存续期间与生父母子女关系效力相同，享有同样的权利，承担同样的义务，其中当然也包括继承权。所以形成了扶养关系的继子女，在继父母婚姻关系存续期间是可以继承继父母遗产的。

未形成扶养关系的继父母子女关系，是一种拟制姻亲关系，相互之间没有法律上的权利义务，自然也没有继承权。

**（2）继父（继母）与生母（生父）离婚后，继子女还可以继承继父（继母）的遗产吗？**

虽然形成了扶养关系的继父母子女关系，与亲生父母子女关系的效力一样，但又不完全相同。现在法律界有两种观点存在。

第一种观点认为，形成了扶养关系的继父母子女之间已经形成了具有不可逆转性的拟制血亲关系，不受生母与继父（生父与继母）婚姻关系的影响。即使生父（生母）与继母（继父）离婚，继子女依然有权继承继母或继父的遗产。

第二种观点则认为，应当充分尊重当事人的意愿。如果继父母不同意继续抚养继子女，则其继续由生父母抚养。此种情况下，继子女自然无权继承继母或继父的遗产。

笔者更倾向于第二种观点，这也是在实践中采取的比较多的观点。

因此，继子女与继父母之间的父母子女关系，除非继父母明确表示愿意继续抚养该继子女，否则在生母与继父（生父与继母）离婚时，该关系就归于消灭，继子女无权继承遗产。

当然，反过来说，如果继父（继母）在与生母（生父）的婚姻关系存续期间去世，形成扶养关系的继父母子女关系与亲生父母子女关系相同，享有同样的权利，承担同样的义务，其中自然也包括继承遗产的权利。所以婚内继子女应当是可以继承遗产的。

### 法律依据

**《民法典婚姻家庭编解释一》**

**第54条**　生父与继母离婚或者生母与继父离婚时，对曾受其抚养教育的继子女，继父或者继母不同意继续抚养的，仍应由生父或者生母抚养。

## 12. 互有继承关系的人在车祸中同时死亡，如何继承财产？

### 复杂的继承

刘培新和妻子生育了两女一子，老大和老三是女儿，老二是儿子。老大和老二都已经结婚生子，家庭生活都算和谐，只有小妹还是单身，所以全家都为她何时能结婚操碎了心。

自从几年前，刘培新的妻子因为癌症去世之后，刘培新就整天郁郁寡欢。于是，全家人也顾不上小妹的婚姻问题了，三个儿女都开始想方设法地让父亲高兴起来。比如，带着父亲到处去旅游、邀请父亲的老朋友来家里玩、鼓励父亲出去参加社区的活动等，总之能想的办法都想了。

在一个风和日丽的周末，老二做成一笔大生意，挣了不少钱，便果断下手提了一台十分中意的新车。正好，他还听朋友说邻市开发了一个新的旅游景点，山清水秀，好玩得不得了，大家都抢着去游玩。因而，趁着全家人都有空，老二就开着刚提回来的新车，带着父亲、大姐和小妹到邻市去玩。但万万没想到的是，在他们返回的途中，一辆载满货物的半挂大货车突然刹车失灵，撞坏了隔离护栏，从对向车道冲入，撞上了正常行驶的刘培新一家，导致他们四人全部当场死亡。

既然他们一家人都不幸在同一起交通事故中死亡，那他们各自的遗产应该如何进行继承呢？

## 随行专栏

互相之间都有继承关系的人在同一起车祸中死亡，如何确定死亡时间？这个问题的提出，主要是因为死亡时间的不同，会对遗产继承发生的顺序和结果产生影响。现实中，多人在同一事件中死亡主要会发生两种情况。

第一种情况是几个相互有继承关系的人在同一事件中死亡，可以分别确定他们死亡的具体时间。那么在这种情况下，处理方式就比较简单了，也就是根据每个人实际死亡的先后时间，来确定继承开始的顺序。

比如，丈夫和妻子两个人一起外出旅游，途中意外遭遇交通事故，妻子伤势非常严重，当场死亡。丈夫被送往医院治疗，但经医院全力抢救，还是医治无效死亡。这个时候就可以明确地认定妻子在先死亡，丈夫在后死亡。如果夫妻二人中，妻子还有父亲在世，丈夫还有个妹妹，除此之外他们再没有其他亲人，那么根据法律的规定，妻子的遗产先由她的父亲和丈夫继承。丈夫紧接着去世后，属于他的遗产再行分配，也就是由他的妹妹来继承，他从妻子那里继承来的遗产和自己的遗产就跟妻子的父亲无关了。

第二种情况是在无法确定具体先后时间的情况下，根据自然规则和保护继承人的原则，对每个人的死亡时间进行推定。也就是说，相互有继承关系的几个人在同一事件中死亡，如不能确定死亡的先后时间的，推定没有其他继承人的人先死；如果各自都有继承人，但几个人辈分不同的，推定长辈先死亡；几个人辈分相同时，则推定他们同时死亡，彼此之间不发生继承，分别由他们各自的继承人来继承遗产。

本案件就属于第二种情况。在该案件中，首先推定没有其他继承人的小妹先死亡，她的财产由父亲一个人继承；然后推定作为长辈的父亲死亡，由大姐、二哥继承父亲的遗产，一般是进行均分，这个时候父亲的遗产中包括了已继承的小妹的遗产和他自己的其他遗产；最后推定大姐、二哥同时死亡，彼此不发生继承，由他们各自的丈夫或妻子，以及子女分别进行继承。

### 法律依据

**《民法典》**

**第1121条** 继承从被继承人死亡时开始。

相互有继承关系的数人在同一事件中死亡，难以确定死亡时间的，推定没有其他继承人的人先死亡。都有其他继承人，辈份不同的，推定长辈先死亡；辈份相同的，推定同时死亡，相互不发生继承。

## 13. 继承人丧失继承权的，其晚辈直系血亲可以代位继承吗？

### 恶有恶报

明进是国内知名高校的硕士毕业生，按常理来说，应该混得顺风顺水，可如今已经快30岁了，工作还是不上不下的，和老婆、女儿挤在一间出租屋里。明进的姐姐明月虽然只比他大三岁，也不是名校毕业，却已经是当地一流的会计师了。每次想到这些，明进都会觉得命运坎坷、老天不公。

常年的郁郁不得志，使明进变成了一个内心阴暗的人。他一直惦记着母亲的遗产。母亲早年间也是个创业者，现在虽然已经退休了，但名下最少也有百万元资产。明进觉得，如果拿到了这笔钱，自己的生活就再也不用发愁了。

他想如果没有明月，所有遗产就一定都是自己的了。于是，明进就趁明月天黑回家时，躲在她必经的路上，用刀捅了明月。明月很快被警察发现，送到医院保住了性命。可是，明进却在逃避警察追捕的时候，开车不小心掉下了悬崖，命丧黄泉。

那么，明进的女儿是否有权代位继承奶奶的遗产？

**名词解释**

代位继承，是指被继承人的子女先于被继承人死亡，被继承人的子女的晚辈直系血亲可以代位继承。

比如，妈妈的子女本来是无权继承姥姥的遗产的，但如果妈妈在姥姥去世之前就已经去世了，则姥姥去世时，本该由妈妈继承的遗产份额，就可以由妈妈的子女（或者孙子女、外孙子女，只要是晚辈直系血亲都可以）来代妈妈继承姥姥的遗产。

## 随行专栏

既然名叫“代位”继承，那最起码总得“有位可代”吧。要“代”的人自己都没有继承权了，还怎么“代”呢？

比如，妈妈比姥姥去世得还早，女儿想“代”妈妈的“位”去继承姥姥的遗产，可是妈妈自己做了不该做的事而丧失了继承权，那么女儿自然也是“没位可代”，是不能代位继承的。

因此，本案中，明进的女儿无权代位继承奶奶的遗产。

## 法律依据

**《民法典》**

**第1125条** 继承人有下列行为之一的，丧失继承权：

（一）故意杀害被继承人；

（二）为争夺遗产而杀害其他继承人；

（三）遗弃被继承人，或者虐待被继承人情节严重；

（四）伪造、篡改、隐匿或者销毁遗嘱，情节严重；

（五）以欺诈、胁迫手段迫使或者妨碍被继承人设立、变更或者撤回遗嘱，情节严重。

继承人有前款第三项至第五项行为，确有悔改表现，被继承人表示宽恕或者事后在遗嘱中将其列为继承人的，该继承人不丧失继承权。

受遗赠人有本条第一款规定行为的，丧失受遗赠权。

**第1128条** 被继承人的子女先于被继承人死亡的，由被继承人的子女的直系晚辈血亲代位继承。

被继承人的兄弟姐妹先于被继承人死亡的，由被继承人的兄弟姐妹的子女代位继承。

代位继承人一般只能继承被代位继承人有权继承的遗产份额。

**《民法典继承编解释一》**

**第17条** 继承人丧失继承权的，其晚辈直系血亲不得代位继承。如该代位继承人缺乏劳动能力又没有生活来源，或者对被继承人尽赡养义务较多的，可以适当分给遗产。

## 14. 继承人放弃继承后还可以反悔吗？

### 利欲熏心的兄长

大齐和小齐是亲兄弟，父亲在三年前就已经去世，母亲则今年刚刚去世。母亲去世后，兄弟俩开始分割父母留下的遗产。小齐年轻的时候在工厂干活，在一次意外中失去了右腿。大齐看弟弟可怜，且自己的日子过得也算不错，于是向小齐表示自愿放弃父母遗产的继承权，并出具了放弃继承的声明。于是，小齐将父母留下的存款及两套房产都过户到了自己名下。

大齐的本意是用父母的遗产来补贴弟弟的生活，可不久后，大齐发现，小齐竟拿着父母的遗产出去花天酒地，终日待在 KTV 和夜店里。于是，大齐起诉至法院，想要对放弃继承的声明表示反悔，请求法院依法分割遗产。

### 随行专栏

**（1）可以放弃继承吗？**

依据我国法律规定，义务不可免除，但权利可以放弃。继承权是继承遗产的权利，是可以放弃的。

想要放弃继承的，应当在继承开始后，也就是被继承人死亡后、遗产分割前，表达出自愿放弃继承的意愿。

**（2）如何放弃继承才是有效的？**

继承人和受遗赠人在这个方面有所不同。

继承人想要放弃继承的话，应必须明确表示放弃继承。直至遗产分割时，还没有作出表示的，视为接受继承。

受遗赠人则相反。因为受遗赠人相较继承人来说，没有那么理所应当的理由来继承遗产，所以受遗赠人应当在知道被遗赠后的60日内，明确表示接受遗赠。如果受遗赠人60日内没有明确表示接受，则会视为放弃继承。

简单来说，继承人只要不明确说放弃，或者什么都不说，就是接受；受遗赠人不明确说接受，或者什么都不说，就是放弃。

**（3）放弃继承后，可以反悔吗?**

继承人在继承开始后、遗产分割前，表示自愿放弃继承遗产的，可不可以反悔，要视情况而定。

遗产分割前，由法院来决定是否可以反悔。遗产分割前，虽然遗产还没有进行分配，但是毕竟会影响其他继承人的权利，因此不能想反悔就反悔。需要法院对其反悔的理由进行判断，来决定是否可以恢复继承权。

遗产分割后，放弃继承的继承人就不能再反悔了。因为遗产已经分割完成，已经过户到了各个继承人的名下，这时再反悔的话，不但会引起很大的麻烦，还会对其他继承人很不公平。

具体到本案中，大齐自愿表示放弃父母的遗产，没有欺诈、胁迫等情形，且现在遗产都已经过户到了小齐的名下，遗产已经处理完毕。根据相关法律规定，此时无论出于何种原因，都不可以再反悔放弃继承的声明。综合双方的情况，法院不予支持大齐的诉讼请求。

因此，律师提醒，继承人不要轻易表示放弃继承。如果放弃之后想要反悔，也一定要在遗产分割之前反悔。

## 法律依据

**《民法典》**

**第1124条** 继承开始后，继承人放弃继承的，应当在遗产处理前，以书面形式作出放弃继承的表示；没有表示的，视为接受继承。

受遗赠人应当在知道受遗赠后六十日内，作出接受或者放弃受遗赠的表示；到期没有表示的，视为放弃受遗赠。

**《民法典继承编解释一》**

**第36条** 遗产处理前或者在诉讼进行中，继承人对放弃继承反悔的，由人民法院根据其提出的具体理由，决定是否承认。遗产处理后，继承人对放弃继承反悔的，不予承认。

## 【扩展阅读】

## 在被欺骗状态下签订的放弃继承协议是否有效？

### 遗产的诱惑

秦奶奶最近身体不太好，总是住院。因为老伴儿不在了，住院的时候就由大儿子强子和小女儿青青轮流到医院来照顾她。这次出院后没过多久，秦奶奶又因为身体状态不好住院了。本以为跟之前一样，住个几天就能出院，但没想到的是，这次检查结果显示秦奶奶已经肝癌晚期，剩下的日子不多了。

强子和青青一时之间都难以接受这个事实，却无奈只能面对。两人都尽心地照顾着秦奶奶，希望秦奶奶在最后的日子里能够少些痛苦。对秦奶奶而言，她倒不怕这个结果，自己也一把岁数了，这辈子除了没能和丈夫多相处些日子，也没别的遗憾了。于是，秦奶奶想着自己马上要离开这个世界了，身后的事情还得安排一下，便写了一份遗嘱，写明自己去世后留下的遗产由强子和青青平均继承，各占一半，遗嘱由强子和青青各自保留一份，这样也避免了强子和青青因为遗产闹矛盾。

两个月后，秦奶奶去世了，留下的遗产是位于城区的一套房子。这套房子是秦奶奶结婚时就买好的，现在变成了强子和青青的共有财产。由于强子和青青自己都买了房子，这套房子放着也没人住，于是两人就商量怎么把房子卖了变现。强子出了个主意，让青青写份放弃继承这套房子的协议，这样房子就只有强子一个人的名字，卖出去的时候，手续要简单些，用不着青青出面，还约定等把房子卖出去，强子就把一半的卖房钱转给青青。青青听完也没有多想，觉得这样确实快些，就同意了，并写了一份放弃继承协议交给强子。强子拿着协议继承了秦奶奶留下的房子后，很快就把房子卖出去了，但他却没像当时说好的那样把卖房钱的一半转给青青。青青向他要时，他却说青青放弃继承了，这个房子没她的份，卖房的钱自然也没她的份。

听到这话，青青的心里凉了一截，自己确实写了放弃继承协议，是不是这钱就真的没办法要回来了？

## 随行专栏

青青可以把钱要回来。

青青确实写了放弃继承协议，但那是有原因的，即强子骗她写放弃继承协议会使卖房子简单些，卖完房也会把卖房钱的一半转给青青。在法律上，强子的行为已经构成欺诈，而青青因为强子的欺诈手段，在违背自己的真实意思的前提下写了放弃继承协议，对此她可以向人民法院起诉强子，请求撤销放弃继承协议。放弃继承协议一旦被撤销，就视为从来没发生过法律效力，青青依然有权继承母亲留下的遗产，自然可以把钱要回来。

不过要注意的是，青青在知道自己被骗后，需要在一年内行使撤销权，超过一年的话，这个权利就不复存在了。

以上是站在纸面上讨论这个问题，那在司法实践中有什么不同吗？

其实也没什么区别，背后的法律原理是一样的。被骗签下的协议是违反自身真实意愿的，当事人可以要求法院撤销这个协议。不过在实践中，解决该问题的难点往往在于如何证明自己是被欺骗了。事实上确实是被骗了，可空口无凭，得拿出证据来证明才行，若拿不出证据的话，白纸黑字那可是有法律效力的。

所以平时在生活中，我们如果因为碍于情面或者是其他原因要签下与真实情况不一致的协议时，一定要注意保留好证据，如录音录像等。通过这种方式留下保护自己的证据，将来要是产生纠纷，也不至于无证可依。

## 法律依据

**《民法典》**

**第148条** 一方以欺诈手段，使对方在违背真实意思的情况下实施的民事法律行为，受欺诈方有权请求人民法院或者仲裁机构予以撤销。

**第152条** 有下列情形之一的，撤销权消灭：

（一）当事人自知道或者应当知道撤销事由之日起一年内、重大误解的当事人自知道或者应当知道撤销事由之日起九十日内没有行使撤销权；

（二）当事人受胁迫，自胁迫行为终止之日起一年内没有行使撤销权；

（三）当事人知道撤销事由后明确表示或者以自己的行为表明放弃撤销权。

当事人自民事法律行为发生之日起五年内没有行使撤销权的，撤销权消灭。

**第155条** 无效的或者被撤销的民事法律行为自始没有法律约束力。

## 小贴士

本章重点问题总结如图 3.1。

- 继承
  - 法定继承
    - 继承顺序
      - 第一顺序：配偶、子女、父母
      - 第二顺序：兄弟姐妹、祖父母、外祖父母 → 没有第一顺序继承人时，才由第二顺序继承人继承
      - 特殊的第一顺序：对公婆/岳父母尽了主要赡养义务的丧偶儿媳/丧偶女婿
    - 继承方式
      - 一般应当均等继承，继承人协商同意的，也可以不均等
      - 生活有困难又缺乏劳动能力的继承人→分配遗产时予以照顾
      - 对被继承人尽了主要扶养义务或与被继承人共同生活的继承人→可以多分
      - 有扶养能力和有扶养条件的继承人，不尽扶养义务的→应当不分或者少分
      - 对被继承人以外的依靠被继承人扶养的人或继承人以外的对被继承人扶养较多的人→可以分得适当的遗产
    - 其他规定
      - 被继承人的子女先于被继承人死亡的，由被继承人的子女的直系晚辈血亲代位继承
      - 被继承人的兄弟姐妹先于被继承人死亡的，由被继承人的兄弟姐妹的子女代位继承
  - 遗嘱继承
    - 自书遗嘱——由遗嘱人亲笔书写，签名，注明年、月、日
    - 代书遗嘱——应当有两个以上见证人在场见证，由其中一人代书，并由遗嘱人、代书人和其他见证人签名，注明年、月、日
    - 打印遗嘱——应当有两个以上见证人在场见证，遗嘱人和见证人应当在遗嘱每一页签名，注明年、月、日
    - 录音录像遗嘱——应有两个以上见证人在场见证，遗嘱人和见证人应当在录音录像中记录其姓名或肖像，以及年、月、日
    - 口头遗嘱——遗嘱人在危急情况下可立口头遗嘱，应有两个以上见证人在场见证。危急情况消除后，遗嘱人能够以书面或录音录像形式立遗嘱的，所立口头遗嘱无效
    - 公证遗嘱——由遗嘱人经公证机构办理 → 《民法典》实施后，在先设立的公证遗嘱可以被遗嘱人后立的其他遗嘱撤销、变更
  - 遗赠
    - 自然人可以立遗嘱将个人财产赠与国家、集体或法定继承人以外的组织、个人
    - 受遗赠人应当在知道受遗赠后60日内，作出接受或者放弃受遗赠的表示，到期没有表示的，视为放弃遗赠

**图 3.1　继承的主要问题**

# 第四章　继承中其他的应知应会

## 1. 著作权可以继承吗?

### 作品永流传

燕祯是一位作家，从大学起就以笔名时不时在各种平台发表作品，其中包括不少已经完结的中篇、长篇小说。逐渐地，燕祯的作品在广大读者中有了一些知名度，也获得了一批忠实的书粉。1996 年，燕祯和妻子结婚，婚后生有一子，取名燕昭同。日子虽过着平淡，但燕祯并没有停下写作的脚步。

2015 年，燕祯的一部小说被一位导演看上。经过双方的共同改编，小说被拍成了一部网剧。没想到网剧上线后，一炮而红，在全网引起热议。一时之间，各个影视公司都找上门想改编、拍摄燕祯的小说。

2019 年，燕祯因病去世，除了已经发表的作品外，还留下了一部已经写完的小说，但没来得及发表。燕昭同作为他父亲燕祯的法定继承人，可以继承燕祯作品的著作权吗？如果可以继承，他在继承后可以行使哪些权利呢？

### 随行专栏

著作权通常分为两个部分，即著作财产权和著作人身权。一般来说，著作权中的财产权利可以继承，人身权利不能继承。也就是说，作者去世后，继承人或其他第三人可依据法定继承、作者的遗嘱或遗赠扶养协议的有关规定取得著作权，继承作者死亡后剩余保护期内的著作财产权。燕昭同可以继承父亲燕祯的著作财产权，以及代为行使最后一部未发表作品的发表权，取得各项著作财产收益直至2069年12月31日。

著作人身权包括：发表权，是指通过各种方式公开发布作者的作品的权利；署名权，是指在作品上署真名、笔名等各种能够代表作者身份的名称；保护作品完整权，是指任何个人、法人、非法人组织在使用作品时，未经著作权人同意不得对原作品进行改动（包括增加和删减）的权利。当著作权人死亡，这些人身性质的权利也会一起消灭，不能被继承，但继承人、受遗赠人是有责任代为保护这些人身权利的。当著作权没人继承也没人受遗赠时，著作人身权由著作权行政管理部门来负责保护。

而著作权中的财产权利，是指著作权人按照许可使用合同的约定，在他人使用其作品时，取得相应报酬的权利，包括出版、再版、表演、改编、翻译、录音、录像等形式。公民死亡后，其作品的财产权在法律规定的保护期内，依照继承的规定转移，这个保护期为作者终生及其死亡后的50年。也就是说，因为继承而取得著作财产权的继承人，可以享有50年的著作财产权。当法人或非法人组织为著作权人时，著作财产权本就不属于公民个人，也当然不能作为遗产被继承。

对于作者没有发表的作品，如果作者没有明确表示不发表，那么作者死后的50年内，由继承人或受遗赠人行使发表权。没有继承人且没有受遗赠人的，发表权由作品原件的合法所有人行使。如果作者生前明确表示该作品不进行发表，那么在该作品的保护期内，任何人都不能发表该作品。

## 法律依据

**《民法典》**

**第1122条** 遗产是自然人死亡时遗留的个人合法财产。

依照法律规定或者根据其性质不得继承的遗产，不得继承。

**《著作权法》**

**第21条第1款** 著作权属于自然人的，自然人死亡后，其本法第十条第一款第五项至第十七项规定的权利在本法规定的保护期内，依法转移。

**第23条第1款** 自然人的作品，其发表权、本法第十条第一款第五项至第十七项规定的权利的保护期为作者终生及其死亡后五十年，截止于作者死亡后第五十年的12月31日；如果是合作作品，截止于最后死亡的作者死亡后第五十年的12月31日。

**《著作权法实施条例》**

**第15条** 作者死亡后，其著作权中的署名权、修改权和保护作品完整权由作者的继承人或者受遗赠人保护。

著作权无人继承又无人受遗赠的，其署名权、修改权和保护作品完整权由著作权行政管理部门保护。

**第17条** 作者生前未发表的作品，如果作者未明确表示不发表，作者死亡后50年内，其发表权可由继承人或者受遗赠人行使；没有继承人又无人受遗赠的，由作品原件的所有人行使。

## 2. 遗产应该先还债，还是先维持继承人的基本生活？

### 先来临的意外

楚北和吴舒是做生意的时候认识的，两人都很有商业头脑，热衷于创业，不少项目经过他们运作后都成功了。也正是因为对彼此的欣赏，楚北和吴舒开始交往，一年后就结婚，并且吴舒很快就生下了小楚。

前段时间，楚北听说有个好项目，好好运作的话，一定能够赚好几番。于是，他和吴舒一起对这个项目进行实地考察。经过接连几次的实地考察和分析，楚北夫妇一致认为这个项目是具有可行性的，便决定投资。由于手边的流动资金不多，所以他们找各自的朋友总共借了200万元，然后把钱都投进了这个项目。刚开始项目运作还算正常，一切朝着预期发展，但楚北逐渐发现项目有问题，等他想把资金拿回来的时候，就已经来不及了。

楚北患有先天性心脏病，由于在商业上第一次遭遇这样的失利，一时承受不住导致心脏病突发，经医院抢救无效后就去世了。吴舒接受不了丈夫去世和投资失败的双重打击，在家里人不注意的时候，选择了跳楼自杀。自杀前，吴舒将年仅八岁的小楚送到自己的大哥吴赢家，拜托他照顾小楚几天，但没想到这竟是临终托付。楚北夫妇死后，债主纷纷上门讨债，楚北夫妇欠了200万元债务，但是留下来的财产只有150万元，完全不够还清债务。小楚的舅舅用楚北夫妇的财产还了一部分钱，但考虑到孩子以后的生活和学习也需要一笔不小的支出，所以他希望债主们能高抬贵手，给孩子留条活路。有的人看孩子可怜也就同意了，有的人则不同意，坚持说楚北夫妇还有遗产可以还钱。

小楚才八岁，到底能不能先留一部分遗产用来照顾小楚？

## 随行专栏

小楚只有八岁，完全没有劳动能力，他的父母又都已经去世，他也没有任何的生活来源。

按照法律规定，像小楚这样缺乏劳动能力又没有生活来源的继承人，就算楚北夫妇的遗产不够偿还他们生前欠下的债务，也应当为小楚保留适当的遗产，以维持其生活。

因此，楚北夫妇的遗产应该先留出适当的份额用以满足小楚的生活需要，然后再用剩下的遗产去清偿债务。

一般来说，被继承人留下来的遗产应该先用来偿还被继承人生前所负的债务，不过凡事都有例外。

作为继承人的小楚还处在需要父母抚养的年龄段，没有劳动能力，也没有生活来源，要是仍然坚持把楚北夫妇的全部遗产用来还债，那小楚靠什么维持生活呢？因此要为小楚留下适当的遗产，满足他的生活需要。法律不去赌有没有好心人愿意照顾小楚，而是尽可能地给小楚这样的弱势群体以实际的保护。

### 法律依据

**《民法典》**

**第1159条**　分割遗产，应当清偿被继承人依法应当缴纳的税款和债务；但是，应当为缺乏劳动能力又没有生活来源的继承人保留必要的遗产。

## 3.“父债子还”有道理吗？

### 天经地义不是法律

老冯去年退休了，平时没有什么业余爱好，既不会下象棋，也不想遛鸟。有一天，见着隔壁的老刘坐在隔壁打麻将，老冯就凑过去瞅了瞅。不瞅不要紧，一瞅发现这打麻将好像挺有意思。等老刘打完麻将后，老冯就问老刘能不能教他打麻将。老刘一听，又来个打麻将的伴儿，自然是满口答应了。

老刘带着老冯打了几次麻将后，老冯就学会了。于是，有事没事，他就约着老刘这几个人一起打麻将。一开始他们说好只玩几毛钱一把，大家都是老头子，手里也没几个钱，但没想到他们的赌注却越打越大。老冯一时失了心智，心里想着反正大不了就和儿子要钱。在老刘的“指导”下，老冯不仅学会了打麻将，还接触到网络赌博。正所谓“一入赌途深似海”，老冯这下算是栽进去了。老冯的儿子小冯后来知道了父亲赌博的事。因为母亲走得早，小冯是父亲一手拉扯长大的，所以也没舍得过多地指责父亲，于是帮父亲把赌博欠的钱都还清后，就告诉父亲不要再赌了，这样只会害了自己。

老冯听完儿子的话，消停了几个星期。但一次没忍住，老冯又开始赌博，输了钱也不敢告诉儿子，还不断从网贷公司借钱出来。这下可好，老冯欠的钱越来越多，直至后来欠了 30 多万元，也一直忍着没告诉儿子。老冯已经完全陷入赌徒心态，倔强地认为自己一定能赢回来。然而，有一次，他在和邻居打麻将的时候，和几个人发生了口角。老冯欠了一屁股债，本就抑郁不欢，再加上怒火攻心，导致心脏病发作，救护车还没赶到，就去世了。

父亲去世后，小冯有一天突然接到网贷公司打来的催债电话，他才知道父亲欠了那么多钱。小冯说父亲已经去世，这笔钱无法偿还。网贷公司的人威胁道：“父债子还，天经地义，限你一个月内还清欠款，否则要你好看！”

父债子还，真的是这样吗？

## 随行专栏

父债子还，只是以前人们的一种说法，在法律上并没有这样的规定。

从根本上说，和网贷公司签订借款合同的是老冯，借款合同只在老冯和网贷公司之间产生约束力，与小冯没有任何关系。老冯去世了，网贷公司就没了讨债的对象。

所以，小冯不需要替老冯偿还债务。

那有没有哪种情况是小冯需要替老冯偿还债务的?

其实严格说起来还真有，前提是老冯留有遗产给小冯继承。假设老冯有50万元存款，小冯在继承这50万元后，就需要偿还老冯欠的30多万元。要是老冯只有10万元存款，小冯在继承这10万元后，除非小冯自愿多还，否则也只需要以10万元为限偿还老冯的债务。

**法律依据**

**《民法典》**

**第1161条** 继承人以所得遗产实际价值为限清偿被继承人依法应当缴纳的税款和债务。超过遗产实际价值部分，继承人自愿偿还的不在此限。

继承人放弃继承的，对被继承人依法应当缴纳的税款和债务可以不负清偿责任。

## 4. 尚未被分割的遗产增值部分该如何分割?

**被拆迁的房子**

白树森和妻子李贤英婚后育有三子，分别是白老大、白老二、白老三,一家五口一起居住在村里自己盖的小楼房里。当时村里给老白下发了宅基地使用权证，登记的权利人是白树森和李贤英，记载宅基地上有两间土木结构朝南房屋、两间砖木结构朝南主房以及西侧三间辅房。随着三个儿子各自工作和成家，白老大、白老二、白老三陆陆续续地离开父母各自生活。2001年，白老大和妻子搬回了父母家与父母共同居住生活。2005年12月，李贤英因病去世。2010年9月，白树森也离开了人世。两位老人都去世之后，白老大和妻子仍然住在父母留下的房子里，房子作为二老的遗产也没有进行分割。

2017年6月，房屋所在的村子被纳入了拆迁范围，负责这个项目的房屋征收与补偿办公室跟白老大签订了《房屋征收补偿协议》，就房屋拆迁补偿各项事宜进行了约定。该协议签订后，房屋被拆除，白老大领取了全部拆迁补偿款并购买了拆迁安置房。

白老二和白老三知道这件事后，认为拆迁款和安置房是父母的遗产转化而来的，他们都有份额，不能让白老大独占，因此将白老大告上了法庭，请求继承父母的遗产。

## 随行专栏

《民法典》规定，遗产是一个人死亡时遗留的个人合法财产，继承从被继承人死亡时开始。所以，遗产的价值在被继承人死亡时，就可以进行确定和分割。但在现实中，因为种种原因，各位继承人对于遗产的分割往往发生在被继承人死亡一段时间之后。那么，等到各继承人具体协商如何分割遗产的时候，遗产的现值就很可能会发生一些变化。

遗产的现值变化一般有以下三种情况。

①遗产原物本身没有发生任何变化，但这个物的价值会随着市场价格变化进行波动，如房价、黄金价的不断上涨和下跌。针对这种情况，因为遗产本身并未发生任何变化，这些增值或贬值也是基于遗产的自然变化。所以，在分割时就以遗产当时的市场价值来确定遗产可供分割的价值。

②遗产原物的性质和外在形式发生了变化，由原物转化为货币或者其他类型的物品，如遗产被出售转化为金钱、用出售原物取得的钱购买了新的物品或者房屋被拆迁而转化为拆迁安置补偿

款和安置房等。这种情况，由于涉及遗产被处分的问题，如果全部继承人在此前都认可了某个继承人的处分行为，那么遗产就变成了分割时转化而来的金钱或其他物品，仍由各继承人按照各自应得的份额进行分割。如果某个或某些继承人擅自对遗产进行了处分，之前并没有取得其他人的同意，那么如果处分行为使遗产贬值，贬值部分由擅自处分的人承担；如果处分行为使遗产增值，且增值并不是因为经营行为，则增值部分仍是继承人的共有财产，按照各自的份额进行分割；如果增值中包含了处分人的经营行为，则要对处分人付出的劳动进行适当补偿。

本案就属于第二种情况。白树森和李贤英去世后留下的房屋，因为被拆迁而转化为拆迁补偿款和拆迁安置房，转化而来的钱和房屋仍然属于兄弟三人的共有财产，应在三人之间进行分配。当然，分配时应当考虑白老大和父母共同居住时间较长以及对房屋进行了修缮和管理等情况，适当对白老大进行补偿。

③遗产本身没有发生性质和外在形式的变化，但是某些继承人对遗产进行了经营管理，使遗产在分割前获取了经营收益或其他无形的价值。这种情况下，部分继承人对遗产进行经营所取得的收益和无形价值依附于遗产产生，不是遗产自身的增值。所以这部分收益和无形价值并不属于遗产的范围，不能直接按照各自继承的份额进行分割，而应根据遗产自身对新增收益的贡献程度和各继承人对于收益的贡献程度进行合理分配。

## 法律依据

**《民法典》**

**第 300 条** 共有人按照约定管理共有的不动产或者动产；没有约定或者约定不明确的，各共有人都有管理的权利和义务。

**第 301 条** 处分共有的不动产或者动产以及对共有的不动产

或者动产作重大修缮、变更性质或者用途的，应当经占份额三分之二以上的按份共有人或者全体共同共有人同意，但是共有人之间另有约定的除外。

**第 303 条** 共有人约定不得分割共有的不动产或者动产，以维持共有关系的，应当按照约定，但是共有人有重大理由需要分割的，可以请求分割；没有约定或者约定不明确的，按份共有人可以随时请求分割，共同共有人在共有的基础丧失或者有重大理由需要分割时可以请求分割。因分割造成其他共有人损害的，应当给予赔偿。

**第 1121 条第 1 款** 继承从被继承人死亡时开始。

**第 1122 条** 遗产是自然人死亡时遗留的个人合法财产。

依照法律规定或者根据其性质不得继承的遗产，不得继承。

# 附 录

## 1. 本书主要法律及相关司法解释简称表

| 全称 | 简称 |
| --- | --- |
| 《中华人民共和国民法典》 | 《民法典》 |
| 《中华人民共和国宪法》 | 《宪法》 |
| 《中华人民共和国民法总则》（已失效） | 《民法总则》 |
| 《中华人民共和国婚姻法》（已失效） | 《婚姻法》 |
| 《中华人民共和国继承法》（已失效） | 《继承法》 |
| 《中华人民共和国母婴保健法》 | 《母婴保健法》 |
| 《中华人民共和国收养法》 | 《收养法》 |
| 《中华人民共和国未成年人保护法》 | 《未成年人保护法》 |
| 《中华人民共和国妇女权益保障法》 | 《妇女权益保障法》 |
| 《中华人民共和国刑法》 | 《刑法》 |
| 《中华人民共和国个人独资企业法》 | 《个人独资企业法》 |
| 《中华人民共和国老年人权益保障法》 | 《老年人权益保障法》 |
| 《中华人民共和国治安管理处罚法》 | 《治安管理处罚法》 |
| 《中华人民共和国治安管理处罚条例》 | 《治安管理处罚条例》 |
| 《中华人民共和国著作权法》 | 《著作权法》 |

续表

| 全称 | 简称 |
| --- | --- |
| 《中华人民共和国反家庭暴力法》 | 《反家庭暴力法》 |
| 《中华人民共和国公证法》 | 《公证法》 |
| 《最高人民法院关于适用〈中华人民共和国民法典〉婚姻家庭编的解释（一）》 | 《民法典婚姻家庭编解释一》 |
| 《最高人民法院关于适用〈中华人民共和国民法典〉继承编的解释（一）》 | 《民法典继承编解释一》 |
| 《最高人民法院关于适用〈中华人民共和国婚姻法〉若干问题的解释（一）》（已失效） | 《婚姻法解释一》 |
| 《最高人民法院关于适用〈中华人民共和国婚姻法〉若干问题的解释（二）》（已失效） | 《婚姻法解释二》 |
| 《最高人民法院关于适用〈中华人民共和国婚姻法〉若干问题的解释（三）》（已失效） | 《婚姻法解释三》 |
| 《最高人民法院印发〈关于贯彻执行《中华人民共和国民法通则》若干问题的意见（试行）〉的通知》（已失效） | 《民通意见》 |
| 《最高人民法院印发〈关于贯彻执行《中华人民共和国继承法》若干问题的意见〉的通知 》（已失效） | 《继承法意见》 |

## 2.《民法典》婚姻家庭编、继承编与原《婚姻法》《继承法》等法律及相关司法解释对照表①

### （1）婚姻家庭部分法条对比

| 《民法典》　婚姻家庭编 | 对比内容 |
| --- | --- |
| 第一章　一般规定 | |
| **第一千零四十条**<br>本编调整因婚姻家庭产生的民事关系。 | |
| **第一千零四十一条**<br>婚姻家庭受国家保护。<br>实行婚姻自由、一夫一妻、男女平等的婚姻制度。<br>保护妇女、未成年人、老年人、残疾人的合法权益。 | **《婚姻法》第二条**<br>实行婚姻自由、一夫一妻、男女平等的婚姻制度。<br>保护妇女、儿童和老人的合法权益。<br>~~实行计划生育。~~ |
| **第一千零四十二条**<br>禁止包办、买卖婚姻和其他干涉婚姻自由的行为。禁止借婚姻索取财物。<br>禁止重婚。禁止有配偶者与他人同居。<br>禁止家庭暴力。禁止家庭成员间的虐待和遗弃。 | **《婚姻法》第三条**<br>禁止包办、买卖婚姻和其他干涉婚姻自由的行为。禁止借婚姻索取财物。<br>禁止重婚。禁止有配偶者与他人同居。<br>禁止家庭暴力。禁止家庭成员间的虐待和遗弃。 |

① 相较于原《婚姻法》等规定，《民法典》中的重要新增内容在本表中通过字体加粗或加下划线予以强调，重要删减内容通过加删减线予以提示。

续表

| 《民法典》 婚姻家庭编 | 对比内容 |
| --- | --- |
| | **《婚姻法解释一》第二条**<br>婚姻法第三条、第三十二条、第四十六条规定的“有配偶者与他人同居”的情形，是指有配偶者与婚外异性，不以夫妻名义，持续、稳定地共同居住。 |
| **第一千零四十三条**<br>家庭应当树立优良家风，弘扬家庭美德，重视家庭文明建设。<br>夫妻应当互相忠实，互相尊重，互相关爱；家庭成员应当敬老爱幼，互相帮助，维护平等、和睦、文明的婚姻家庭关系。 | **《婚姻法》第四条**<br>夫妻应当互相忠实，互相尊重；家庭成员间应当敬老爱幼，互相帮助，维护平等、和睦、文明的婚姻家庭关系。<br>**《婚姻法解释一》第三条**<br>当事人仅以婚姻法第四条为依据提起诉讼的，人民法院不予受理；已经受理的，裁定驳回起诉。 |
| **第一千零四十四条**<br>收养应当**遵循最有利于被收养人的原则**，保障被收养人和收养人的合法权益。<br>禁止借收养名义买卖未成年人。 | **《收养法》第二条**<br>收养应当有利于被收养的未成年人的抚养、成长，保障被收养人和收养人的合法权益，~~**遵循平等自愿的原则，并不得违背社会公德**。~~ |
| **第一千零四十五条**<br>**亲属包括配偶、血亲和姻亲。**<br>配偶、父母、子女、兄弟姐妹、祖父母、外祖父母、孙子女、外孙子女为近亲属。<br>**配偶、父母、子女和其他共同生活的近亲属为家庭成员。** | **《民通意见》第十二条**<br>民法通则中规定的近亲属，包括配偶、父母、子女、兄弟姐妹、外祖父母、孙子女、外孙子女。 |

续表

| 《民法典》　婚姻家庭编 | 对比内容 |
|---|---|
| **第二章　结婚** | |
| **第一千零四十六条**<br>结婚应当男女双方完全自愿，禁止任何一方对另一方加以强迫，禁止任何组织或者个人加以干涉。 | **《婚姻法》第五条**<br>结婚必须男女双方完全自愿，不许任何一方对他方加以强迫或任何第三者加以干涉。 |
| **第一千零四十七条**<br>结婚年龄，男不得早于二十二周岁，女不得早于二十周岁。 | **《婚姻法》第六条**<br>结婚年龄，男不得早于二十二周岁，女不得早于二十周岁。~~**晚婚晚育应予鼓励**。~~ |
| **第一千零四十八条**<br>直系血亲或者三代以内的旁系血亲禁止结婚。 | **《婚姻法》第七条**<br>有下列情形之一的，禁止结婚：<br>（一）直系血亲和三代以内的旁系血亲；<br>~~**（二）患有医学上认为不应当结婚的疾病**。~~ |
| **第一千零四十九条**<br>要求结婚的男女双方应当亲自到婚姻登记机关申请结婚登记。符合本法规定的，予以登记，发给结婚证。完成结婚登记，即确立婚姻关系。未办理结婚登记的，应当补办登记。 | **《婚姻法》第八条**<br>要求结婚的男女双方必须亲自到婚姻登记机关进行结婚登记。符合本法规定的，予以登记，发给结婚证。取得结婚证，即确立夫妻关系。未办理结婚登记的，应当补办登记。<br>**《婚姻法解释一》第四条**<br>男女双方根据婚姻法第八条规定补办结婚登记的，婚姻关系的效力从双方均符合婚姻法所规定的结婚的实质要件时起算。 |

续表

| 《民法典》 婚姻家庭编 | 对比内容 |
|---|---|
| **第一千零五十条**<br>登记结婚后，按照男女双方约定，女方可以成为男方家庭的成员，男方可以成为女方家庭的成员。 | **《婚姻法》第九条**<br>登记结婚后，根据男女双方约定，女方可以成为男方家庭的成员，男方可以成为女方家庭的成员。 |
| **第一千零五十一条**<br>有下列情形之一的，婚姻无效：<br>（一）重婚；<br>（二）有禁止结婚的亲属关系；<br>（三）未到法定婚龄。 | **《婚姻法》第十条**<br>有下列情形之一的，婚姻无效：<br>（一）重婚的；<br>（二）有禁止结婚的亲属关系的；<br>~~（三）婚前患有医学上认为不应当结婚的疾病，婚后尚未治愈的；~~<br>（四）未到法定婚龄的。<br>**《婚姻法解释一》第七条**<br>有权依据婚姻法第十条规定向人民法院就已办理结婚登记的婚姻申请宣告婚姻无效的主体，包括婚姻当事人及利害关系人。利害关系人包括：<br>（一）以重婚为由申请宣告婚姻无效的，为当事人的近亲属及基层组织。<br>（二）以未到法定婚龄为由申请宣告婚姻无效的，为未达法定婚龄者的近亲属。<br>（三）以有禁止结婚的亲属关系为由申请宣告婚姻无效的，为当事人的近亲属。 |

续表

| 《民法典》　婚姻家庭编 | 对比内容 |
| --- | --- |
| | （四）以婚前患有医学上认为不应当结婚的疾病，婚后尚未治愈为由申请宣告婚姻无效的，为与患病者共同生活的近亲属。<br>**第八条**<br>当事人依据婚姻法第十条规定向人民法院申请宣告婚姻无效的，申请时，法定的无效婚姻情形已经消失的，人民法院不予支持。<br>**《婚姻法解释二》第二条**<br>人民法院受理申请宣告婚姻无效案件后，经审查确属无效婚姻的，应当依法作出宣告婚姻无效的判决。原告申请撤诉的，不予准许。<br>**第五条**<br>夫妻一方或者双方死亡后一年内，生存一方或者利害关系人依据婚姻法第十条的规定申请宣告婚姻无效的，人民法院应当受理。<br>**第六条**<br>利害关系人依据婚姻法第十条的规定，申请人民法院宣告婚姻无效的，利害关系人为申请人，婚姻关系当事人双方为被申请人。<br>夫妻一方死亡的，生存一方为被申请人。 |

续表

| 《民法典》　婚姻家庭编 | 对比内容 |
|---|---|
| | 夫妻双方均已死亡的,不列被申请人。<br>**《婚姻法解释三》第一条**<br>当事人以婚姻法第十条规定以外的情形申请宣告婚姻无效的，人民法院应当判决驳回当事人的申请。<br>当事人以结婚登记程序存在瑕疵为由提起民事诉讼,主张撤销结婚登记的,告知其可以依法申请行政复议或者提起行政诉讼。 |
| **第一千零五十二条**<br>因胁迫结婚的，受胁迫的一方可以向人民法院请求撤销婚姻。<br>请求撤销婚姻的，应当自胁迫行为终止之日起一年内提出。<br>被非法限制人身自由的当事人请求撤销婚姻的，应当自恢复人身自由之日起一年内提出。 | **《婚姻法》第十一条**<br>因胁迫结婚的，受胁迫的一方可以向婚姻登记机关或人民法院请求撤销该婚姻。受胁迫的一方撤销婚姻的请求,应当自结婚登记之日起一年内提出。<br>被非法限制人身自由的当事人请求撤销婚姻的，应当自恢复人身自由之日起一年内提出。<br>**《婚姻法解释一》第十四条**<br>人民法院根据当事人的申请，依法宣告婚姻无效或者撤销婚姻的，应当收缴双方的结婚证书并将生效的判决书寄送当地婚姻登记管理机关。<br>**第十五条**<br>被宣告无效或被撤销的婚姻，当事人同居期间所得的财产，按共同共有处理。但有证据证明为当事人一方所有的除外。 |

续表

| 《民法典》 婚姻家庭编 | 对比内容 |
|---|---|
| **第一千零五十三条**<br>**一方患有重大疾病的，应当在结婚登记前如实告知另一方；不如实告知的，另一方可以向人民法院请求撤销婚姻。**<br>**请求撤销婚姻的，应当自知道或者应当知道撤销事由之日起一年内提出。** | |
| **第一千零五十四条**<br>无效的或者被撤销的婚姻自始没有法律约束力，当事人不具有夫妻的权利和义务。同居期间所得的财产，由当事人协议处理；协议不成的，由人民法院根据照顾无过错方的原则判决。对重婚导致的无效婚姻的财产处理，不得侵害合法婚姻当事人的财产权益。当事人所生的子女，适用本法关于父母子女的规定。<br>**婚姻无效或者被撤销的，无过错方有权请求损害赔偿。** | **《婚姻法》第十二条**<br>无效或被撤销的婚姻，自始无效。当事人不具有夫妻的权利和义务。同居期间所得的财产，由当事人协议处理；协议不成时，由人民法院根据照顾无过错方的原则判决。对重婚导致的婚姻无效的财产处理，不得侵害合法婚姻当事人的财产权益。当事人所生的子女，适用本法有关父母子女的规定。 |
| **第三章 家庭关系** | |
| **第一节 夫妻关系** | |
| **第一千零五十五条**<br>夫妻在婚姻家庭中地位平等。 | **《婚姻法》第十三条**<br>夫妻在家庭中地位平等。 |

续表

| 《民法典》 婚姻家庭编 | 对比内容 |
| --- | --- |
| **第一千零五十六条**<br>夫妻双方都有各自使用自己姓名的权利。 | **《婚姻法》第十四条**<br>夫妻双方都有各用自己姓名的权利。 |
| **第一千零五十七条**<br>夫妻双方都有参加生产、工作、学习和社会活动的自由，一方不得对另一方加以限制或者干涉。 | **《婚姻法》第十五条**<br>夫妻双方都有参加生产、工作、学习和社会活动的自由，一方不得对他方加以限制或干涉。 |
| **第一千零五十八条**<br>夫妻双方平等享有对未成年子女抚养、教育和保护的权利，共同承担对未成年子女抚养、教育和保护的义务。 | **《婚姻法》第二十一条第一款**<br>父母对子女有抚养教育的义务~~；子女对父母有赡养扶助的义务~~。 |
| **第一千零五十九条**<br>夫妻有相互扶养的义务。<br>需要扶养的一方，在另一方不履行扶养义务时，有要求其给付扶养费的权利。 | **《婚姻法》第二十条**<br>夫妻有互相扶养的义务。<br>一方不履行扶养义务时，需要扶养的一方，有要求对方付给扶养费的权利。 |
| **第一千零六十条**<br>夫妻一方因家庭日常生活需要而实施的民事法律行为，对夫妻双方发生效力，但是夫妻一方与相对人另有约定的除外。<br>夫妻之间对一方可以实施的民事法律行为范围的限制，不得对抗善意相对人。 | |

续表

| 《民法典》 婚姻家庭编 | 对比内容 |
| --- | --- |
| **第一千零六十一条**<br>夫妻有相互继承遗产的权利。 | **《婚姻法》第二十四条第一款**<br>夫妻有相互继承遗产的权利。<br>**《婚姻法解释三》第十五条**<br>婚姻关系存续期间，夫妻一方作为继承人依法可以继承的遗产，在继承人之间尚未实际分割，起诉离婚时另一方请求分割的，人民法院应当告知当事人在继承人之间实际分割遗产后另行起诉。<br>**《婚姻法解释一》第五条**<br>未按婚姻法第八条规定办理结婚登记而以夫妻名义共同生活的男女，起诉到人民法院要求离婚的，应当区别对待：<br>（一）1994 年 2 月 1 日民政部《婚姻登记管理条例》公布实施以前，男女双方已经符合结婚实质要件的，按事实婚姻处理。<br>（二）1994 年 2 月 1 日民政部《婚姻登记管理条例》公布实施以后，男女双方符合结婚实质要件的，人民法院应当告知其在案件受理前补办结婚登记；未补办结婚登记的，按解除同居关系处理。<br>**第六条**<br>未按婚姻法第八条规定办理结婚登记而以夫妻名义共同生活的男女，一方死亡，另一方以配偶身份主张享有继承权的，按照本解释第五条的原则处理。 |

续表

| 《民法典》 婚姻家庭编 | 对比内容 |
| --- | --- |
| **第一千零六十二条**<br>夫妻在婚姻关系存续期间所得的下列财产，为夫妻的共同财产，归夫妻共同所有：<br>（一）工资、奖金、**劳务报酬**；<br>（二）生产、经营、**投资**的收益；<br>（三）知识产权的收益；<br>（四）继承或者受赠的财产，但是本法第一千零六十三条第三项规定的除外；<br>（五）其他应当归共同所有的财产。<br>夫妻对共同财产，有平等的处理权。 | **《婚姻法》第十七条**<br>夫妻在婚姻关系存续期间所得的下列财产，归夫妻共同所有：<br>（一）工资、奖金；<br>（二）生产、经营的收益；<br>（三）知识产权的收益；<br>（四）继承或赠与所得的财产，但本法第十八条第三项规定的除外；<br>（五）其他应当归共同所有的财产。<br>夫妻对共同所有的财产，有平等的处理权。<br>**《婚姻法解释一》第十七条**<br>婚姻法第十七条关于“夫或妻对夫妻共同所有的财产，有平等的处理权”的规定，应当理解为：<br>（一）夫或妻在处理夫妻共同财产上的权利是平等的。因日常生活需要而处理夫妻共同财产的，任何一方均有权决定。<br>（二）夫或妻非因日常生活需要对夫妻共同财产做重要处理决定，夫妻双方应当平等协商，取得一致意见。他人有理由相信其为夫妻双方共同意思表示的，另一方不得以不同意或不知道为由对抗善意第三人。<br>**《婚姻法解释二》第十一条**<br>婚姻关系存续期间，下列财产属于婚姻法第十七条规定的“其他应当归共同所有的财产”： |

续表

| 《民法典》　婚姻家庭编 | 对比内容 |
| --- | --- |
| | （一）一方以个人财产投资取得的收益；<br>（二）男女双方实际取得或者应当取得的住房补贴、住房公积金；<br>（三）男女双方实际取得或者应当取得的养老保险金、破产安置补偿费。<br>**第十二条**<br>婚姻法第十七条第三项规定的“知识产权的收益”，是指婚姻关系存续期间，实际取得或者已经明确可以取得的财产性收益。<br>**《婚姻法解释三》第四条**<br>婚姻关系存续期间，夫妻一方请求分割共同财产的，人民法院不予支持，但有下列重大理由且不损害债权人利益的除外：<br>（一）一方有隐藏、转移、变卖、毁损、挥霍夫妻共同财产或者伪造夫妻共同债务等严重损害夫妻共同财产利益行为的；<br>（二）一方负有法定扶养义务的人患重大疾病需要医治，另一方不同意支付相关医疗费用的。<br>**第五条**<br>夫妻一方个人财产在婚后产生的收益，除孳息和自然增值外，应认定为夫妻共同财产。 |

续表

| 《民法典》　婚姻家庭编 | 对比内容 |
|---|---|
| **第一千零六十三条**<br>下列财产为夫妻一方的个人财产：<br>（一）一方的婚前财产；<br>（二）一方因受到人身损害获得的赔偿或者补偿；<br>（三）遗嘱或者赠与合同中确定只归一方的财产；<br>（四）一方专用的生活用品；<br>（五）其他应当归一方的财产。 | **《婚姻法》第十八条**<br>有下列情形之一的，为夫妻一方的财产：<br>（一）一方的婚前财产；<br>（二）一方因身体受到伤害获得的医疗费、残疾人生活补助费等费用；<br>（三）遗嘱或赠与合同中确定只归夫或妻一方的财产；<br>（四）一方专用的生活用品；<br>（五）其他应当归一方的财产。<br>**《婚姻法解释一》第十九条**<br>婚姻法第十八条规定为夫妻一方的所有的财产，不因婚姻关系的延续而转化为夫妻共同财产。但当事人另有约定的除外。<br>**《婚姻法解释二》第十三条**<br>军人的伤亡保险金、伤残补助金、医药生活补助费属于个人财产。<br>**《婚姻法解释三》第六条**<br>婚前或者婚姻关系存续期间，当事人约定将一方所有的房产赠与另一方，赠与方在赠与房产变更登记之前撤销赠与，另一方请求判令继续履行的，人民法院可以按照合同法第一百八十六条的规定处理。 |

续表

| 《民法典》　婚姻家庭编 | 对比内容 |
|---|---|
| | **第七条**<br>婚后由一方父母出资为子女购买的不动产，产权登记在出资人子女名下的，可按照婚姻法第十八条第（三）项的规定，视为只对自己子女一方的赠与，该不动产应认定为夫妻一方的个人财产。<br>由双方父母出资购买的不动产，产权登记在一方子女名下的，该不动产可认定为双方按照各自父母的出资份额按份共有，但当事人另有约定的除外。 |
| **第一千零六十四条**<br>**夫妻双方共同签名或者夫妻一方事后追认等共同意思表示所负的债务，以及夫妻一方在婚姻关系存续期间以个人名义为家庭日常生活需要所负的债务，属于夫妻共同债务。**<br>**夫妻一方在婚姻关系存续期间以个人名义超出家庭日常生活需要所负的债务，不属于夫妻共同债务；但是，债权人能够证明该债务用于夫妻共同生活、共同生产经营或者基于夫妻双方共同意思表示的除外。** | **《婚姻法解释二》第二十四条**<br>债权人就婚姻关系存续期间夫妻一方以个人名义所负债务主张权利的，应当按夫妻共同债务处理。但夫妻一方能够证明债权人与债务人明确约定为个人债务，或者能够证明属于婚姻法第十九条第三款规定情形的除外。<br>夫妻一方与第三人串通，虚构债务，第三人主张权利的，人民法院不予支持。<br>夫妻一方在从事赌博、吸毒等违法犯罪活动中所负债务，第三人主张权利的，人民法院不予支持。 |

续表

| 《民法典》 婚姻家庭编 | 对比内容 |
| --- | --- |
| **第一千零六十五条**<br>男女双方可以约定婚姻关系存续期间所得的财产以及婚前财产归各自所有、共同所有或者部分各自所有、部分共同所有。约定应当采用书面形式。没有约定或者约定不明确的，适用本法第一千零六十二条、第一千零六十三条的规定。<br>夫妻对婚姻关系存续期间所得的财产以及婚前财产的约定，对双方具有法律约束力。<br>夫妻对婚姻关系存续期间所得的财产约定归各自所有，夫或者妻一方对外所负的债务，相对人知道该约定的，以夫或者妻一方的个人财产清偿。 | **《婚姻法》第十九条**<br>夫妻可以约定婚姻关系存续期间所得的财产以及婚前财产归各自所有、共同所有或部分各自所有、部分共同所有。约定应当采用书面形式。没有约定或约定不明确的，适用本法第十七条、第十八条的规定。<br>夫妻对婚姻关系存续期间所得的财产以及婚前财产的约定，对双方具有约束力。<br>夫妻对婚姻关系存续期间所得的财产约定归各自所有的，夫或妻一方对外所负的债务，第三人知道该约定的，以夫或妻一方所有的财产清偿。<br>**《婚姻法解释一》第十八条**<br>婚姻法第十九条所称“第三人知道该约定的”，夫妻一方对此负有举证责任。 |
| **第一千零六十六条**<br>婚姻关系存续期间，有下列情形之一的，夫妻一方可以向人民法院请求分割共同财产：<br>（一）一方有隐藏、转移、变卖、毁损、挥霍夫妻共同财产或者伪造夫妻共同债务等严重损害夫妻共同财产利益的行为； | **《婚姻法解释三》第四条**<br>婚姻关系存续期间，夫妻一方请求分割共同财产的，人民法院不予支持，但有下列重大理由且不损害债权人利益的除外：<br>（一）一方有隐藏、转移、变卖、毁损、挥霍夫妻共同财产或者伪造夫妻共同债务等严重损害夫妻共同财产利益行为的； |

续表

| 《民法典》　婚姻家庭编 | 对比内容 |
|---|---|
| （二）一方负有法定扶养义务的人患重大疾病需要医治，另一方不同意支付相关医疗费用。 | （二）一方负有法定扶养义务的人患重大疾病需要医治，另一方不同意支付相关医疗费用的。 |
| **第二节　父母子女关系和其他近亲属关系** | |
| **第一千零六十七条**<br>父母不履行抚养义务的，未成年子女或者不能独立生活的成年子女，有要求父母给付抚养费的权利。<br>**成年**子女不履行赡养义务的，缺乏劳动能力或者生活困难的父母，有要求**成年**子女给付赡养费的权利。 | **《婚姻法》第二十一条**<br>~~父母对子女有抚养教育的义务；子女对父母有赡养扶助的义务。~~<br>父母不履行抚养义务时，未成年的或不能独立生活的子女，有要求父母付给抚养费的权利。<br>子女不履行赡养义务时，无劳动能力的或生活困难的父母，有要求子女付给赡养费的权利。<br>~~禁止溺婴、弃婴和其他残害婴儿的行为。~~<br>**《婚姻法解释一》第二十条**<br>婚姻法第二十一条规定的“不能独立生活的子女”，是指尚在校接受高中及其以下学历教育，或者丧失或未完全丧失劳动能力等非因主观原因而无法维持正常生活的成年子女。<br>**第二十一条**<br>婚姻法第二十一条所称“抚养费”，包括子女生活费、教育费、医疗费等费用。 |

续表

| 《民法典》 婚姻家庭编 | 对比内容 |
| --- | --- |
| **第一千零六十八条**<br>父母有教育、保护未成年子女的权利和义务。未成年子女造成他人损害的，父母应当依法承担民事责任。 | **《婚姻法》第二十三条**<br>父母有保护和教育未成年子女的权利和义务。在未成年子女对国家、集体或他人造成损害时，父母有承担民事责任的义务。 |
| **第一千零六十九条**<br>子女应当尊重父母的婚姻权利，不得干涉父母离婚、再婚以及婚后的生活。子女对父母的赡养义务，不因父母的婚姻关系变化而终止。 | **《婚姻法》第三十条**<br>子女应当尊重父母的婚姻权利，不得干涉父母再婚以及婚后的生活。子女对父母的赡养义务，不因父母的婚姻关系变化而终止。 |
| **第一千零七十条**<br>父母和子女有相互继承遗产的权利。 | **《婚姻法》第二十四条第二款**<br>父母和子女有相互继承遗产的权利。 |
| **第一千零七十一条**<br>非婚生子女享有与婚生子女同等的权利，任何组织或者个人不得加以危害和歧视。<br>不直接抚养非婚生子女的生父或者生母，应当负担未成年子女或者不能独立生活的成年子女的抚养费。 | **《婚姻法》第二十五条**<br>非婚生子女享有与婚生子女同等的权利，任何人不得加以危害和歧视。<br>不直接抚养非婚生子女的生父或生母,应当负担子女的生活费和教育费，直至子女能独立生活为止。 |
| **第一千零七十二条**<br>继父母与继子女间，不得虐待或者歧视。<br>继父或者继母和受其抚养教育的继子女间的权利义务关系，适用本法关于父母子女关系的规定。 | **《婚姻法》第二十七条**<br>继父母与继子女间,不得虐待或歧视。<br>继父或继母和受其抚养教育的继子女间的权利和义务，适用本法对父母子女关系的有关规定。 |

续表

| 《民法典》　婚姻家庭编 | 对比内容 |
|---|---|
| **第一千零七十三条**<br>**对亲子关系有异议且有正当理由的，父或者母可以向人民法院提起诉讼，请求确认或者否认亲子关系。**<br>**对亲子关系有异议且有正当理由的，成年子女可以向人民法院提起诉讼，请求确认亲子关系。** | **《婚姻法解释三》第二条**<br>夫妻一方向人民法院起诉请求确认亲子关系不存在，并已提供必要证据予以证明，另一方没有相反证据又拒绝做亲子鉴定的，人民法院可以推定请求确认亲子关系不存在一方的主张成立。<br>当事人一方起诉请求确认亲子关系，并提供必要证据予以证明，另一方没有相反证据又拒绝做亲子鉴定的，人民法院可以推定请求确认亲子关系一方的主张成立。 |
| **第一千零七十四条**<br>有负担能力的祖父母、外祖父母，对于父母已经死亡或者父母无力抚养的未成年孙子女、外孙子女，有抚养的义务。<br>有负担能力的孙子女、外孙子女，对于子女已经死亡或者子女无力赡养的祖父母、外祖父母，有赡养的义务。 | **《婚姻法》第二十八条**<br>有负担能力的祖父母、外祖父母，对于父母已经死亡或父母无力抚养的未成年的孙子女、外孙子女，有抚养的义务。有负担能力的孙子女、外孙子女，对于子女已经死亡或子女无力赡养的祖父母、外祖父母，有赡养的义务。 |
| **第一千零七十五条**<br>有负担能力的兄、姐，对于父母已经死亡或者父母无力抚养的未成年弟、妹，有扶养的义务。<br>由兄、姐扶养长大的有负担能力的弟、妹，对于缺乏劳动能力又缺乏生活来源的兄、姐，有扶养的义务。 | **《婚姻法》第二十九条**<br>有负担能力的兄、姐，对于父母已经死亡或父母无力抚养的未成年的弟、妹，有扶养的义务。由兄、姐扶养长大的有负担能力的弟、妹，对于缺乏劳动能力又缺乏生活来源的兄、姐，有扶养的义务。 |

续表

| 《民法典》 婚姻家庭编 | 对比内容 |
| --- | --- |
| 第四章 离婚 | |
| **第一千零七十六条**<br>夫妻双方自愿离婚的，应当签订书面离婚协议，并亲自到婚姻登记机关申请离婚登记。<br>离婚协议应当载明双方自愿离婚的意思表示和对子女抚养、财产以及债务处理等事项协商一致的意见。 | **《婚姻法》第三十一条**<br>男女双方自愿离婚的，准予离婚。双方必须到婚姻登记机关申请离婚。婚姻登记机关查明双方确实是自愿并对子女和财产问题已有适当处理时，发给离婚证。 |
| **第一千零七十七条**<br>**自婚姻登记机关收到离婚登记申请之日起三十日内，任何一方不愿意离婚的，可以向婚姻登记机关撤回离婚登记申请。**<br>**前款规定期限届满后三十日内，双方应当亲自到婚姻登记机关申请发给离婚证；未申请的，视为撤回离婚登记申请。** | |
| **第一千零七十八条**<br>婚姻登记机关查明双方确实是自愿离婚，并已经对子女抚养、财产以及债务处理等事项协商一致的，予以登记，发给离婚证。 | **《婚姻法》第三十一条**<br>男女双方自愿离婚的，准予离婚。双方必须到婚姻登记机关申请离婚。婚姻登记机关查明双方确实是自愿并对子女和财产问题已有适当处理时，发给离婚证。 |

续表

| 《民法典》　婚姻家庭编 | 对比内容 |
| --- | --- |
| **第一千零七十九条**<br>夫妻一方要求离婚的，可以由有关组织进行调解或者直接向人民法院提起离婚诉讼。<br>人民法院审理离婚案件，应当进行调解；如果感情确已破裂，调解无效的，应当准予离婚。<br>有下列情形之一，调解无效的，应当准予离婚：<br>（一）重婚或者与他人同居；<br>（二）实施家庭暴力或者虐待、遗弃家庭成员；<br>（三）有赌博、吸毒等恶习屡教不改；<br>（四）因感情不和分居满二年；<br>（五）其他导致夫妻感情破裂的情形。<br>一方被宣告失踪，另一方提起离婚诉讼的，应当准予离婚。<br>**经人民法院判决不准离婚后，双方又分居满一年，一方再次提起离婚诉讼的，应当准予离婚。** | **《婚姻法》第三十二条**<br>男女一方要求离婚的，可由有关部门进行调解或直接向人民法院提出离婚诉讼。<br>人民法院审理离婚案件，应当进行调解；如感情确已破裂，调解无效，应准予离婚。<br>有下列情形之一，调解无效的，应准予离婚：<br>（一）重婚或有配偶者与他人同居的；<br>（二）实施家庭暴力或虐待、遗弃家庭成员的；<br>（三）有赌博、吸毒等恶习屡教不改的；<br>（四）因感情不和分居满二年的；<br>（五）其他导致夫妻感情破裂的情形。<br>一方被宣告失踪，另一方提出离婚诉讼的，应准予离婚。<br>**《婚姻法解释一》第二十二条**<br>人民法院审理离婚案件，符合第三十二条第二款规定“应准予离婚”情形的，不应当因当事人有过错而判决不准离婚。 |

续表

| 《民法典》　婚姻家庭编 | 对比内容 |
| --- | --- |
| | **《婚姻法解释三》第九条**<br>夫以妻擅自中止妊娠侵犯其生育权为由请求损害赔偿的，人民法院不予支持；夫妻双方因是否生育发生纠纷，致使感情确已破裂，一方请求离婚的，人民法院经调解无效，应依照婚姻法第三十二条第三款第（五）项的规定处理。 |
| **第一千零八十条**<br>**完成离婚登记，或者离婚判决书、调解书生效，即解除婚姻关系。** | |
| **第一千零八十一条**<br>现役军人的配偶要求离婚，应当征得军人同意，但是军人一方有重大过错的除外。 | **《婚姻法》第三十三条**<br>现役军人的配偶要求离婚，须得军人同意，但军人一方有重大过错的除外。<br>**《婚姻法解释一》第二十三条**<br>婚姻法第三十三条所称的“军人一方有重大过错”，可以依据婚姻法第三十二条第二款前三项规定及军人有其他重大过错导致夫妻感情破裂的情形予以判断。 |
| **第一千零八十二条**<br>女方在怀孕期间、分娩后一年内或者终止妊娠后六个月内，男方不得提出离婚；但是，女方提出离婚或者人民法院认为确有必要受理男方离婚请求的除外。 | **《婚姻法》第三十四条**<br>女方在怀孕期间、分娩后一年内或中止妊娠后六个月内，男方不得提出离婚。女方提出离婚的，或人民法院认为确有必要受理男方离婚请求的，不在此限。 |

续表

| 《民法典》 婚姻家庭编 | 对比内容 |
| --- | --- |
| **第一千零八十三条**<br>离婚后，男女双方自愿恢复婚姻关系的，应当到婚姻登记机关重新进行结婚登记。 | **《婚姻法》第三十五条**<br>离婚后，男女双方自愿恢复夫妻关系的，必须到婚姻登记机关进行复婚登记。 |
| **第一千零八十四条**<br>父母与子女间的关系，不因父母离婚而消除。离婚后，子女无论由父或者母直接抚养，仍是父母双方的子女。<br>离婚后，父母对于子女仍有抚养、教育、保护的权利和义务。<br>离婚后，不满两周岁的子女，以由母亲直接抚养为原则。已满两周岁的子女，父母双方对抚养问题协议不成的，由人民法院根据双方的具体情况，按照最有利于未成年子女的原则判决。**子女已满八周岁的，应当尊重其真实意愿。** | **《婚姻法》第三十六条**<br>父母与子女间的关系，不因父母离婚而消除。离婚后，子女无论由父或母直接抚养，仍是父母双方的子女。<br>离婚后，父母对于子女仍有抚养和教育的权利和义务。<br>离婚后，哺乳期内的子女，以随哺乳的母亲抚养为原则。哺乳期后的子女，如双方因抚养问题发生争执不能达成协议时，由人民法院根据子女的权益和双方的具体情况判决。 |
| **第一千零八十五条**<br>离婚后，子女由一方直接抚养的，另一方应当负担部分或者全部抚养费。负担费用的多少和期限的长短，由双方协议；协议不成的，由人民法院判决。<br>前款规定的协议或者判决，不妨碍子女在必要时向父母任何一方提出超过协议或者判决原定数额的合理要求。 | **《婚姻法》第三十七条**<br>离婚后，一方抚养的子女，另一方应负担必要的生活费和教育费的一部或全部，负担费用的多少和期限的长短，由双方协议；协议不成时，由人民法院判决。<br>关于子女生活费和教育费的协议或判决，不妨碍子女在必要时向父母任何一方提出超过协议或判决原定数额的合理要求。 |

续表

| 《民法典》 婚姻家庭编 | 对比内容 |
| --- | --- |
| **第一千零八十六条**<br>离婚后，不直接抚养子女的父或者母，有探望子女的权利，另一方有协助的义务。<br>行使探望权利的方式、时间由当事人协议；协议不成的，由人民法院判决。<br>父或者母探望子女，不利于子女身心健康的，由人民法院依法中止探望；中止的事由消失后，应当恢复探望。 | **《婚姻法》第三十八条**<br>离婚后，不直接抚养子女的父或母，有探望子女的权利，另一方有协助的义务。<br>行使探望权利的方式、时间由当事人协议；协议不成时，由人民法院判决。<br>父或母探望子女，不利于子女身心健康的，由人民法院依法中止探望的权利；中止的事由消失后，应当恢复探望的权利。<br>**《婚姻法解释一》第二十四条**<br>人民法院作出的生效的离婚判决中未涉及探望权，当事人就探望权问题单独提起诉讼的，人民法院应予受理。<br>**第二十五条**<br>当事人在履行生效判决、裁定或者调解书的过程中，请求中止行使探望权的，人民法院在征询双方当事人意见后，认为需要中止行使探望权的，依法作出裁定。中止探望的情形消失后，人民法院应当根据当事人的申请通知其恢复探望权的行使。<br>**第二十六条**<br>未成年子女、直接抚养子女的父或母及其他对未成年子女负担抚养、教育义务的法定监护人，有权向人民法院提出中止探望权的请求。 |

续表

| 《民法典》　婚姻家庭编 | 对比内容 |
| --- | --- |
| **第一千零八十七条**<br>离婚时，夫妻的共同财产由双方协议处理；协议不成的，由人民法院根据财产的具体情况，按照照顾子女、女方和无过错方权益的原则判决。<br>对夫或者妻在家庭土地承包经营中享有的权益等，应当依法予以保护。 | **《婚姻法》第三十九条**<br>离婚时，夫妻的共同财产由双方协议处理；协议不成时，由人民法院根据财产的具体情况，照顾子女和女方权益的原则判决。<br>夫或妻在家庭土地承包经营中享有的权益等，应当依法予以保护。<br>**《婚姻法解释二》第二十条**<br>双方对夫妻共同财产中的房屋价值及归属无法达成协议时，人民法院按以下情形分别处理：<br>（一）双方均主张房屋所有权并且同意竞价取得的，应当准许；<br>（二）一方主张房屋所有权的，由评估机构按市场价格对房屋作出评估，取得房屋所有权的一方应当给予另一方相应的补偿；<br>（三）双方均不主张房屋所有权的，根据当事人的申请拍卖房屋，就所得价款进行分割。<br>**第二十一条**<br>离婚时双方对尚未取得所有权或者尚未取得完全所有权的房屋有争议且协商不成的，人民法院不宜判决房屋所有权的归属，应当根据实际情况判决由当事人使用。<br>当事人就前款规定的房屋取得完全所有权后，有争议的，可以另行向人民法院提起诉讼。 |

续表

| 《民法典》 婚姻家庭编 | 对比内容 |
| --- | --- |
| **第一千零八十八条**<br>夫妻一方因抚育子女、照料老年人、协助另一方工作等负担较多义务的，离婚时有权向另一方请求补偿，另一方应当给予补偿。**具体办法由双方协议；协议不成的，由人民法院判决。** | **《婚姻法》第四十条**<br>~~夫妻书面约定婚姻关系存续期间所得的财产归各自所有，~~一方因抚育子女、照料老人、协助另一方工作等付出较多义务的，离婚时有权向另一方请求补偿，另一方应当予以补偿。 |
| **第一千零八十九条**<br>离婚时，夫妻共同债务应当共同偿还。共同财产不足清偿或者财产归各自所有的，由双方协议清偿；协议不成的，由人民法院判决。 | **《婚姻法》第四十一条**<br>离婚时，原为夫妻共同生活所负的债务，应当共同偿还。共同财产不足清偿的，或财产归各自所有的，由双方协议清偿；协议不成时，由人民法院判决。<br>**《婚姻法解释二》第二十五条**<br>当事人的离婚协议或者人民法院的判决书、裁定书、调解书已经对夫妻财产分割问题作出处理的，债权人仍有权就夫妻共同债务向男女双方主张权利。<br>一方就共同债务承担连带清偿责任后，基于离婚协议或者人民法院的法律文书向另一方主张追偿的，人民法院应当支持。<br>**第二十六条**<br>夫或妻一方死亡的，生存一方应当对婚姻关系存续期间的共同债务承担连带清偿责任。 |

续表

| 《民法典》　婚姻家庭编 | 对比内容 |
| --- | --- |
| **第一千零九十条**<br>离婚时，如果一方生活困难，有负担能力的另一方应当给予适当帮助。具体办法由双方协议；协议不成的，由人民法院判决。 | **《婚姻法》第四十二条**<br>离婚时，如一方生活困难，另一方应从其住房等个人财产中给予适当帮助。具体办法由双方协议；协议不成时，由人民法院判决。<br>**《婚姻法解释一》第二十七条**<br>婚姻法第四十二条所称“一方生活困难”，是指依靠个人财产和离婚时分得的财产无法维持当地基本生活水平。<br>一方离婚后没有住处的，属于生活困难。<br>离婚时，一方以个人财产中的住房对生活困难者进行帮助的形式，可以是房屋的居住权或者房屋的所有权。 |
| **第一千零九十一条**<br>有下列情形之一，导致离婚的，无过错方有权请求损害赔偿：<br>（一）重婚；<br>（二）与他人同居；<br>（三）实施家庭暴力；<br>（四）虐待、遗弃家庭成员；<br>**（五）有其他重大过错**。 | **《婚姻法》第四十六条**<br>有下列情形之一，导致离婚的，无过错方有权请求损害赔偿：<br>（一）重婚的；<br>（二）有配偶者与他人同居的；<br>（三）实施家庭暴力的；<br>（四）虐待、遗弃家庭成员的。<br>**《婚姻法解释一》第二十八条**<br>婚姻法第四十六条规定的“损害赔偿”，包括物质损害赔偿和精神损害赔偿。涉及精神损害赔偿的，适用最高人民法院《关于确定民事侵权精神损害赔偿责任若干问题的解释》的有关规定。 |

续表

| 《民法典》　婚姻家庭编 | 对比内容 |
|---|---|
| | **《婚姻法解释二》第二十七条**<br>当事人在婚姻登记机关办理离婚登记手续后，以婚姻法第四十六条规定为由向人民法院提出损害赔偿请求的，人民法院应当受理。但当事人在协议离婚时已经明确表示放弃该项请求，或者在办理离婚登记手续一年后提出的，不予支持。<br>**《婚姻法解释三》第十七条**<br>夫妻双方均有婚姻法第四十六条规定的过错情形，一方或者双方向对方提出离婚损害赔偿请求的，人民法院不予支持。 |
| **第一千零九十二条**<br>夫妻一方隐藏、转移、变卖、毁损、挥霍夫妻共同财产，或者伪造夫妻共同债务企图侵占另一方财产的，在离婚分割夫妻共同财产时，对该方可以少分或者不分。离婚后，另一方发现有上述行为的，可以向人民法院提起诉讼，请求再次分割夫妻共同财产。 | **《婚姻法》第四十七条**<br>~~离婚时，~~一方隐藏、转移、变卖、毁损夫妻共同财产，或伪造债务企图侵占另一方财产的，分割夫妻共同财产时，对隐藏、转移、变卖、毁损夫妻共同财产或伪造债务的一方，可以少分或不分。离婚后，另一方发现有上述行为的，可以向人民法院提起诉讼，请求再次分割夫妻共同财产。<br>~~人民法院对前款规定的妨害民事诉讼的行为，依照民事诉讼法的规定予以制裁。~~ |

续表

| 《民法典》 婚姻家庭编 | 对比内容 |
| --- | --- |
| | **《婚姻法解释三》第十八条**<br>离婚后，一方以尚有夫妻共同财产未处理为由向人民法院起诉请求分割的，经审查该财产确属离婚时未涉及的夫妻共同财产，人民法院应当依法予以分割。 |
| **第五章 收养** | |
| **第一节 收养关系的成立** | |
| **第一千零九十三条**<br>下列未成年人，可以被收养：<br>（一）丧失父母的孤儿；<br>（二）查找不到生父母的未成年人；<br>（三）生父母有特殊困难无力抚养的子女。 | **《收养法》第四条**<br>下列~~不满十四周岁的~~未成年人可以被收养：<br>（一）丧失父母的孤儿；<br>（二）查找不到生父母的弃婴和儿童；<br>（三）生父母有特殊困难无力抚养的子女。 |
| **第一千零九十四条**<br>下列个人、组织可以作送养人：<br>（一）孤儿的监护人；<br>（二）儿童福利机构；<br>（三）有特殊困难无力抚养子女的生父母。 | **《收养法》第五条**<br>下列公民、组织可以作送养人：<br>（一）孤儿的监护人；<br>（二）社会福利机构；<br>（三）有特殊困难无力抚养子女的生父母。 |
| **第一千零九十五条**<br>未成年人的父母均不具备完全民事行为能力且可能严重危害该未成年人的，该未成年人的监护人可以将其送养。 | **《收养法》第十二条**<br>未成年人的父母均不具备完全民事行为能力的，该未成年人的监护人不得将其送养，但父母对该未成年人有严重危害可能的除外。 |

续表

| 《民法典》 婚姻家庭编 | 对比内容 |
| --- | --- |
| **第一千零九十六条**<br>监护人送养孤儿的，应当征得有抚养义务的人同意。有抚养义务的人不同意送养、监护人不愿意继续履行监护职责的，应当依照本法第一编的规定另行确定监护人。 | **《收养法》第十三条**<br>监护人送养未成年孤儿的，须征得有抚养义务的人同意。有抚养义务的人不同意送养、监护人不愿意继续履行监护职责的，应当依照《中华人民共和国民法通则》的规定变更监护人。 |
| **第一千零九十七条**<br>生父母送养子女，应当双方共同送养。生父母一方不明或者查找不到的，可以单方送养。 | **《收养法》第十条第一款**<br>生父母送养子女，须双方共同送养。生父母一方不明或者查找不到的可以单方送养。 |
| **第一千零九十八条**<br>收养人应当同时具备下列条件：<br>（一）无子女**或者只有一名子女**；<br>（二）有抚养、教育**和保护**被收养人的能力；<br>（三）未患有在医学上认为不应当收养子女的疾病；<br>**（四）无不利于被收养人健康成长的违法犯罪记录；**<br>（五）年满三十周岁。 | **《收养法》第六条**<br>收养人应当同时具备下列条件：<br>（一）无子女；<br>（二）有抚养教育被收养人的能力；<br>（三）未患有在医学上认为不应当收养子女的疾病；<br>（四）年满三十周岁。 |
| **第一千零九十九条**<br>收养三代以内旁系同辈血亲的子女，可以不受本法第一千零九十三条第三项、第一千零九十四条第三项和第一千一百零二条规定的限制。 | **《收养法》第七条**<br>收养三代以内同辈旁系血亲的子女，可以不受本法第四条第三项、第五条第三项、第九条和被收养人不满十四周岁的限制。 |

续表

| 《民法典》　婚姻家庭编 | 对比内容 |
| --- | --- |
| 华侨收养三代以内旁系同辈血亲的子女，还可以不受本法第一千零九十八条第一项规定的限制。 | 华侨收养三代以内同辈旁系血亲的子女，还可以不受收养人无子女的限制。 |
| **第一千一百条**<br>**无子女**的收养人可以收养两名子女；**有子女的收养人只能收养一名子女**。<br>收养孤儿、残疾未成年人或者儿童福利机构抚养的查找不到生父母的未成年人，可以不受前款和本法第一千零九十八条第一项规定的限制。 | **《收养法》第八条**<br>收养人只能收养一名子女。<br>收养孤儿、残疾儿童或者社会福利机构抚养的查找不到生父母的弃婴和儿童，可以不受收养人无子女和收养一名的限制。<br>**《民政部关于在办理收养登记中严格区分孤儿与查找不到生父母的弃婴的通知》**<br>一、我国《收养法》中所称的孤儿是指其父母死亡或人民法院宣告其父母死亡的不满十四周岁的未成年人。<br>二、送养孤儿的须提交有关部门出具的孤儿父母死亡证明书（正常死亡证明书由医疗卫生单位出具，非正常死亡证明书由县以上公安部门出具）或人民法院宣告死亡的判决书。 |
| **第一千一百零一条**<br>有配偶者收养子女，应当夫妻共同收养。 | **《收养法》第十条第二款**<br>有配偶者收养子女，须夫妻共同收养。 |
| **第一千一百零二条**<br>无配偶者收养异性子女的，收养人与被收养人的年龄应当相差四十周岁以上。 | **《收养法》第九条**<br>无配偶的男性收养女性的，收养人与被收养人的年龄应当相差四十周岁以上。 |

续表

| 《民法典》 婚姻家庭编 | 对比内容 |
|---|---|
| **第一千一百零三条**<br>继父或者继母经继子女的生父母同意，可以收养继子女，并可以不受本法第一千零九十三条第三项、第一千零九十四条第三项、第一千零九十八条和第一千一百条第一款规定的限制。 | **《收养法》第十四条**<br>继父或者继母经继子女的生父母同意，可以收养继子女，并可以不受本法第四条第三项、第五条第三项、第六条和被收养人不满十四周岁以及收养一名的限制。 |
| **第一千一百零四条**<br>收养人收养与送养人送养，应当双方自愿。收养八周岁以上未成年人的，应当征得被收养人的同意。 | **《收养法》第十一条**<br>收养人收养与送养人送养，须双方自愿。收养年满十周岁以上未成年人的，应当征得被收养人的同意。 |
| **第一千一百零五条**<br>收养应当向县级以上人民政府民政部门登记。收养关系自登记之日起成立。<br>收养查找不到生父母的未成年人的，办理登记的民政部门应当在登记前予以公告。<br>收养关系当事人愿意签订收养协议的，可以签订收养协议。<br>收养关系当事人各方或者一方要求办理收养公证的，应当办理收养公证。<br>**县级以上人民政府民政部门应当依法进行收养评估。** | **《收养法》第十五条**<br>收养应当向县级以上人民政府民政部门登记。收养关系自登记之日起成立。<br>收养查找不到生父母的弃婴和儿童的，办理登记的民政部门应当在登记前予以公告。<br>收养关系当事人愿意订立收养协议的，可以订立收养协议。<br>收养关系当事人各方或者一方要求办理收养公证的，应当办理收养公证。<br>**《公证法》第二十六条**<br>自然人、法人或者其他组织可以委托他人办理公证，但遗嘱、生存、收养关系等应当由本人办理公证的除外。 |

续表

| 《民法典》　婚姻家庭编 | 对比内容 |
| --- | --- |
| **第一千一百零六条**<br>收养关系成立后，公安机关应当按照国家有关规定为被收养人办理户口登记。 | **《收养法》第十六条**<br>收养关系成立后，公安部门应当依照国家有关规定为被收养人办理户口登记。 |
| **第一千一百零七条**<br>孤儿或者生父母无力抚养的子女，可以由生父母的亲属、朋友抚养；抚养人与被抚养人的关系不适用本章规定。 | **《收养法》第十七条**<br>孤儿或者生父母无力抚养的子女，可以由生父母的亲属、朋友抚养。<br>抚养人与被抚养人的关系不适用收养关系。 |
| **第一千一百零八条**<br>配偶一方死亡，另一方送养未成年子女的，死亡一方的父母有优先抚养的权利。 | **《收养法》第十八条**<br>配偶一方死亡，另一方送养未成年子女的，死亡一方的父母有优先抚养的权利。 |
| **第一千一百零九条**<br>外国人依法可以在中华人民共和国收养子女。<br>外国人在中华人民共和国收养子女，应当经其所在国主管机关依照该国法律审查同意。收养人应当提供由其所在国有权机构出具的有关其年龄、婚姻、职业、财产、健康、有无受过刑事处罚等状况的证明材料，并与送养人签订书面协议，亲自向省、自治区、直辖市人民政府民政部门登记。 | **《收养法》第二十一条**<br>外国人依照本法可以在中华人民共和国收养子女。<br>外国人在中华人民共和国收养子女，应当经其所在国主管机关依照该国法律审查同意。收养人应当提供由其所在国有权机构出具的有关收养人的年龄、婚姻、职业、财产、健康、有无受过刑事处罚等状况的证明材料，该证明材料应当经其所在国外交机关或者外交机关授权的机构认证，并经中华人民共和国驻该国使领馆认证。该 |

续表

| 《民法典》 婚姻家庭编 | 对比内容 |
| --- | --- |
| 前款规定的证明材料应当经收养人所在国外交机关或者外交机关授权的机构认证，并经中华人民共和国驻该国使领馆认证，**但是国家另有规定的除外**。 | 收养人应当与送养人订立书面协议，亲自向省级人民政府民政部门登记。<br>收养关系当事人各方或者一方要求办理收养公证的，应当到国务院司法行政部门认定的具有办理涉外公证资格的公证机构办理收养公证。 |
| **第一千一百一十条**<br>收养人、送养人要求保守收养秘密的，其他人应当尊重其意愿，不得泄露。 | **《收养法》第二十二条**<br>收养人、送养人要求保守收养秘密的，其他人应当尊重其意愿，不得泄露。 |
| **第二节　收养的效力** | |
| **第一千一百一十一条**<br>自收养关系成立之日起，养父母与养子女间的权利义务关系，适用本法关于父母子女关系的规定；养子女与养父母的近亲属间的权利义务关系，适用本法关于子女与父母的近亲属关系的规定。<br>养子女与生父母以及其他近亲属间的权利义务关系，因收养关系的成立而消除。 | **《收养法》第二十三条**<br>自收养关系成立之日起，养父母与养子女间的权利义务关系，适用法律关于父母子女关系的规定；养子女与养父母的近亲属间的权利义务关系，适用法律关于子女与父母的近亲属关系的规定。<br>养子女与生父母及其他近亲属间的权利义务关系，因收养关系的成立而消除。<br>**《婚姻法》第二十六条**<br>国家保护合法的收养关系。养父母和养子女间的权利和义务，适用本法对父母子女关系的有关规定。<br>养子女和生父母间的权利和义务，因收养关系的成立而消除。 |

续表

| 《民法典》 婚姻家庭编 | 对比内容 |
| --- | --- |
| **第一千一百一十二条**<br>养子女可以随养父或者养母的姓氏，经当事人协商一致，也可以保留原姓氏。 | **《收养法》第二十四条**<br>养子女可以随养父或者养母的姓，经当事人协商一致，也可以保留原姓。 |
| **第一千一百一十三条**<br>有本法第一编关于民事法律行为无效规定情形或者违反本编规定的收养行为无效。<br>无效的收养行为自始没有法律约束力。 | **《收养法》第二十五条**<br>违反《中华人民共和国民法通则》第五十五条和本法规定的收养行为无法律效力。<br>收养行为被人民法院确认无效的，从行为开始时起就没有法律效力。 |
| **第三节 收养关系的解除** | |
| **第一千一百一十四条**<br>收养人在被收养人成年以前，不得解除收养关系，但是收养人、送养人双方协议解除的除外。养子女八周岁以上的，应当征得本人同意。<br>收养人不履行抚养义务，有虐待、遗弃等侵害未成年养子女合法权益行为的，送养人有权要求解除养父母与养子女间的收养关系。送养人、收养人不能达成解除收养关系协议的，可以向人民法院提起诉讼。 | **《收养法》第二十六条**<br>收养人在被收养人成年以前，不得解除收养关系，但收养人、送养人双方协议解除的除外，养子女年满十周岁以上的，应当征得本人同意。<br>收养人不履行抚养义务，有虐待、遗弃等侵害未成年养子女合法权益行为的，送养人有权要求解除养父母与养子女间的收养关系。送养人、收养人不能达成解除收养关系协议的，可以向人民法院起诉。 |

续表

| 《民法典》 婚姻家庭编 | 对比内容 |
| --- | --- |
| **第一千一百一十五条**<br>养父母与成年养子女关系恶化、无法共同生活的，可以协议解除收养关系。不能达成协议的，可以向人民法院提起诉讼。 | **《收养法》第二十七条**<br>养父母与成年养子女关系恶化、无法共同生活的，可以协议解除收养关系。不能达成协议的，可以向人民法院起诉。 |
| **第一千一百一十六条**<br>当事人协议解除收养关系的，应当到民政部门办理解除收养关系登记。 | **《收养法》第二十八条**<br>当事人协议解除收养关系的，应当到民政部门办理解除收养关系的登记。<br>**《中国公民收养子女登记办法》第九条**<br>收养关系当事人协议解除收养关系的，应当持居民户口簿、居民身份证、收养登记证和解除收养关系的书面协议，共同到被收养人常住户口所在地的收养登记机关办理解除收养关系登记。 |
| **第一千一百一十七条**<br>收养关系解除后，养子女与养父母以及其他近亲属间的权利义务关系即行消除，与生父母以及其他近亲属间的权利义务关系自行恢复。但是，成年养子女与生父母以及其他近亲属间的权利义务关系是否恢复，可以协商确定。 | **《收养法》第二十九条**<br>收养关系解除后，养子女与养父母及其他近亲属间的权利义务关系即行消除，与生父母及其他近亲属间的权利义务关系自行恢复，但成年养子女与生父母及其他近亲属间的权利义务关系是否恢复，可以协商确定。 |

续表

| 《民法典》　婚姻家庭编 | 对比内容 |
|---|---|
| **第一千一百一十八条**<br>收养关系解除后，经养父母抚养的成年养子女，对缺乏劳动能力又缺乏生活来源的养父母，应当给付生活费。因养子女成年后虐待、遗弃养父母而解除收养关系的，养父母可以要求养子女补偿收养期间支出的抚养费。<br>生父母要求解除收养关系的，养父母可以要求生父母适当补偿收养期间支出的抚养费；但是，因养父母虐待、遗弃养子女而解除收养关系的除外。 | **《收养法》第三十条**<br>收养关系解除后，经养父母抚养的成年养子女，对缺乏劳动能力又缺乏生活来源的养父母，应当给付生活费。因养子女成年后虐待、遗弃养父母而解除收养关系的，养父母可以要求养子女补偿收养期间支出的生活费和教育费。<br>生父母要求解除收养关系的，养父母可以要求生父母适当补偿收养期间支出的生活费和教育费，但因养父母虐待、遗弃养子女而解除收养关系的除外。 |

**（2）继承部分法条对比**

| 《民法典》　继承编 | 对比内容 |
|---|---|
| **第一章　一般规定** | |
| **第一千一百一十九条**<br>本编调整因继承产生的民事关系。 | |
| **第一千一百二十条**<br>国家保护自然人的继承权。 | **《继承法》第一条**<br>~~根据《中华人民共和国宪法》规定，为保护公民的私有财产的继承权，制定本法。~~ |

续表

| 《民法典》　继承编 | 对比内容 |
| --- | --- |
| **第一千一百二十一条**<br>继承从被继承人死亡时开始。<br>相互有继承关系的数人在同一事件中死亡，难以确定死亡时间的，推定没有其他继承人的人先死亡。都有其他继承人，辈份不同的，推定长辈先死亡；辈份相同的，推定同时死亡，相互不发生继承。 | **《继承法》第二条**<br>继承从被继承人死亡时开始。<br>**《继承法意见》第一条**<br>继承从被继承人生理死亡或被宣告死亡时开始。<br>失踪人被宣告死亡的，以法院判决中确定的失踪人的死亡日期，为继承开始的时间。<br>**第二条**<br>相互有继承关系的几个人在同一事件中死亡，如不能确定死亡先后时间的，推定没有继承人的人先死亡。死亡人各自都有继承人的，如几个死亡人辈份不同，推定长辈先死亡；几个死亡人辈份相同，推定同时死亡，彼此不发生继承，由他们各自的继承人分别继承。 |
| **第一千一百二十二条**<br>遗产是自然人死亡时遗留的个人合法财产。<br>依照法律规定或者根据其性质不得继承的遗产，不得继承。 | **《继承法》第三条**<br>遗产是公民死亡时遗留的个人合法财产，包括：<br>（一）公民的收入；<br>（二）公民的房屋、储蓄和生活用品；<br>（三）公民的林木、牲畜和家禽；<br>（四）公民的文物、图书资料；<br>（五）法律允许公民所有的生产资料； |

续表

| 《民法典》 继承编 | 对比内容 |
| --- | --- |
| | （六）公民的著作权、专利权中的财产权利；<br>（七）公民的其他合法财产。<br>**《继承法意见》第三条**<br>公民可继承的其他合法财产包括有价证券和履行标的为财物的债权等。<br>**第四条**<br>承包人死亡时尚未取得承包收益的，可把死者生前对承包所投入的资金和所付出的劳动及其增值和孳息，由发包单位或者接续承包合同的人合理折价、补偿，其价额作为遗产。 |
| **第一千一百二十三条**<br>继承开始后，按照法定继承办理；有遗嘱的，按照遗嘱继承或者遗赠办理；有遗赠扶养协议的，按照协议办理。 | **《继承法》第五条**<br>继承开始后，按照法定继承办理；有遗嘱的，按照遗嘱继承或者遗赠办理；有遗赠扶养协议的，按照协议办理。<br>**《继承法意见》第五条**<br>被继承人生前与他人订有遗赠扶养协议，同时又立有遗嘱的，继承开始后，如果遗赠扶养协议与遗嘱没有抵触，遗产分别按协议和遗嘱处理；如果有抵触，按协议处理，与协议抵触的遗嘱全部或部分无效。<br>**第六条**<br>遗嘱继承人依遗嘱取得遗产后，仍有权依继承法第十三条的规定取得遗嘱未处分的遗产。 |

续表

| 《民法典》 继承编 | 对比内容 |
|---|---|
| **第一千一百二十四条**<br>继承开始后，继承人放弃继承的，应当在遗产处理前，以书面形式作出放弃继承的表示；没有表示的，视为接受继承。<br>受遗赠人应当在知道受遗赠后六十日内，作出接受或弃受遗赠的表示；到期没有表示的，视为放弃受遗赠。 | **《继承法》第二十五条**<br>继承开始后，继承人放弃继承的，应当在遗产处理前，作出放弃继承的表示。没有表示的，视为接受继承。<br>受遗赠人应当在知道受遗赠后两个月内，作出接受或者放弃受遗赠的表示。到期没有表示的，视为放弃受遗赠。<br>**《继承法意见》第四十六条**<br>继承人因放弃继承权，致其不能履行法定义务的，放弃继承权的行为无效。<br>**第四十七条**<br>继承人放弃继承应当以书面形式向其他继承人表示。用口头方式表示放弃继承，本人承认，或有其它充分证据证明的，也应当认定其有效。<br>**第四十八条**<br>在诉讼中，继承人向人民法院以口头方式表示放弃继承的，要制作笔录，由放弃继承的人签名。<br>**第四十九条**<br>继承人放弃继承的意思表示，应当在继承开始后、遗产分割前作出。遗产分割后表示放弃的不再是继承权，而是所有权。 |

续表

| 《民法典》　继承编 | 对比内容 |
| --- | --- |
| | **第五十条**<br>遗产处理前或在诉讼进行中，继承人对放弃继承翻悔的，由人民法院根据其提出的具体理由，决定是否承认。遗产处理后，继承人对放弃继承翻悔的，不予承认。<br>**第五十一条**<br>放弃继承的效力，追溯到继承开始的时间。<br>**第五十二条**<br>继承开始后，继承人没有表示放弃继承，并于遗产分割前死亡的，其继承遗产的权利转移给他的合法继承人。<br>**第五十三条**<br>继承开始后，受遗赠人表示接受遗赠，并于遗产分割前死亡的，其接受遗赠的权利转移给他的继承人。 |
| **第一千一百二十五条**<br>继承人有下列行为之一的，丧失继承权：<br>（一）故意杀害被继承人；<br>（二）为争夺遗产而杀害其他继承人；<br>（三）遗弃被继承人，或者虐待被继承人情节严重； | **《继承法》第七条**<br>继承人有下列行为之一的，丧失继承权：<br>（一）故意杀害被继承人的；<br>（二）为争夺遗产而杀害其他继承人的；<br>（三）遗弃被继承人的，或者虐待被继承人情节严重的； |

续表

| 《民法典》 继承编 | 对比内容 |
| --- | --- |
| （四）伪造、篡改、隐匿或者销毁遗嘱，情节严重；<br>**（五）以欺诈、胁迫手段迫使或者妨碍被继承人设立、变更或者撤回遗嘱，情节严重。**<br>继承人有前款第三项至第五项行为，确有悔改表现，被继承人表示宽恕或者事后在遗嘱中将其列为继承人的，该继承人不丧失继承权。<br>**受遗赠人有本条第一款规定行为的，丧失受遗赠权。** | （四）伪造、篡改或者销毁遗嘱，情节严重的。<br>**《继承法意见》第九条**<br>在遗产继承中，继承人之间因是否丧失继承权发生纠纷，诉讼到人民法院的，由人民法院根据继承法第七条的规定，判决确认其是否丧失继承权。<br>**第十条**<br>继承人虐待被继承人情节是否严重，可以从实施虐待行为的时间、手段、后果和社会影响等方面认定。<br>虐待被继承人情节严重的，不论是否追究刑事责任，均可确认其丧失继承权。<br>**第十一条**<br>继承人故意杀害被继承人的，不论是既遂还是未遂，均应确认其丧失继承权。<br>**第十二条**<br>继承人有继承法第七条第（一）项或第（二）项所列之行为，而被继承人以遗嘱将遗产指定由该继承人继承的，可确认遗嘱无效，并按继承法第七条的规定处理。<br>**第十三条**<br>继承人虐待被继承人情节严重的， |

续表

| 《民法典》 继承编 | 对比内容 |
| --- | --- |
| | 或者遗弃被继承人的，如以后确有悔改表现，而且被虐待人、被遗弃人生前又表示宽恕，可不确认其丧失继承权。<br>**第十四条**<br>继承人伪造、篡改或者销毁遗嘱，侵害了缺乏劳动能力又无生活来源的继承人的利益，并造成其生活困难的，应认定其行为情节严重。 |
| **第二章 法定继承** | |
| **第一千一百二十六条**<br>继承权男女平等。 | **《继承法》第九条**<br>继承权男女平等。 |
| **第一千一百二十七条**<br>遗产按照下列顺序继承：<br>（一）第一顺序：配偶、子女、父母；<br>（二）第二顺序：兄弟姐妹、祖父母、外祖父母。<br>继承开始后，由第一顺序继承人继承，第二顺序继承人不继承；没有第一顺序继承人继承的，由第二顺序继承人继承。<br>本编所称子女，包括婚生子女、非婚生子女、养子女和有扶养关系的继子女。<br>本编所称父母，包括生父母、养父母和有扶养关系的继父母。 | **《继承法》第十条**<br>遗产按照下列顺序继承：<br>第一顺序：配偶、子女、父母。<br>第二顺序：兄弟姐妹、祖父母、外祖父母。<br>继承开始后，由第一顺序继承人继承，第二顺序继承人不继承。没有第一顺序继承人继承的，由第二顺序继承人继承。<br>本法所说的子女，包括婚生子女、非婚生子女、养子女和有扶养关系的继子女。<br>本法所说的父母，包括生父母、养父母和有扶养关系的继父母。 |

续表

| 《民法典》　继承编 | 对比内容 |
| --- | --- |
| 本编所称兄弟姐妹，包括同父母的兄弟姐妹、同父异母或者同母异父的兄弟姐妹、养兄弟姐妹、有扶养关系的继兄弟姐妹。 | 本法所说的兄弟姐妹，包括同父母的兄弟姐妹、同父异母或者同母异父的兄弟姐妹、养兄弟姐妹、有扶养关系的继兄弟姐妹。<br>**《继承法意见》第十九条**<br>被收养人对养父母尽了赡养义务，同时又对生父母扶养较多的，除可依继承法第十条的规定继承养父母的遗产外，还可依继承法第十四条的规定分得生父母的适当的遗产。<br>**第二十条**<br>在旧社会形成的一夫多妻家庭中，子女与生母以外的父亲的其他配偶之间形成扶养关系的，互有继承权。<br>**第二十一条**<br>继子女继承了继父母遗产的，不影响其继承生父母的遗产。<br>继父母继承了继子女遗产的，不影响其继承生子女的遗产。<br>**第二十二条**<br>养祖父母与养孙子女的关系，视为养父母与养子女关系的，可互为第一顺序继承人。<br>**第二十三条**<br>养子女与生子女之间、养子女与养子女之间，系养兄弟姐妹，可互为第二顺序继承人。 |

续表

| 《民法典》　继承编 | 对比内容 |
| --- | --- |
| | 被收养人与其亲兄弟姐妹之间的权利义务关系，因收养关系的成立而消除，不能互为第二顺序继承人。<br>**第二十四条**<br>继兄弟姐妹之间的继承权，因继兄弟姐妹之间的扶养关系而发生。没有扶养关系的，不能互为第二顺序继承人。<br>继兄弟姐妹之间相互继承了遗产的，不影响其继承亲兄弟姐妹的遗产。 |
| **第一千一百二十八条**<br>被继承人的子女先于被继承人死亡的，由被继承人的子女的直系晚辈血亲代位继承。<br>**被继承人的兄弟姐妹先于被继承人死亡的，由被继承人的兄弟姐妹的子女代位继承。**<br>代位继承人一般只能继承被代位继承人有权继承的遗产份额。 | **《继承法》第十一条**<br>被继承人的子女先于被继承人死亡的，由被继承人的子女的晚辈直系血亲代位继承。代位继承人一般只能继承他的父亲或者母亲有权继承的遗产份额。<br>**《继承法意见》第二十五条**<br>被继承人的孙子女、外孙子女、曾孙子女、外曾孙子女都可以代位继承，代位继承人不受辈数的限制。<br>**第二十六条**<br>被继承人的养子女、已形成扶养关系的继子女的生子女可代位继承；被继承人亲生子女的养子女可代位继承；被继承人养子女的养子女可代位继承；与被继承人已形成扶养关系的继子女的养子女也可以代位继承。 |

续表

| 《民法典》 继承编 | 对比内容 |
| --- | --- |
| | **第二十七条**<br>代位继承人缺乏劳动能力又没有生活来源，或者对被继承人尽过主要赡养义务的，分配遗产时，可以多分。<br>**第二十八条**<br>继承人丧失继承权的，其晚辈直系血亲不得代位继承。如该代位继承人缺乏劳动能力又没有生活来源，或对被继承人尽赡养义务较多的，可适当分给遗产。<br>**第二十九条**<br>丧偶儿媳对公婆、丧偶女婿对岳父、岳母，无论其是否再婚，依继承法第十二条规定作为第一顺序继承人时，不影响其子女代位继承。 |
| **第一千一百二十九条**<br>丧偶儿媳对公婆，丧偶女婿对岳父母，尽了主要赡养义务的，作为第一顺序继承人。 | **《继承法》第十二条**<br>丧偶儿媳对公、婆，丧偶女婿对岳父、岳母，尽了主要赡养义务的，作为第一顺序继承人。<br>**《妇女权益保障法》第三十五条**<br>丧偶妇女对公、婆尽了主要赡养义务的，作为公、婆的第一顺序法定继承人，其继承权不受子女代位继承的影响。 |

续表

| 《民法典》 继承编 | 对比内容 |
| --- | --- |
| | **《继承法意见》第三十条**<br>对被继承人生活提供了主要经济来源，或在劳务等方面给予了主要扶助的，应当认定其尽了主要赡养义务或主要扶养义务。 |
| **第一千一百三十条**<br>同一顺序继承人继承遗产的份额，一般应当均等。<br>对生活有特殊困难又缺乏劳动能力的继承人，分配遗产时，应当予以照顾。<br>对被继承人尽了主要扶养义务或者与被继承人共同生活的继承人，分配遗产时，可以多分。<br>有扶养能力和有扶养条件的继承人，不尽扶养义务的，分配遗产时，应当不分或者少分。<br>继承人协商同意的，也可以不均等。 | **《继承法》第十三条**<br>同一顺序继承人继承遗产的份额，一般应当均等。<br>对生活有特殊困难的缺乏劳动能力的继承人，分配遗产时，应当予以照顾。<br>对被继承人尽了主要扶养义务或者与被继承人共同生活的继承人，分配遗产时，可以多分。<br>有扶养能力和有扶养条件的继承人，不尽扶养义务的，分配遗产时，应当不分或者少分。<br>继承人协商同意的，也可以不均等。 |
| **第一千一百三十一条**<br>对继承人以外的依靠被继承人扶养的人，或者继承人以外的对被继承人扶养较多的人，可以分给适当的遗产。 | **《继承法》第十四条**<br>对继承人以外的依靠被继承人扶养的~~**缺乏劳动能力又没有生活来源的**~~人，或者继承人以外的对被继承人扶养较多的人，可以分给他们适当的遗产。<br>**《继承法意见》第三十一条**<br>依继承法第十四条规定可以分给适当遗产的人，分给他们遗产时，按具体情况可多于或少于继承人。 |

续表

| 《民法典》　继承编 | 对比内容 |
| --- | --- |
| | **第三十二条**<br>依继承法第十四条规定可以分给适当遗产的人，在其依法取得被继承人遗产的权利受到侵犯时，本人有权以独立的诉讼主体的资格向人民法院提起诉讼。但在遗产分割时，明知而未提出请求的，一般不予受理；不知而未提出请求，在二年以内起诉的，应予受理。<br>**第三十三条**<br>继承人有扶养能力和扶养条件，愿意尽扶养义务，但被继承人因有固定收入和劳动能力，明确表示不要求其扶养的，分配遗产时，一般不应因此而影响其继承份额。<br>**第三十四条**<br>有扶养能力和扶养条件的继承人虽然与被继承人共同生活，但对需要扶养的被继承人不尽扶养义务，分配遗产时，可以少分或者不分。 |
| **第一千一百三十二条**<br>继承人应当本着互谅互让、和睦团结的精神，协商处理继承问题。遗产分割的时间、办法和份额，由继承人协商确定；协商不成的，可以由人民调解委员会调解或者向人民法院提起诉讼。 | **《继承法》第十五条**<br>继承人应当本着互谅互让、和睦团结的精神，协商处理继承问题。遗产分割的时间、办法和份额，由继承人协商确定。协商不成的，可以由人民调解委员会调解或者向人民法院提起诉讼。 |

续表

| 《民法典》　继承编 | 对比内容 |
|---|---|
| **第三章　遗嘱继承和遗赠** | |
| **第一千一百三十三条**<br>自然人可以依照本法规定立遗嘱处分个人财产，并可以指定遗嘱执行人。<br>自然人可以立遗嘱将个人财产指定由法定继承人中的一人或者数人继承。 | **《继承法》第十六条**<br>公民可以依照本法规定立遗嘱处分个人财产，并可以指定遗嘱执行人。<br>公民可以立遗嘱将个人财产指定由法定继承人的一人或者数人继承。 |
| 自然人可以立遗嘱将个人财产赠与国家、集体或者法定继承人以外的组织、个人。<br>**自然人可以依法设立遗嘱信托**。 | 公民可以立遗嘱将个人财产赠给国家、集体或者法定继承人以外的人。 |
| **第一千一百三十四条**<br>自书遗嘱由遗嘱人亲笔书写，签名，注明年、月、日。 | **《继承法》第十七条第二款**<br>自书遗嘱由遗嘱人亲笔书写，签名，注明年、月、日。<br>**《继承法意见》第四十条**<br>公民在遗书中涉及死后个人财产处分的内容，确为死者真实意思的表示，有本人签名并注明了年、月、日，又无相反证据的，可按自书遗嘱对待。 |
| **第一千一百三十五条**<br>代书遗嘱应当有两个以上见证人在场见证，由其中一人代书，并由遗嘱人、代书人和其他见证人签名，注明年、月、日。 | **《继承法》第十七条第三款**<br>代书遗嘱应当有两个以上见证人在场见证，由其中一人代书，注明年、月、日，并由代书人、其他见证人和遗嘱人签名。 |

续表

| 《民法典》 继承编 | 对比内容 |
|---|---|
| 第一千一百三十六条<br>**打印遗嘱应当有两个以上见证人在场见证。遗嘱人和见证人应当在遗嘱每一页签名，注明年、月、日。** | |
| 第一千一百三十七条<br>以录音录像形式立的遗嘱，应当有两个以上见证人在场见证。**遗嘱人和见证人应当在录音录像中记录其姓名或者肖像，以及年、月、日。** | 《继承法》第十七条第四款<br>以录音形式立的遗嘱，应当有两个以上见证人在场见证。 |
| 第一千一百三十八条<br>遗嘱人在危急情况下，可以立口头遗嘱。口头遗嘱应当有两个以上见证人在场见证。危急情况消除后，遗嘱人能够以书面或者录音录像形式立遗嘱的，所立的口头遗嘱无效。 | 《继承法》第十七条第五款<br>遗嘱人在危急情况下，可以立口头遗嘱。口头遗嘱应当有两个以上见证人在场见证。危急情况解除后，遗嘱人能够用书面或者录音形式立遗嘱的，所立的口头遗嘱无效。 |
| 第一千一百三十九条<br>公证遗嘱由遗嘱人经公证机构办理。 | 《继承法》第十七条第一款<br>公证遗嘱由遗嘱人经公证机关办理。 |
| 第一千一百四十条<br>下列人员不能作为遗嘱见证人：<br>（一）无民事行为能力人、限制民事行为能力人以及其他不具有见证能力的人；<br>（二）继承人、受遗赠人；<br>（三）与继承人、受遗赠人有利害关系的人。 | 《继承法》第十八条<br>下列人员不能作为遗嘱见证人：<br>（一）无行为能力人、限制行为能力人；<br>（二）继承人、受遗赠人；<br>（三）与继承人、受遗赠人有利害关系的人。 |

续表

| 《民法典》　继承编 | 对比内容 |
| --- | --- |
| | **《继承法意见》第三十六条**<br>继承人、受遗赠人的债权人、债务人，共同经营的合伙人，也应当视为与继承人、受遗赠人有利害关系，不能作为遗嘱的见证人。 |
| **第一千一百四十一条**<br>遗嘱应当为缺乏劳动能力又没有生活来源的继承人保留必要的遗产份额。 | **《继承法》第十九条**<br>遗嘱应当对缺乏劳动能力又没有生活来源的继承人保留必要的遗产份额。<br>**《继承法意见》第三十七条**<br>遗嘱人未保留缺乏劳动能力又没有生活来源的继承人的遗产份额，遗产处理时，应当为该继承人留下必要的遗产，所剩余的部分，才可参照遗嘱确定的分配原则处理。<br>继承人是否缺乏劳动能力又没有生活来源，应按遗嘱生效时该继承人的具体情况确定。 |
| **第一千一百四十二条**<br>遗嘱人可以撤回、变更自己所立的遗嘱。<br>**立遗嘱后，遗嘱人实施与遗嘱内容相反的民事法律行为的，视为对遗嘱相关内容的撤回。** | **《继承法》第二十条**<br>遗嘱人可以撤销、变更自己所立的遗嘱。<br>立有数份遗嘱，内容相抵触的，以最后的遗嘱为准。<br>~~**自书、代书、录音、口头遗嘱，不得撤销、变更公证遗嘱。**~~ |

续表

| 《民法典》 继承编 | 对比内容 |
| --- | --- |
| 立有数份遗嘱，内容相抵触的，以最后的遗嘱为准。 | **《继承法意见》第三十九条**<br>遗嘱人生前的行为与遗嘱的意思表示相反，而使遗嘱处分的财产在继承开始前灭失，部分灭失或所有权转移、部分转移的，遗嘱视为被撤销或部分被撤销。<br>**第四十二条**<br>遗嘱人以不同形式立有数份内容相抵触的遗嘱，其中有公证遗嘱的，以最后所立公证遗嘱为准；没有公证遗嘱的，以最后所立的遗嘱为准。 |
| **第一千一百四十三条**<br>无民事行为能力人或者限制民事行为能力人所立的遗嘱无效。<br>遗嘱必须表示遗嘱人的真实意思，受欺诈、胁迫所立的遗嘱无效。<br>伪造的遗嘱无效。<br>遗嘱被篡改的，篡改的内容无效。 | **《继承法》第二十二条**<br>无行为能力人或者限制行为能力人所立的遗嘱无效。<br>遗嘱必须表示遗嘱人的真实意思，受胁迫、欺骗所立的遗嘱无效。<br>伪造的遗嘱无效。<br>遗嘱被篡改的，篡改的内容无效。<br>**《继承法意见》第三十八条**<br>遗嘱人以遗嘱处分了属于国家、集体或他人所有的财产，遗嘱的这部分，应认定无效。<br>**第四十一条**<br>遗嘱人立遗嘱时必须有行为能力。无行为能力人所立的遗嘱，即使其 |

续表

| 《民法典》　继承编 | 对比内容 |
| --- | --- |
| | 本人后来有了行为能力，仍属无效遗嘱。遗嘱人立遗嘱时有行为能力，后来丧失了行为能力，不影响遗嘱的效力。 |
| **第一千一百四十四条**<br>遗嘱继承或者遗赠附有义务的，继承人或者受遗赠人应当履行义务。没有正当理由不履行义务的，经利害关系人或者有关组织请求，人民法院可以取消其接受附义务部分遗产的权利。 | **《继承法》第二十一条**<br>遗嘱继承或者遗赠附有义务的，继承人或者受遗赠人应当履行义务。没有正当理由不履行义务的，经有关单位或者个人请求，人民法院可以取消他接受遗产的权利。<br>**《继承法意见》第四十三条**<br>附义务的遗嘱继承或遗赠，如义务能够履行，而继承人、受遗赠人无正当理由不履行，经受益人或其他继承人请求，人民法院可以取消他接受附义务那部分遗产的权利，由提出请求的继承人或受益人负责按遗嘱人的意愿履行义务，接受遗产。 |
| **第四章　遗产的处理** | |
| **第一千一百四十五条**<br>**继承开始后，遗嘱执行人为遗产管理人；没有遗嘱执行人的，继承人应当及时推选遗产管理人；继承人未推选的，由继承人共同担任遗产** | |

续表

| 《民法典》 继承编 | 对比内容 |
|---|---|
| 管理人；没有继承人或者继承人均放弃继承的，由被继承人生前住所地的民政部门或者村民委员会担任遗产管理人。 | |
| 第一千一百四十六条<br>对遗产管理人的确定有争议的，利害关系人可以向人民法院申请指定遗产管理人。 | |
| 第一千一百四十七条<br>遗产管理人应当履行下列职责：<br>（一）清理遗产并制作遗产清单；<br>（二）向继承人报告遗产情况；<br>（三）采取必要措施防止遗产毁损、灭失；<br>（四）处理被继承人的债权债务；<br>（五）按照遗嘱或者依照法律规定分割遗产；<br>（六）实施与管理遗产有关的其他必要行为。 | |
| 第一千一百四十八条<br>遗产管理人应当依法履行职责，因故意或者重大过失造成继承人、受遗赠人、债权人损害的，应当承担民事责任。 | |

续表

| 《民法典》 继承编 | 对比内容 |
|---|---|
| **第一千一百四十九条**<br>**遗产管理人可以依照法律规定或者按照约定获得报酬。** | |
| **第一千一百五十条**<br>继承开始后，知道被继承人死亡的继承人应当及时通知其他继承人和遗嘱执行人。继承人中无人知道被继承人死亡或者知道被继承人死亡而不能通知的，由被继承人生前所在单位或者住所地的居民委员会、村民委员会负责通知。 | **《继承法》第二十三条**<br>继承开始后，知道被继承人死亡的继承人应当及时通知其他继承人和遗嘱执行人。继承人中无人知道被继承人死亡或者知道被继承人死亡而不能通知的，由被继承人生前所在单位或者住所地的居民委员会、村民委员会负责通知。<br>**《继承法意见》第四十四条**<br>人民法院在审理继承案件时，如果知道有继承人而无法通知的，分割遗产时，要保留其应继承的遗产，并确定该遗产的保管人或保管单位。 |
| **第一千一百五十一条**<br>存有遗产的人，应当妥善保管遗产，任何组织或者个人不得侵吞或者争抢。 | **《继承法》第二十四条**<br>存有遗产的人，应当妥善保管遗产，任何人不得侵吞或者争抢。 |
| **第一千一百五十二条**<br>继承开始后，继承人于遗产分割前死亡，并没有放弃继承的，该继承人应当继承的遗产转给其继承人，**但是遗嘱另有安排的除外**。 | **《继承法意见》第五十二条**<br>继承开始后，继承人没有表示放弃继承，并于遗产分割前死亡的，其继承遗产的权利转移给他的合法继承人。 |

续表

| 《民法典》　继承编 | 对比内容 |
| --- | --- |
| **第一千一百五十三条**<br>夫妻共同所有的财产，除有约定的外，遗产分割时，应当先将共同所有的财产的一半分出为配偶所有，其余的为被继承人的遗产。<br>遗产在家庭共有财产之中的，遗产分割时，应当先分出他人的财产。 | **《继承法》第二十六条**<br>夫妻在婚姻关系存续期间所得的共同所有的财产，除有约定的以外，如果分割遗产，应当先将共同所有的财产的一半分出为配偶所有，其余的为被继承人的遗产。<br>遗产在家庭共有财产之中的，遗产分割时，应当先分出他人的财产。 |
| **第一千一百五十四条**<br>有下列情形之一的，遗产中的有关部分按照法定继承办理：<br>（一）遗嘱继承人放弃继承或者受遗赠人放弃受遗赠；<br>（二）遗嘱继承人丧失继承权或者受遗赠人丧失受遗赠权；<br>（三）遗嘱继承人、受遗赠人先于遗嘱人死亡或者终止；<br>（四）遗嘱无效部分所涉及的遗产；<br>（五）遗嘱未处分的遗产。 | **《继承法》第二十七条**<br>有下列情形之一的，遗产中的有关部分按照法定继承办理：<br>（一）遗嘱继承人放弃继承或者受遗赠人放弃受遗赠的；<br>（二）遗嘱继承人丧失继承权的；<br>（三）遗嘱继承人、受遗赠人先于遗嘱人死亡的；<br>（四）遗嘱无效部分所涉及的遗产；<br>（五）遗嘱未处分的遗产。 |
| **第一千一百五十五条**<br>遗产分割时，应当保留胎儿的继承份额。胎儿娩出时是死体的，保留的份额按照法定继承办理。 | **《继承法》第二十八条**<br>遗产分割时，应当保留胎儿的继承份额。胎儿出生时是死体的，保留的份额按照法定继承办理。<br>**《继承法意见》第四十五条**<br>应当为胎儿保留的遗产份额没有保留的应从继承人所继承的遗产中扣回。 |

续表

| 《民法典》 继承编 | 对比内容 |
|---|---|
|  | 为胎儿保留的遗产份额，如胎儿出生后死亡的，由其继承人继承；如胎儿出生时就是死体的，由被继承人的继承人继承。 |
| **第一千一百五十六条**<br>遗产分割应当有利于生产和生活需要，不损害遗产的效用。<br>不宜分割的遗产，可以采取折价、适当补偿或者共有等方法处理。 | **《继承法》第二十九条**<br>遗产分割应当有利于生产和生活需要，不损害遗产的效用。<br>不宜分割的遗产，可以采取折价、适当补偿或者共有等方法处理。<br>**《继承法意见》第五十八条**<br>人民法院在分割遗产中的房屋、生产资料和特定职业所需要的财产时，应依据有利于发挥其使用效益和继承人的实际需要，兼顾各继承人的利益进行处理。<br>**第五十九条**<br>人民法院对故意隐匿、侵吞或争抢遗产的继承人，可以酌情减少其应继承的遗产。 |
| **第一千一百五十七条**<br>夫妻一方死亡后另一方再婚的，有权处分所继承的财产，任何组织或者个人不得干涉。 | **《继承法》第三十条**<br>夫妻一方死亡后另一方再婚的，有权处分所继承的财产，任何人不得干涉。 |

续表

| 《民法典》 继承编 | 对比内容 |
| --- | --- |
| **第一千一百五十八条**<br>自然人可以与继承人以外的组织或者个人签订遗赠扶养协议。按照协议，该组织或者个人承担该自然人生养死葬的义务，享有受遗赠的权利。 | **《继承法》第三十一条**<br>公民可以与扶养人签订遗赠扶养协议。按照协议，扶养人承担该公民生养死葬的义务，享有受遗赠的权利。<br>~~**公民可以与集体所有制组织签订遗赠扶养协议。按照协议，集体所有制组织承担该公民生养死葬的义务，享有受遗赠的权利。**~~<br>**《继承法意见》第五十六条**<br>扶养人或集体组织与公民订有遗赠扶养协议，扶养人或集体组织无正当理由不履行，致协议解除的，不能享有受遗赠的权利，其支付的供养费用一般不予补偿；遗赠人无正当理由不履行，致协议解除的，则应偿还扶养人或集体组织已支付的供养费用。 |
| **第一千一百五十九条**<br>**分割遗产，应当清偿被继承人依法应当缴纳的税款和债务；但是，应当为缺乏劳动能力又没有生活来源的继承人保留必要的遗产。** | |
| **第一千一百六十条**<br>无人继承又无人受遗赠的遗产，归国家所有，用于公益事业；死者生前是集体所有制组织成员的，归所在集体所有制组织所有。 | **《继承法》第三十二条**<br>无人继承又无人受遗赠的遗产，归国家所有；死者生前是集体所有制组织成员的，归所在集体所有制组织所有。 |

续表

| 《民法典》 继承编 | 对比内容 |
| --- | --- |
| | **《继承法意见》第五十七条**<br>遗产因无人继承收归国家或集体组织所有时，按继承法第十四条规定可以分给遗产的人提出取得遗产的要求，人民法院应视情况适当分给遗产。 |
| **第一千一百六十一条**<br>继承人以所得遗产实际价值为限清偿被继承人依法应当缴纳的税款和债务。超过遗产实际价值部分，继承人自愿偿还的不在此限。<br>继承人放弃继承的，对被继承人依法应当缴纳的税款和债务可以不负清偿责任。 | **《继承法》第三十三条**<br>继承遗产应当清偿被继承人依法应当缴纳的税款和债务，缴纳税款和清偿债务以他的遗产实际价值为限。超过遗产实际价值部分，继承人自愿偿还的不在此限。<br>继承人放弃继承的，对被继承人依法应当缴纳的税款和债务可以不负偿还责任。 |
| **第一千一百六十二条**<br>执行遗赠不得妨碍清偿遗赠人依法应当缴纳的税款和债务。 | **《继承法》第三十四条**<br>执行遗赠不得妨碍清偿遗赠人依法应当缴纳的税款和债务。 |
| **第一千一百六十三条**<br>既有法定继承又有遗嘱继承、遗赠的，由法定继承人清偿被继承人依法应当缴纳的税款和债务；超过法定继承遗产实际价值部分，由遗嘱继承人和受遗赠人按比例以所得遗产清偿。 | **《继承法意见》第六十二条**<br>遗产已被分割而未清偿债务时，如有法定继承又有遗嘱继承和遗赠的，首先由法定继承人用其所得遗产清偿债务；不足清偿时，剩余的债务由遗嘱继承人和受遗赠人按比例用所得遗产偿还；如果只有遗嘱继承和遗赠的，由遗嘱继承人和受遗赠人按比例用所得遗产偿还。 |